Antisemitismus
Heterogenität
Allianzen

Katrin Reimer-Gordinskaya • Oliver Decker • Gert Pickel (Hrsg.)

DER BERLIN-MONITOR

Antisemitismus Heterogenität Allianzen

Jüdische Perspektiven auf Herausforderungen der Berliner Zivilgesellschaft

Katrin Reimer-Gordinskaya • Selana Tzschiesche

zu Klampen!

Der Berlin-Monitor ist ein seit 2019 von der Berliner Senatsverwaltung für Justiz, Verbraucherschutz und Antidiskriminierung gefördertes Forschungsprojekt durchgeführt in Kooperation der Universität Leipzig und der Hochschule Magdeburg-Stendal.

www.berlin-monitor.de

Bibliografische Information der Deutschen Nationalbibliothek

Die Deutsche Nationalbibliothek verzeichnet diese Publikation in der Deutschen Nationalbibliografie; detaillierte bibliografische Daten sind im Internet über ‹http://dnb.dnb.de› abrufbar.

Autor*innen: Katrin Reimer-Gordinskaya, Selana Tzschiesche (Hochschule Magdeburg-Stendal)

Herausgeber*innen: Prof. Dr. Katrin Reimer-Gordinskaya (Hochschule Magdeburg-Stendal), Prof. Dr. Oliver Decker (Universität Leipzig), Prof. Dr. Gert Pickel (Universität Leipzig)

Unter Mitarbeit von: Julia Schuler, Charlotte Höcker, Henriette Rodemerk, Nabila Essongri, Dorothea Föcking (Universität Leipzig)

Lektorat: Tilman Meckel

Gestaltung und Satz: Uta-Beate Mutz, Leipzig

Druck: BoD – Books on Demand GmbH, Norderstedt

ISBN 978-3-86674-639-8

gefördert durch:

Senatsverwaltung für Justiz, Verbraucherschutz und Antidiskriminierung

Landesstelle für Gleichbehandlung – gegen Diskriminierung

Demokratie. Vielfalt. Respekt. In Berlin.

Das Landesprogramm

Inhaltsverzeichnis

Vorwort und Einleitung

Berlin ist Lebensort einer heterogenen Bevölkerung, die in dieser Stadt Freiräume für diverse Lebensentwürfe schafft und findet. Zugleich spüren viele, dass diese Freiräume zunehmend bedroht sind. Der damit einhergehende Widerspruch wird nicht zuletzt in den jüdischen Communities der Stadt erlebt. Im Berlin-Monitor (vgl. Pickel et al. 2019) versuchen wir mit den uns zur Verfügung stehenden wissenschaftlichen Mitteln auszuloten, wie es um Kräfteverhältnisse zwischen progressiven und regressiven Strömungen in der Stadt bestellt ist, und Wissensgrundlagen für die Weiterentwicklung demokratischer Alltagskulturen zu schaffen.

Im Kontext der Aktivierenden Befragung, einem von drei methodischen Ansätzen (vgl. a.a.O., 70ff., und 122ff. in diesem Bericht), werden sukzessive vier Schwerpunkte mit qualitativ-subjektwissenschaftlichen Mitteln untersucht: Antisemitismus, Rassismen, Prekarisierung und Heteronormativität. Der vorliegende Bericht ist dem ersten Schwerpunkt gewidmet. Ausgangs- und Fluchtpunkt ist dabei die demokratische Zivilgesellschaft Berlins. Von ihr gehen wir gedanklich und praktisch-forschend jeweils aus. Ihre Akteur*innen sind die primären Adressat*innen des vorliegenden Berichts.

Vielen dieser Akteur*innen der Berliner Zivilgesellschaft ist die längere Entwicklung des Ringens um demokratische Verhältnisse (nicht nur) in Berlin bekannt. Nach einem kurzen Moment der Hoffnung, den Schwung der DDR-Oppositionsbewegung für die Entwicklung demokratischer Alltagskultur nutzen zu können, griff auch in Berlin der nationalistische Furor der 1990er Jahre um sich. Zugleich boten gegenkulturelle Bewegungen ihm die Stirn und schufen Freiräume für non-konforme Lebensweisen. Aus diesen progressiven Strömungen speiste sich der um die Jahrtausendwende ausgebildete gesamtgesellschaftliche Kompromiss, der das ethno-nationale Paradigma zugunsten der Propagierung von Vielfalt hinter sich zu lassen begann. Die seit den 2000er Jahren aufgelegten Bundes- und Landesprogramme für Demokratie geben dem Umstand Ausdruck, dass auch unter diesen Vorzeichen Menschenrechte verteidigt und Teilhabe und Anerkennung erstritten werden mussten. Und während dies einerseits gelang, erodiert andererseits die gesellschaftliche Basis eines teils instrumentell verkürzten Verständnisses einer Gesellschaft der Vielfalt. Der ‚historische Block' (Gramsci), der diesen Kompromiss ‚für Vielfalt' trug, sieht sich seit den 2010er Jahren von einer zunehmend organisierten und vernetzten regressiven Strömung herausgefordert.

Dass wir uns vor diesem Hintergrund zunächst dem Schwerpunkt Antisemitismus widmen, liegt nicht nur daran, dass diesem in Politik und Öffentlichkeit in den letzten Jahren größere Aufmerksamkeit geschenkt worden ist. Ausschlaggebend ist auch die Überzeugung, dass eine Demokratie in Deutschland nicht bestehen kann, wenn Juden*Jüdinnen in ihr nicht ‚ohne Angst verschieden sein' (Adorno) können. Damit wird keiner Hierarchisierung von Leid das Wort geredet, sondern angesprochen, dass der ‚Zivilisationsbruch, verübt an Juden' (Diner), die Spannung zwischen Partikularem und Universellem in sich trägt. Gesprächspartner*innen drückten ähnliche Gedanken mit Blick auf die Bedeutung von Menschenrechten in der Gegenwart so aus: Die Garantie der *allgemeinen* Menschenrechte im Grundgesetz ist ohne *Auschwitz* nicht zu denken, und das Grundgesetz hat seine Bestimmung, eine *Republik* zu verfassen, nicht erreicht, solange *Antisemitismus* virulent ist.

Es ist aus unserer subjektwissenschaftlichen Perspektive begrüßenswert, dass in der Antisemitismusforschung jüngst die Perspektive der Betroffenen ins Blickfeld gerückt wurde und so bettet sich die Aktivierende Befragung in diese (recht junge) Forschungsrichtung ein. Es geht hier also um Antisemitismus als *Erfahrung*, als etwas, das von Menschen in Berlin erlebt wird bzw. werden muss, sowie um die Frage, welche *Folgen* dies insbesondere im Hinblick auf die Einschränkung des Rechts auf Gleichheit und Differenz hat. Das Interesse unserer subjektwissenschaftlichen Handlungsforschung gilt zudem der Frage, wie Betroffene auf Antisemitismuserfahrungen reagieren und welche mehr oder weniger defensiven und offensiven *Umgangsweisen* sie unter bestimmten Umständen entwickeln (können). Diese drei Teilbereiche behandelt das erste Kapitel.

Weil jüdische Zugehörigkeiten plural und die jüdischen Communities in Berlin im bundesweiten Vergleich relativ vielfältig sind, war es uns ein Anliegen, diese Diversität in thematisch relevanten Bereichen zu berücksichtigen. Dazu gehört insbesondere der Umstand, dass jüdische Berliner*innen nicht allein Antisemitismus erfahren, sondern verknüpft mit oder unabhängig von diesem auch andere Formen der *Diskriminierung*. In und aus jüdischen Communities heraus entwickeln zivilgesellschaftliche Akteur*innen auch angesichts dessen Initiativen, die auf *Inklusion* zielen. Dies vollzieht sich in einer jüdischen und nicht-jüdischen Umgebung, die durch *Heterogenität* gekennzeichnet ist, woraus insbesondere im Kontext der nicht-jüdischen Mehrheitsgesellschaft Blindstellen und Ausschlüsse entstehen, aber auch Perspektiven für die Formulierung gemeinsamer Anliegen sichtbar werden. Diese drei Teilbereiche sind Gegenstand des zweiten Kapitels.

Das dritte Kapitel widmet sich vor diesem Hintergrund der Frage, inwieweit es in Berlin gelingt, angesichts der gegebenen Vielfalt Netzwerke, Allianzen und Bündnisse gegen *Antisemitismus* zu bilden. Dabei geht es auch darum zu rekapitulieren, welche Voraussetzungen in der Berliner Stadtgesellschaft geschaffen werden mussten, um diese Fragen aus jüdischen Perspektiven heraus zu stellen und praktisch aus jüdischen Communities heraus anzugehen.

Der Bericht schließt mit einer Erläuterung der Methodik und einem Ausblick auf den weiteren Verlauf der Aktivierenden Befragung.

Die Studie beruht auf Gesprächen mit 30 Expert*innen, die fachliche und/oder persönliche Einblicke in die genannten Themenbereiche geben können. Ihnen gilt unser herzlicher Dank. Wir hoffen, dass die erarbeitete Rekonstruktion eine nützliche ergänzende Grundlage für die Weiterentwicklung der Gegenwehr gegen Antisemitismus und des Engagements für eine demokratische Alltagskultur in Berlin sein kann.

Katrin Reimer-Gordinskaya (Haifa/Stendal) und
Selana Tzschiesche (Berlin)

I. Antisemitismus in Berlin: Erfahrungen, Folgen und Umgangsweisen

Einleitung

In Berlin existiert eine im bundesweiten Vergleich relativ große Bandbreite jüdischer Communities, die Teile der Vielfalt dieser Stadt ausmachen. Die jüdischen Berliner*innen[1] gestalten in dieser Stadt ihr Alltagsleben und sind insbesondere auch in der demokratischen Zivilgesellschaft aktiv. Über sie war und ist in der nicht-jüdischen Öffentlichkeit und Forschung verschiedentlich die Rede, mit ihnen und aus ihrer Perspektive wurde und wird jedoch seltener gesprochen und geforscht.

Dies gilt auch für jene sozialpsychologische Forschung zu Antisemitismus, die die Entstehung und Entwicklung der Bundes- und Landesprogramme des sogenannten zivilgesellschaftlichen Ansatzes der Demokratieförderung (vgl. Roth 2003; Roth & Benack 2003) seit Anfang der 2000er Jahre begleitet hat. So wird in den Repräsentativerhebungen antisemitischer Einstellungen bzw. Vorurteile (vgl. Decker & Brähler 2018, 192 ff.; Zick et. al. 2019, 82 und 102 ff.[2]) die Verbreitung von Facetten ‚pathischer Projektionen'[3] in der Gesamtbevölkerung (ab einem bestimmten Alter) ermittelt. Auch der Berlin-Monitor mit seinem Mixed-Method-Design geht teilweise auf diese Weise vor (vgl. Pickel et al. 2019, 55 ff.). Wenngleich dieses Design zusätzlich auch die Erhebung von Diskriminierungserfahrungen umfasst, sind in den Samples dieser Art der Repräsentativerhebungen Juden*Jüdinnen (und andere von Antisemitismus Betroffene) nicht in hinreichender Zahl aufgehoben, so dass deren Erfahrungen nicht abgebildet werden können (vgl. a. a. O., 15). Und während Befunde über (die Verbreitung von) Facetten antisemitischer Projektionen wichtige Grundlagen für die Gestaltung von Handlungsstrategien gegen Antisemitismus liefern, können sie per definitionem nur wenig darüber aussagen, wie sich Antisemitismus in der Lebenswelt und in der Erfahrung von Juden*Jüdinnen darstellt. Diese Perspektive einzubeziehen und in den

---

1 Wir sprechen alternierend von Juden*Jüdinnen in Berlin und jüdischen Berliner*innen, wobei letzteres eher im Sinne einer subjektiven Identifikation mit dieser Stadt denn als Bezeichnung jener gemeint ist, die in ihr geboren und/oder aufgewachsen sind.

2 Die Leipziger Autoritarismus Studien, bis 2016 als Leipziger Mitte-Studien bekannt und seit 2002 von Oliver Decker und Elmar Brähler u. a. am Kompetenzzentrum für Rechtsextremismus- und Demokratieforschung der Universität Leipzig herausgegeben, untersuchen aus sozialpsychologischer Perspektive die Verbreitung rechtsextremer und antidemokratischer Einstellungen in der bundesdeutschen Bevölkerung. Am Bielefelder Institut für interdisziplinäre Konflikt- und Gewaltforschung führte Wilhelm Heitmeyer das Konzept des Syndroms Gruppenbezogene Menschenfeindlichkeit (GMF) ein (2002–2012, „Deutsche Zustände") und Andreas Zick u. a. führen dort die Untersuchung antidemokratischer Einstellungen seit 2014 in diesem Sinne fort.

3 In den ‚Elementen des Antisemitismus' heißt es, das „Pathische am Antisemitismus" sei der „Ausfall der Reflexion" im „projektiven Verhalten" (Horkheimer & Adorno 2009 [1944], 196 und 199).

Mittelpunkt zu stellen, ist für die Aktivierende Befragung im Berlin-Monitor und diesen Bericht leitend.

In diesem Kapitel werden drei Leitfragen, die auch im Titel angedeutet werden, verfolgt:

- Wie stellt sich Antisemitismus in der Erfahrung von Betroffenen lebensweltlich dar?
- Welche lebensweltlichen und persönlichen Folgen hat Antisemitismus?
- Welche individuellen und kollektiven Umgangsweisen mit (Folgen von) Antisemitismus gibt es?

Beantwortet werden diese Leitfragen auf der Grundlage von Expert*innen-Interviews, die theoriegeleitet (ein)geordnet, verknüpft und zu rekonstruktiven Beschreibungen verdichtet werden (zur Methodik und Datenbasis siehe: 126 ff.). Leitend ist dabei der Gedanke, die Bandbreite all dessen in den Blick zu nehmen, was das Recht auf Gleichheit und Differenz von Juden*Jüdinnen in Berlin einschränkt (vgl. Pickel et al. 2019, 55 ff.). In einer auf die *Re*konstruktion von Antisemitismus aus der Sicht von Betroffenen angelegten Studie ist es nicht zielführend, dieses Phänomen vorab – und womöglich zu eng – zu definieren. Zudem kommen für die Einordnung des von den Gesprächspartner*innen Mitgeteilten neben Theorien des Antisemitismus und der Geschichte und Gegenwart von Judenfeindschaft in ‚Deutschland'[4] auch angelagerte Bereiche wie kulturelles Gedächtnis und Erinnerungspolitiken infrage. Welche historischen und zeitgeschichtlichen Konstellationen, welche Dimensionen und Facetten des Antisemitismus und dessen Nachgeschichte und Gegenwart von den Expert*innen angesprochen wurden, zeigt sich im Zuge der Darstellung. Es wird an Ort und Stelle auf jeweils einschlägige Theorie, Forschung bzw. Debatten verwiesen.

Die Darstellung folgt im Groben den o. g. Forschungsfragen, die indes nicht trennscharf nacheinander abgearbeitet werden. Sie beginnt mit der Thematisierung der Kontinuität von Antisemitismus in Berlin in einem biografisch und dynamisch für Gesprächspartner*innen relevanten Erfahrungszeitraum und geht auf aktuelle Bedeutungen des Lebens in einer postnationalsozialistischen Stadtgesellschaft ein (a, b). Es folgen Schilderungen zu Besonderung, Bedrohung und Aggressionen als Formen von Antisemitismuserfahrungen im Berliner Alltag, wobei die Erfahrung, im ‚Israel-Blick' der Mehrheitsgesellschaft zu stehen, eigens behandelt wird (c–f). Anschließend werden persönliche und über-individuelle bzw. lebensweltliche Folgen dieses Alltagsantisemitismus beleuchtet, wobei auch Reaktionen Dritter thematisiert werden (g, h). Abschließend wird auf teils unterschiedliche Wahrnehmungsweisen von Antisemitismus sowie individuelle, kollektiv-informelle und professionell-kollektive Umgangsweisen (i–l) als Formen der Gegenwehr gegen Antisemitismus eingegangen. Das Kapitel schließt mit einer Zusammenfassung und Reflexion der Ergebnisse.

Hinweis: Die Zitate ohne Quellennachweis stammen aus den Expert*innen-Interviews.

---

4 Gemeint sind Staaten[gebilde] in unterschiedlichen historischen und geo-politischen Konstellationen mit entsprechend unterschiedlichen Formen der Judenfeindschaft.

a) Kontinuitäten von Antisemitismus in Berlin und ihre aktuellen Bedeutungen

Im Sinne der Leitfragen und eingedenk der Problematik, dass Antisemitismus im dominanten Diskurs historisiert wird, fragten wir nach Erfahrungen mit *aktuellem* Antisemitismus in Berlin. Diese Fragen wurden teils mit Verweisen auf dessen Kontinuität(en) in der Stadt beantwortet. Aktuell bedeutsam werden diese Kontinuität(en) für Gesprächspartner*innen u. a. dadurch, dass gegenwärtiger Antisemitismus vor deren Hintergrund erfahren wird. Und während die Auseinandersetzung mit aktuellem Antisemitismus begrüßt wird, problematisieren Gesprächspartner*innen eine Assoziation von Shoa und Judentum bzw. Antisemitismus und Juden*Jüdinnen. Folgend wird geschildert, wie aus jüdischen Perspektiven auf Kontinuitäten des Antisemitismus und postnationalsozialistische Konstellationen in Berlin geblickt wird.

Auf die Bitte um eine Einschätzung des aktuellen Antisemitismus in Berlin antwortet ein*e Gesprächspartner*in[5] im Bewusstsein um die unterschiedlichen Geschichten der beiden Stadthälften mit dem Hinweis, dass er nie verschwunden war: „Ja, […], also, ich würde sogar einen Schritt zurückgehen und sagen […], den gab's immer", womit „die beiden Nachkriegsdeutschlands" gemeint sind sowie „nicht nur die bekannten Fälle", sondern „eben die kleinen Beleidigungen und Angriffe des Alltags". Während demnach nach der Shoa in Ost- und Westberlin lebende jüdische Generationen auf teils unterschiedliche und teils ähnliche Weisen mit Antisemitismus konfrontiert waren, sind die biografisch-familiären Verbindungen der heute in Berlin lebenden Juden*Jüdinnen zu diesem Kontinuum in der Stadt unterschiedlich (vgl. zur Heterogenität jüdischer Berliner*innen: Kapitel II, d–k und III, b). Unseren Gesprächspartner*innen ist diese Linie jedoch unabhängig davon bewusst, ob sie selbst bzw. ihre Familien schon lange oder erst seit kurzem in der Stadt leben. Kontinuitäten des Antisemitismus und Verbindungslinien zur Shoa wurden in unterschiedlichen Zusammenhängen angesprochen.

Um die Geschichte der Kontinuität, des Bruchs und Fortwirkens zu wissen, bedeutet aus dieser Perspektive allerdings gerade nicht, Juden*Jüdinnen bzw. jüdische Kulturen und Zugehörigkeiten mit der Geschichte des Antisemitismus und der (Nachgeschichte der) Shoa zu identifizieren.[6] Im Gegenteil: So macht ein*e andere*r Gesprächspartner*in darauf aufmerksam, dass „das zwanghafte Nebeneinanderstellen von Faschismus und Judentum" in Teilen der nicht-jüdischen Dominanzgesellschaft[7] als Zumutung

5 Nicht alle Gesprächspartner*innen wollten namentlich auftreten. Die gebotene Anonymisierung bringt einige Schwierigkeiten mit sich, ist doch für das Mitgeteilte bisweilen entscheidend, wer vor dem Hintergrund welcher Erfahrungen, Zugehörigkeiten und Lebenskontexte spricht. Soweit dies möglich war, lassen wir solche Bezüge in die rekonstruktiven Beschreibungen einfließen.

6 Auf die fundamentale Differenz zwischen dem Objekt antisemitischer Projektion und Juden*Jüdinnen machte Jean-Paul Sartre (1994 [1944]) in seinem ‚Portrait des Antisemiten' aufmerksam. Brian Klug (2003, 137) formuliert: „In short, anti-Semitism is the process of turning Jews into ‚Jews'."

7 In Anlehnung an Rommelspacher (1995) verstehen wir darunter das Resultat von Praktiken, sich in Abgrenzung von ‚Anderen' in exklusiv-homogenisierender Weise als ‚Deutsche' zu konstituieren.

erlebt wird. Und gewissermaßen an die Adresse derjenigen gerichtet, die diese Engführung (mehr oder weniger unbewusst) vornehmen, fährt er*sie fort: „Das Judentum hat mit dem Faschismus überhaupt nichts zu tun. Also, das kann ich nur an dieser und jeder anderen Stelle immer nur wieder ganz, ganz deutlich machen. Das ist nicht miteinander verknüpft, sondern nur dadurch verknüpft, dass es diese Verbrechen gegeben hat." Ein*e weitere*r Gesprächspartner*in führt einen ähnlichen Gedanken mit Blick auf aktuelle Debatten über Antisemitismus aus. So sei es einerseits wichtig, dass Antisemitismus wahrgenommen wird: „Ich habe das Gefühl, sozusagen, dass es eben dieser- es ist total wichtig, dass es diese gesellschaftspolitische Debatte um Antisemitismus gibt. Guckend auf die Mehrheitsgesellschaft, so." Allerdings stelle sich dies in einem bestimmten Sinn für Juden*Jüdinnen anders dar: „Ich habe das Gefühl, dass es für mich und auch für viele Menschen um mich herum ein totales Ärgernis ist, dass diese Debatte funktioniert", weil „es so schön ins Narrativ der Mehrheitsgesellschaft passt. Aus dem einen Opferstatus Juden und Jüdinnen in den nächsten zu packen. Und immer auch verbunden mit der Frage: ‚Stelln die sich nicht doch an?' Ja, und so, oder ‚Das wird aufgebauscht', oder wie auch immer. Das find ich ein Problem."

Jenseits solcher von außen erfolgenden Zuschreibungen spricht aus den Worten der Gesprächspartner*innen eine Sensibilität für Kontinuität, Zäsur und Wandel der Judenfeindschaft in dieser Stadt, in der im 19. Jahrhundert der im Nachhinein so genannte Antisemitismusstreit tobte (vgl. Zimmermann & Berg 2011), die im 20. Jahrhundert Ausgangspunkt der Verfolgung und Ermordung der europäischen Juden*Jüdinnen war (vgl. Hilberg 1961) und in deren Stadthälften Antisemitismus nach dem Zweiten Weltkrieg (vgl. Bergmann & Erb 1991; Haury 2002) ebenso wie in der Berliner Republik präsent blieb und bleibt (vgl. Reensmann 2004, 334 ff.; Salzborn 2019).

Dabei deutet sich schon an, dass die Gesprächspartner*innen auf die Zeit zwischen 1933 und 1945 aus unterschiedlichen Perspektiven und mit verschiedenen Begriffen (Antisemitismus, Faschismus, Nationalsozialismus, Holocaust, Shoa) referieren. Gemeinsamer Bezugspunkt ist darin in unserem Zusammenhang jedoch die Katastrophe der Ermordung der europäischen Juden*Jüdinnen. Dieser „Zivilisationsbruch, verübt an Juden" (Diner 2007, 14), hat auch aktuell für Juden*Jüdinnen in Berlin andere Bedeutungen als für nicht-jüdische Berliner*innen. Während insbesondere Nachfahren der Täter*innen sich aus der Sicht von Gesprächspartner*innen mit diesem Verbrechen und insbesondere mit der konkreten eigenen Familiengeschichte befassen *sollten* (s. u.), könnten sie nicht dasselbe von den Nachfahren der Opfer verlangen: „Und wir müssen uns von Hause aus, außer dass es uns eben bis ins Tiefste betrifft, aus Verstrickungen in der Familie, in der Geschichte, müssen wir uns als jüdische Menschen damit überhaupt nicht beschäftigen, wenn wir das nicht wollen", betont ein*e Gesprächspartner*in. Der hier womöglich anklingende Protest gegen den ungewollten Einbezug jüdischer Berliner*innen in die nicht-jüdisch-deutsche Verantwortungsübernahme geht mit dem Verweis darauf einher, sich der familiär tradierten Nachgeschichte der Shoa kaum entziehen zu können. Andere Gesprächspartner*innen der zweiten und dritten Generation formulieren, dass überlebt zu haben für ihre Eltern und Großeltern mit dem Gefühl der „Schuldigkeit, rausgekommen zu sein", verbunden war. Dieses Trauma hinterlässt in ihrem Leben Spuren (vgl. Rosenthal 1997, 135 ff.; Aarons & Berger 2017).

Und während vielfach von Überlebenden berichtet worden ist, dass sie sich angesichts der Shoa von Gott abwandten (vgl. Lassley 2015), berichtet ein*e Gesprächspartner*in umgekehrt von einer Hinwendung zum Judentum als Religion, mit der sie*er aufwuchs: „Für mich persönlich sind meine Eltern religiös geworden, sagen wir, not disconnected from the Holocaust."

So sehr jüdische Berliner*innen mit dieser Stadt verbunden sind (vgl. Kapitel II, i), gilt vor diesem Hintergrund doch auch, dass das heutige Berlin seine NS-Geschichte in sich trägt und seine Bevölkerung sich zu großen Teilen aus zwei der drei postnationalsozialistischen Gesellschaften (vgl. Lepsius 1993; Hammerstein 2017) speist.[8] So resultiert für eine*n schon lange in Berlin lebende*n Gesprächspartner*in aus dem Gesagten, „wie man dieses Land halt auch als verbrannte Erde wahrnehmen kann, als Land, in dem man vielleicht nie mehr wirklich sein kann." Und für eine*n in den letzten Jahren nach Berlin gekommene*n Gesprächspartner*in war die Entscheidung für Berlin als Stadt in „Germany" keine ungebrochene: „I also had mixed feelings about [...] living here as a Jew and what does that mean."

Vielleicht lässt sich als resultierende Anforderung an den öffentlichen Diskurs über Antisemitismus vor diesem Hintergrund festhalten, dass in ihm ein „Spagat" gelingen sollte bzw. müsste: Nämlich einerseits Antisemitismus als Alltagsphänomen mit einer langen Geschichte wahr- und ernst zu nehmen, ohne dabei Juden*Jüdinnen in eine Opferrolle zu pressen und jüdische Kulturen und Zugehörigkeiten hinter Stereotypen verschwinden zu lassen.[9]

b) Begegnungen in der postnationalsozialistischen Gegenwart Berlins

Die Begegnung jüdischer und nicht-jüdischer Berliner*innen findet vor dem Hintergrund des zuvor Gesagten auch in einer Gegenwart statt, die durch unterschiedliche aktuelle Bedeutungen des Nationalsozialismus und der Shoa mitbestimmt ist. Aufseiten der nicht-jüdischen Dominanzgesellschaft ist die Beziehung zu diesem Kontinuum überwiegend mit einer widersprüchlichen Geschichte der (familiären und gesellschaftlichen) Auseinandersetzung mit und Verdrängung von Schuld und Verantwortung verknüpft (vgl. Diner 2007, 7 ff.; Lepsius 1993; Welzer et al. 2002; Zick et. al. & EVZ 2020). Aus der Sicht unserer Gesprächspartner*innen resultieren daraus eine Reihe von Dissonanzen.

---

8 In aktuelleren Debatten wird der Blick auf Österreich, DDR und BRD als NS-Nachfolgegesellschaften etwa in Messerschmidt (2018, 38 ff.) aufgenommen.

9 Im Jahr 2019 stieß bspw. das Spiegel-Cover „Jüdisches Leben in Deutschland. Unbekannte Welten nebenan" auf entsprechende Kritik (vgl. Jüdische Allgemeine Zeitung vom 2.8.2019). Alternative Formen, auch den nicht-jüdischen Teilen der Gesellschaft jüdische Kulturen näher zu bringen, sind etwa die Zeitschrift „Jalta. Positionen zur jüdischen Gegenwart" und das Magazin „Jüdische Geschichte und Kultur. Magazin des Dubnow-Instituts".

So erläutert ein*e Gesprächspartner*in, dass in der Bundesrepublik Deutschland etwa eine bestimmte Tradition der Verfolgung antisemitischer Straftaten entstanden sei, die er*sie als „Verobjektivierung des Antisemitismus-Schutzes" bezeichnet: Holocaustleugnung und andere antisemitische Aussagen würden hierbei als Beleidigung geahndet, auch ohne dass konkrete Personen mit diesen Aussagen adressiert worden seien. Denn Jüdinnen*Juden, so der*die Gesprächspartner*in sarkastisch, seien „ja nicht da" gewesen bzw. als Abwesende behandelt worden. So habe die deutsche Mehrheitsgesellschaft sich vor sich selbst schützen wollen und dazu eine „empfindliche jüdische Ehre" konstruiert. Umgekehrt wird von Gesprächspartner*innen auch die Begründung gegenwärtigen Engagements gegen Antisemitismus als Ausdruck historischer Verantwortungsübernahme problematisiert, weil dazu weit weniger als die Shoa Grund genug sein sollte: „Und da sag ich immer, entschuldige mal, es hat wenig mit der deutschen Geschichte zu tun, Menschen anständig zu behandeln. (lacht) Es, sagen wir mal, es ist eigentlich eine Selbstverständlichkeit."

Hier deutet sich an, dass das Engagement gegen aktuellen Antisemitismus für nicht-jüdische Deutsche aus der Dominanzgesellschaft die Funktion der ‚Gegenwartsbewältigung' im Rahmen des ‚Gedächtnistheaters' (Czollek 2018, 19 ff.) haben kann, in dem jüdische Einrichtungen und Personen für eine dem nicht-jüdisch-deutschen Begehren entsprechende Inszenierung von Versöhnung instrumentalisiert werden.

Eine solche Instrumentalisierung wird von Gesprächspartner*innen in ihrem Alltag wahrgenommen. Benannt wird etwa das Gefühl, in eine „Rolle reingedrückt zu werden", und zwar in die „des sich fügenden Opfers". Auch werden Gesprächssituationen so wahrgenommen, dass „any narrative [of the Holocaust, Anm. d. Verf.] that challenges the German narrative is unwelcome." So hätten nicht-jüdische Deutsche auf die Benennung baltischer Mörder*innen entgegnet, ausschließlich Deutsche (also weder Litauer*innen, noch Est*innen oder Lett*innen) könnten (Mit-)Verantwortung für den Holocaust tragen. Hier verkehrt sich die vielleicht positiv intendierte Verantwortungsübernahme für das von Deutschen der NS-Volksgemeinschaft und ihren Helfershelfer*innen begangene Verbrechen mit Blick auf die historischen Ereignisse in die Ausblendung von Kollaboration. Und in der angesprochenen Interaktion hat dies den Effekt, dass der*die nicht-jüdisch-deutsche Interaktionspartner*in den Nachfahren der Opfer abspricht, historische Umstände zu benennen und zu erforschen, die womöglich auch die eigene Familiengeschichte berühren.

Vor diesem Hintergrund wird auch die kritische Kommentierung der in jüngerer Zeit öffentlich vielfach geäußerten Sorge um „das Wegsterben von Zeitzeug*innen" durch Gesprächspartner*innen verständlich. Der*die Gesprächspartner*in setzt dem entgegen: „Leute, dann nehmt doch mal 'ne kleine emotional-geistige Blutprobe und guckt euch das mal an, was da so in euch selber drin ist. Und da gibt es genug und es stirbt uns gar nichts weg." Aus dieser Perspektive wirke das Vergangene solange als ‚Wiederkehr des Verdrängten' (Bauriedl 1986) nach, wie psychosoziale Folgen über Generationen hinweg nicht „unter die Lupe genommen und wirklich bis ins Feinste ausgelotet" worden seien.

Insgesamt plädieren Gesprächspartner*innen für mehr Konkretion in der Auseinandersetzung sowohl mit dem System des Nationalsozialismus und der Spezifik und Singularität der Shoa als auch den unterschiedlichen biografisch-familiären Bezügen zu dieser Geschichte. So sei es zwar „ein wichtiger menschlicher Moment", wenn sich etwa bei Kindern und Jugendlichen über die Lektüre des Tagebuchs von Anne Frank[10] ein „Identifikationsmoment" einstelle, es müsse aber auch eine theoretische Auseinandersetzung geben und gefragt werden: „Naja, aber was ist das denn jetzt eigentlich, was den Holocaust ausmacht in seiner Einzigartigkeit. Worum geht's da? Geht's um sechs Millionen Tote? Geht's um die Art und Weise, wie die [...] ermordet worden sind?" Betroffenheit, etwa auch über Gedenkstättenbesuche, herbeiführen zu wollen, könne laut dieses*r Gesprächspartner*in ohne differenzierte pädagogische Bearbeitung zur Lähmung der weiteren Auseinandersetzung führen: „Die heißt, dass man vielleicht nie wieder über Juden oder Jüdinnen redet und dass man nie wieder antisemitisch sein kann, obwohl man's ist. Weil man nie verstanden hat, was Antisemitismus auszeichnet." Vielmehr sei, so ein*e andere*r Gesprächspartner*in, einerseits die konkrete Betrachtung der eigenen Familiengeschichte, „das genaue Hingucken und auch das schmerzhafte Hingucken", notwendig: „Die Diskriminierung und Verfolgung von Minderheiten [wird] so lange immer weiter gehen, wie wir diese wirklich giftige Myzel nicht unter die Lupe genommen und wirklich bis ins Allerfeinste ausgelotet haben."[11] Andererseits müsse betrachtet werden, wie Nationalsozialismus und Shoa gesellschaftlich möglich wurden: „[D]ass der Begriff ‚Fabrikation von Leichen' nicht von ungefähr kommt, und dass es 'ne bestimmte Auseinandersetzung mit 'ner Gesellschaft fordert. Mit der Bürokratie in 'ner Gesellschaft, auch mit den Führerfiguren, die in einer Gesellschaft gewünscht waren oder sind, who knows. So, aber dass da nicht so: ‚Naja und dann haben sie sechs Millionen Leute vergast und das war scheiße und drum herum gab's 'ne krasse Diktatur.' Aber so richtig erklären, kann das immer noch niemand."

Für eine*n Gesprächspartner*in liegt besonders in der persönlich-biografischen Auseinandersetzung die Hoffnung auf eine Art von „kritischem Frieden, der alle miteinbezieht", was für ihn*sie bedeuten würde, „die Idee von ‚Wir' und ‚Miteinander' nicht nur zu konstruieren, sondern wirklich mit Leben zu füllen, die tiefer geht, die einfach tiefer geht und deswegen auch einen Bestand hat, der über das so 'n bisschen Entnazifizierte und ‚Wir-sind-ja-jetzt-alle-ganz-zivilisierte-Bürger-und-Bürgerinnen' hinausgeht, denn wie weit es trägt, das sehen wir ja jetzt gerade wieder."

---

10 Für einen Einblick in die (problematische) Rezeption des Tagebuchs, etwa mit Blick darauf, dass „es für eine nicht-jüdische Leserschaft leichter verständlich ist", weil „es von Judentum und jüdischer Kultur bereits weit entfernt" (Levy & Sznaider 2001, 70) ist, vgl. a. a. O., 68 ff. Eine historisch-kritische Edition (hrsg. von Raphael Gross und Martin von Gelderen) ist in Vorbereitung. Zu einem kritischen Blick auf den Umgang Otto Franks mit dem Tagebuch seiner Tocher vgl. Young (2009, 1780 f.).

11 Hintergründe dieser Einschätzung eines*einer Expert*in des Alltags werden in der Fachdiskussion zu Antisemitismus im Kontext der Institution Schule angesprochen: Dass für viele nicht-jüdische Schüler*innen die Thematisierung der Shoa der erste Berührungspunkt mit Jüdinnen*Juden sei, könne angesichts einer Spannung zwischen einem diffusen Wissen um etwaige Täter*innenschaft in der eigenen Familiengeschichte und dem Impuls zur Empathie „diffuse Aversionen" zur Folge haben (Chernivsky & Lorenz 2020, 21).

Die Beobachtungen und Gedanken der Gesprächspartner*innen können als Entgegnungen auf von der Dominanzgesellschaft entwickelte Praktiken der Auseinandersetzung mit Antisemitismus verstanden werden. Sie fordern dazu auf, etablierte Formen der (straf-)rechtlichen Ahndung und pädagogischen Auseinandersetzung sowie des Gedenkens an den Holocaust zu hinterfragen. Dabei geht es einerseits darum, dynamische Funktionen, die bestimmte Praktiken (Rollenzuschreibungen in Erinnerungskulturen, Verdrängung etc.) für Nachfahren der Täter*innen haben können, in den Blick zu nehmen und die damit verbundene Instrumentalisierung von Juden*Jüdinnen aufzugeben. Andererseits bzw. damit einhergehend wäre es wichtig, die biografisch-familiäre Nachgeschichte aufseiten der Nachfahren von Täter*innen konkret anzunehmen, um „[d]ie Diskriminierung und Verfolgung von Minderheiten" als „never ending story" (s. o.) zu unterbrechen. Und schließlich gilt es, die Spezifik und Singularität der Shoa mit ihrer menschheitsgeschichtlichen Bedeutung zu vermitteln.[12]

c) Orte und Praktiken der Besonderung einer Minderheit

In einer nicht-jüdischen Mehrheitsgesellschaft[13] zu leben, gehört zum Alltag der jüdischen Berliner*innen in Bezug auf die Stadt insgesamt wie auf die meisten ihrer Institutionen und Lebenswelten. Jenseits des damit gegebenen Umstands, eine zahlenmäßig kleine Gruppe zu sein, problematisieren die Gesprächspartner*innen in diesem Zusammenhang, als besonders markiert und damit zu ‚Anderen' gemacht zu werden. Solche Formen der Besonderung[14] werden mit Blick auf öffentliche Reden, Institutionen und Einrichtungen sowie soziale Interaktionen und Settings thematisiert.

12 Zur Spezifik und Singularität des Holocaust vgl. Hannah Arendt (1950) mit Blick auf Täter und Dan Diner (2000, 177 ff.) aus der Perspektive der Judenräte. Der o. g. Begriff des „Zivilisationsbruchs, verübt an Juden" (Diner 2007, 14), bringt die in Spannung zueinander stehenden Perspektiven in der Auseinandersetzung mit dem Holocaust – die partikulare, spezifisch jüdische und die universelle, allgemein-menschliche – zum Ausdruck.

13 Die Formulierung ‚Mehrheitsgesellschaft' wird von Gesprächspartner*innen teils als Bezeichnung für die in sich heterogene quantitative ‚Mehrheit' der nicht-jüdischen Berliner*innen, teils aber auch eher im Sinne der o. g. Dominanzgesellschaft benutzt. An dieser Stelle verwenden wir den Begriff in beiderlei Sinne. Im Begriff ‚Minderheit' klingt entsprechend sowohl die zahlenmäßige als auch dominanzkulturelle Minorisierung an.

14 Wir verwenden den Begriff der Besonderung einerseits anstelle des in postkolonialer Theorie etablierten Begriffs des Othering, um auf Spezifika der Situation von Jüdinnen*-Juden in christlichen bzw. säkularisiert-christlichen Gesellschaften seit der Vormoderne zu verweisen. Im Frühneuhochdeutschen drückte das Verb ‚besondern' Absondern als positives und negatives Unterscheiden sowie eine räumliche Trennung aus (vgl. Frühneuhochdeutsches Wörterbuch 2017). Diese Wortbedeutungen lassen u.E. etwa den christlich-antijudaistischen Missbrauch des Judentums als ‚blinden' Überbringer des ‚wahren' christlichen Glaubens – wie etwa in den ‚Adversus-Judaeos-Traktaten' (vgl. Kampling 2011) und Darstellungen von ‚Ecclesia et Synagoga' (Heil 2012) – sowie die Ghettoisierung anklingen. Andererseits schließen wir mit dem Begriff der Besonderung an postkoloniale Theorien des Othering an. Dies gilt etwa für die von Gayatri Spivak (1985) angesprochene Subjektkonstitution in der Abgrenzung vom ‚Anderen' und für Prozesse der Veranderung, die von Stuart Hall (1997) in Medien- und Bildanalysen aufgezeigt wurden und die sich mittels symbolischer Ausschlüsse in Interaktionen, Sprechakten und sonstigen kollektiven Praxen vollziehen.

So wurde für den *öffentlichen Diskurs* von einem*r Gesprächspartner*in exemplarisch die Formel von „jüdischen Mitbürgern" als Form der Verweigerung von Zugehörigkeit und Anerkennung als Gleiche benannt, denn „wenn du ‚Mit-' bist, bist du nicht dabei". Insoweit diese oder ähnliche Formeln im öffentlichen Diskurs verwendet werden, können sie nicht unmittelbar erwidert werden. Ein*e andere*r Gesprächspartner*in teilt die Erfahrung mit, in einer *nicht-jüdischen Schule* in direkten Interaktionen das Gefühl der Zugehörigkeit und Normalität vermisst zu haben: „[W]as es gab, war so ne Form von Ausnahmeerscheinung-Sein bei mir an der Oberschule, weil ich war nicht auf der jüdischen Oberschule, die es ja in Berlin durchaus auch gegeben hätte, ich habe mich dagegen entschieden". Während die Besonderung sich hier im Binnenraum einer normalisierten[15] Schule vollzieht, wird im Kontext der von ihm*ihr besuchten jüdischen Grundschule von besondernden Blicken aus dem äußeren Umfeld des Schulgebäudes berichtet, „wenn du aus der jüdischen Schule rausgehst und die Leute hingucken."

Insoweit jüdische Zugehörigkeiten nicht durch religiöse Zeichen oder säkulare Symbole sichtbar sind bzw. gemacht werden, gehören jüdische Berliner*innen vor allem für ihre nicht-jüdische Umwelt teils[16] zu den sogenannten *invisible minorities*. Im letzteren Sinne meint etwa einer* unserer Gesprächspartner*innen: „Ich trage keine Kippa. Ich sehe genauso wie meine Vorfahren mitteleuropäisch aus, mehr oder weniger [...]. Man wird mich nicht sofort für einen Juden erkennen. Vielleicht nicht ganz deutsch, aber irgendwie – ich falle nicht auf." Zugleich haben jüdische Berliner*innen auch grundsätzlich keinen Anlass, ihrer nicht-jüdischen Umwelt unmittelbar mitzuteilen, jüdisch zu sein: „Also man geht ja auch nicht rum und sagt: ‚Guten Tag, [Name des*der Gesprächspartner*in], Jude*Jüdin.'" Dass die eigene (auch) jüdische Zugehörigkeit in diesen Fällen weder wahrgenommen noch mitgeteilt wird, kann zu etwas führen, das ein*e Gesprächspartner*in als „Schrankjude" bezeichnet: „Das Judentum wird im Schrank gelassen und nicht rausgelassen", und es bedeutete „eine Überwindung, [...] aus dem Schrank rauszukommen." So finden sich Juden*Jüdinnen in Situationen wieder, in denen sie auf unangenehme Art und Weise unsichtbar bleiben. Und schließlich wird geschildert, dass es unter diesen Umständen einer Art des ‚Outings' bedarf, wenn die eigene jüdische Zugehörigkeit mitgeteilt werden will: „Das heißt, es muss erstmal ein Bekenntnis geben."

Zu dieser unfreiwilligen Unsichtbarkeit und der Schwierigkeit, sich als (auch) jüdisch zu zeigen, trägt insbesondere bei, dass es im *Umgang mit nicht-jüdischen Interakti-*

---

15 Das Wort ‚Normalisierung' ist in der Soziologie eher mit der Analyse von Prozessen verknüpft, durch die deviante Gruppen hergestellt werden und dadurch quasi rückwirkend eine allgemeine Disziplinierung produziert wird (Stehr 2013). An dieser Stelle ist der umgekehrte Prozess gemeint: die Reproduktion einer dominanten Kultur, die als solche unbewusst bleibt und die bestimmte Gruppen marginalisiert – ein Umstand, der in *Eure Heimat ist unser Albtraum* (Aydemir & Yaghoobifarah 2019) in unterschiedlicher Weise problematisiert wird.

16 Andere Gesprächspartner*innen gehören zu *visible minorities*, wobei offen bleibt, zu welchen ‚Anderen' sie im dominanzkulturellen Blick gemacht werden (vgl. auch Salzmann 2019 und Kapitel II, b).

*onspartner*innen* keine Selbstverständlichkeit ist, die eigene jüdische Zugehörigkeit, wenn es passend und gewollt wäre, ansprechen zu können. Vielmehr berichten unsere Gesprächspartner*innen von verkrampften, unsicheren und übergriffigen Reaktionen, wobei unterschiedliche Gründe und Motive eine Rolle spielen können: „Im Kontakt mit [...] nicht-jüdischen Menschen [ist] es ganz schwierig [...], ein gleichberechtigtes Erstgespräch zu führen", was „etwas mit Geschichte und mit Unsicherheiten und mit [...] vielleicht auch transportieren Vorstellungen von Antisemitismus, aber vor allen Dingen mit ‚man weiß nicht, wies geht' zu tun hat". Ursächlich seien demnach nicht immer antisemitische Projektionen, sondern auch der Umstand, dass jüdische Kulturen für viele nicht-jüdische Berliner*innen kein Teil der eigenen Lebenswelt sind und in der Begegnung mit Juden*Jüdinnen angesichts der – hier in ihrer Bedeutung nicht näher erläuterten – ‚Geschichte' Unsicherheiten aufseiten der nicht-jüdischen Interaktionspartner*innen entstünden.[17]

Diese Konstellation ist gravierend, weil es um Bekannte, Kolleg*innen und Mitstreiter*innen geht, Menschen also, die zum engeren *privaten, beruflichen und politischen Umfeld* gehören. Diese Kontexte ermöglichen es den Betroffenen zwar im Gegensatz zu Äußerungen im öffentlichen Diskurs grundsätzlich, selbst direkt zu reagieren und sich zu solchen Formen der Besonderung zu verhalten, erschweren eine Auseinandersetzung aber offenbar zugleich (vgl. Kapitel I, g). Entsprechend berichtet ein*e Gesprächspartner*in beispielhaft davon, ungewollt als jüdisch markiert zu werden: „‚[D]as ist meine jüdische Blablabla.' Also, tja." Diese philosemitische[18] Übergriffigkeit wird als belastend erlebt und zugleich fällt es schwer, ihr offensiv zu begegnen: „Wenn es passiert, ist es eigentlich immer mit so nem Rumpelstielzcheneffekt verbunden. Ich möchte sofort im Erdboden versinken und auf der anderen Seite der Erde wieder rauskommen, weil ich es als ganz schrecklich empfinde. Und da es so schwierig zu thematisieren is, schluck ich das meistens runter."

Ein*e andere*r Gesprächspartner*in berichtet von der Erfahrung, von nicht-jüdischen Kolleg*innen in Reaktion auf einen von Dritten verursachten antisemitischen Vorfall in einer Art höflichen Distanz gehalten zu werden, die auf einer Mischung aus Abwehr und Selbstinszenierung als ‚gute Deutsche' beruhe: „Und die zweite Sache war, wie, die [Kolleg*innen] sind sehr nett, aber wie sie reagiert haben, war ein bisschen problematisch, dachte ich, weil – und das ist nicht das erste Mal, dass ich das Gefühl habe. Die haben Angst vor dem Thema gehabt und dann [...] waren sie mehr damit

---

17 Wie in Kapitel I, a und b beschrieben, können solche ‚Unsicherheiten' als Folgen problematischer Umgangsweisen mit dem Holocaust in postnationalsozialistischen Gesellschaften verstanden werden. Andererseits können stereotype und antisemitische Repräsentationen von ‚Juden' die Begegnung mit nicht-jüdischen Personen erschweren, insoweit für letztere Projektion und Wirklichkeit aufeinandertreffen.

18 Im Anschluss an Michael Brenner (2001) verstehen wir Philosemitismus als Begriff, der „eine bestimmte Haltung von Nichtjuden gegenüber Juden, die in der Regel als positiv verstanden wird, jedoch auch im negativen Sinne als ‚umgekehrter Antisemitismus' interpretiert werden kann, [beschreibt]." Zunächst im 19. Jahrhundert von Antisemiten in polemisierender Art und Weise gebraucht, könne man seit 1945 auch die „durch Schuld- oder Schamgefühl verursachte [...] intensive Beschäftigung der Nichtjuden mit jüdischer Kultur" als Philosemitismus bezeichnen.

beschäftigt, nett zu mir zu sein und zu zeigen, wie offen sie sind und dass es doch keine Rolle spielt, welche Religion ich habe und blablabla." In der hier beschriebenen Alltagserfahrung wird eine direkte, offene Beziehung zur*m Betroffenen als auch jüdischer Person vermieden und sie im Sinne der Befindlichkeit des nicht-jüdischen Umfeldes (Schamgefühle, Unsicherheiten) auf Distanz gehalten.

Der Alltag mit seinen Situationen und Konstellationen der Besonderung, die sowohl aus Folgen des dominanzkulturellen Umgangs mit dem Holocaust resultieren als auch unmittelbar philo- bzw. antisemitisch begründet sein können, wird von jüdischen Berliner*innen aktiv und widerständig gehandhabt (vgl. Kapitel I, j). Und zugleich bringt ein*e Gesprächspartner*in etwas zum Ausdruck, das als Auftrag an die nicht-jüdische Mehrheitsgesellschaft und insbesondere an die Dominanzgesellschaft gelesen werden kann: „Ich glaube, ich habe mir sehr oft in meinem Leben gewünscht, dass Judentum in Deutschland nicht so was Besonderes sein muss".

d) Jüdische Berliner*innen im ‚Israel-Blick' der Mehrheitsgesellschaft

Eine spezifische Form der projektiven Besonderung bzw. Antisemitismuserfahrung, die unsere Gesprächspartner*innen im beruflichen oder privaten Umfeld erleben, ist, seitens nicht-jüdischer Interaktionspartner*innen unvermittelt mit dem Staat Israel identifiziert und für dessen Politik verantwortlich gemacht zu werden. Ein*e Gesprächspartner*in schätzt dies als verbreitetes Phänomen ein: „Das ist aber so allgemeiner Mainstream. Und es machen – also ich würde denken, es machen achtzig bis neunzig Prozent aller Deutschen. Und zwar gewohnheitsmäßig."[19]

Dabei werden Juden*Jüdinnen in Berlin unter Absehung von ihrer konkreten Persönlichkeit und ihren Zugehörigkeiten auf ein abstraktes ‚Jüdischsein' festgelegt, symbolisch aus Berlin/Deutschland ausgeschlossen und mit dem Staat Israel identifiziert, also einer spezifischen, israelbezogenen Projektion ‚des Juden' unterworfen.[20] Auch von der Komplexität der Geschichte (und Gegenwart) des jüdischen Staates als eines „Gemeinwesens, das nicht in Europa, aber doch von Europa ist" (Diner 2002, 103), wird abgesehen, um unter Einebnung des Unterschieds zwischen Regierungen und Staat

---

19 Monika Schwarz-Friesel und Jehuda Reinharz (2013) untersuchen „die verschiedenen Verbalmanifestationen der aktuellen Judenfeindschaft" (a. a. O., 2) auf der Basis von über 14.000 Zuschriften aus den Jahren 2000 bis 2012 an den Zentralrat der Juden in Deutschland und die israelische Botschaft aus dem gesamten Bundesgebiet. Dazu zählt insbesondere auch israelbezogener Antisemitismus (a. a. O., 194 ff.). „So bedrückend die Rezeption der vulgär-antisemitischen Gewalt-Schreiben der Extremisten auch war, viel belastender war für alle an den Textanalysen Beteiligten das Lesen der Schreiben judenfeindlicher Verfasser aus der Mitte der Gesellschaft." (a. a. O., V) In dieser ‚Normalität' des Ressentiments sehen wir eine Bedeutung der von dem*der Gesprächspartner*in genannten Prozentzahl.

20 Ob dieser Prozess auf einer bereits vorgefertigten Projektion im Sinne Brian Klugs (vgl. Fn. 6) beruht oder diese im Prozess hergestellt wird, bliebe demnach offen.

sowie der Konstruktion eines ‚jüdischen' Staates[21] einer ‚Israelkritik'[22] Ausdruck zu geben. Im Resultat verlangt eine sich auf moralisch sicherem Posten wähnende nicht-jüdische Person von einer jüdischen Person, der Verantwortung für und ggf. Schuld an Unrecht zugeschrieben wird, Rechenschaft abzulegen und sich ggf. gar zu exkulpieren (Täter-Opfer-Umkehr). Diese Dynamik wird von Gesprächspartner*innen als belastend erlebt und beschrieben: „‚Warum macht ihr denn das?' Also, als Israeli, ‚Warum stört ihr die Palästinenser?' oder so was, aber Sachen, wo ich so-, es macht alles so glatt und so unkompliziert. [...] Und wenn man spricht mit dir, als ob du verantwortlich bist für alles, was Israel macht, oder alles, was Juden machen etc., ist es, it's exhausting."

Die israelbezogenene projektive Besonderung, die Juden*Jüdinnen in Berlin erleben, kann aufseiten der nicht-jüdischen Akteur*innen neben der Funktion der Täter-Opfer-Umkehr auf spezifischen Ressentiments beruhen, die in solchen Situationen indirekt kommuniziert werden, oder solche Ressentiments können direkt in die Kommunikation einfließen. Während solche Erfahrungen mit der Umwegkommunikation bzw. explizit antisemitischen Adressierungen im Zusammenhang mit dem ‚Israel-Blick' von unseren Gesprächspartner*innen nicht mitgeteilt wurden, wurde von einer*m Gesprächspartner*in von einer israelbezogenen Aggression auf einer Gedenkveranstaltung anlässlich des 9. November berichtet: Hier wurde ihr*ihm von (vermutlich nicht-jüdischen) Teilnehmer*innen gesagt, die „Scheißfahne" – gemeint war die Fahne des israelischen Staates – herunterzunehmen. Ein*e andere*r Gesprächspartner*in brachte Angst vor Anschlägen, die aus (auch israelbezogenem) Antisemitismus resultieren können, zur Sprache: „ob sie von Nazis kommen oder ob sie doch vom islamistischen Terror kommen. Oder ob sie von Palästinenser*innen kommen. Oder ob sie von der deutschen Mehrheitsgesellschaft im Wahn der Befreiung Palästinas kommen", könne man dabei nicht wissen. „Aber, was du genau weißt – es geht überhaupt nicht um dich. Sondern es geht um ein Bild von ‚dem Juden'".

Alldem zum Trotz wägen Gesprächspartner*innen teils ab, ob es in bestimmten Situationen potenziell tatsächlich um ein Gespräch über „Israel" gehen könnte. Wo sie dies für möglich erachten und sich darauf einlassen, scheitere dies aber häufig einerseits an einer „große[n] Unkenntnis von sozusagen 'ner israelisch-palästinensischen Lebensrealität" und andererseits daran, dass „das [...] irgendwie dominiert [ist] von was Weirdem[23]", was „super wenig mit israelischer Lebensrealität zu tun [hat], so. Weder auf palästinensischer noch auf israelisch-jüdischer Seite." Diskussionen, die der

---

21 Im Sinne Brian Klugs (2003, 125) ist gemeint, „the Jewish state into a ‚Jewish' state" zu verwandeln.

22 Gesprächspartner*innen wiesen auch darauf hin, dass dieses geflügelte Wort schon dessen Problematik anzeige, insofern sinnvolle Kritik an Regierungspolitiken im Falle anderer Staaten offenbar keine ähnliche Ritualisierung erfahre und daher auch keine Neologismen wie ‚Nordkoreakritik' oder ‚Deutschlandkritik' entstünden. Vgl. für eine exemplarische Analyse antisemitischer ‚Israelkritik' Rokahr (2019) und zur (auch israelbezogenen) Umwegkommunikation Decker & Brähler (2018, 186ff.).

23 U. E. ist das ‚Weirde', das hier empfunden wird, mit den o. g. Dynamiken (projektive Besonderung, latente Ressentiments etc.) verknüpft.

Komplexität des Gegenstandes gerecht würden, könnten nur mit wenigen geführt werden.[24]

Zudem, so bringen Gesprächspartner*innen zum Ausdruck, hat Israel für sie als Teil der jüdischen Minderheit in dieser Stadt nicht nur eine andere Bedeutung als für die nicht-jüdische Mehrheit. Es mangele auf deren Seite auch an dem Verständnis dafür, „was Israel für ein Zufluchtsort war"[25] und für viele Jüdinnen*Juden in Deutschland/Berlin aus den in diesem Kapitel beschriebenen Gründen potenziell auch weiterhin ist. Zugleich ist dieses Bild für Gesprächspartner*innen damit verbunden, dass es weltweit „keinen sicheren Ort für Juden" gebe und dies in gewisser, wenn auch anderer Weise auch für Israel gelte, denn „in Israel gibt es Krieg öfters mal".[26]

Die unter diesen Voraussetzungen aufgedrängten und/oder geführten Debatten um, wie Gesprächspartner*innen es formulieren, die Topoi „Israel" und „Nahostkonflikt" führen bei einem*r Gesprächspartner*in zu der Aussage, „irgendwie einfach zu wund an der Stelle zu sein". Und auch die kulturelle und politische Vernetzung mit der nicht-jüdischen Zivilgesellschaft wird behindert, „weil es so 'ne sehr starke Polarisierung zum Thema Israel gibt, und [...] du dich so deutlich distanzieren müsstest, um überhaupt gehört zu werden, dass wir das nicht tun. [...] Is' nicht unser Thema. Israel ist nicht unser Thema." (Vgl. dazu Kapitel II, j und III, m)

Mit Blick auf die nicht-jüdische Mehrheitsgesellschaft, ob als Einzelne in sozialen Interaktionen oder in der kulturellen und politischen Arbeit, lässt sich aus dem Gesagten als Forderung mitnehmen, dass die dynamische Fixierung auf Israel zu reflektieren und die für Juden*Jüdinnen belastenden und sie gefährdenden Implikationen (projektive Besonderung, Umwegkommunikation, Aggression [s. u.] sowie Bedrohungspotenziale) zu unterbrechen sind. Insoweit dies gelänge und die nicht-jüdische Mehrheitsgesellschaft sich der Komplexität der israelisch-palästinensischen Konstellation zu nähern bereit wäre, könnten auch Dialoge über diese möglich werden.

e) Aggressionen: Quellen, Qualitäten und Lebensbereiche

Antisemitische Aggressionen richten sich gegen Menschen, die von ihren Urheber*innen als jüdisch wahrgenommen werden, so dass auch nicht-jüdische Personen betroffen sein können. In diesem Abschnitt werden – bis auf eine Ausnahme und ein Beispiel – Erfahrungen jüdischer Betroffener sowie von Akteur*innen, die über ihre

24 Einen Einblick in die Heterogenität, Komplexität und Widersprüchlichkeit der israelischen Gesellschaft geben die von Ronald Hirte und Fritz von Klinggräff (2020) versammelten Stimmen.

25 Vgl. zu fünf Wellen der Aliya seit dem späten 19. Jahrhundert Alroey (2011). Jean Améry (1982, 156) bezeichnete als „existenzielle Bindung" diasporischer Juden*Jüdinnen das Folgende: „Israel ist nicht nur das Land, in dem der Jude sich nicht mehr im Sinne Sartres das Eigenbild vom Juden aufprägen läßt; es ist auch das virtuelle Obdach für alle erniedrigten und beleidigten Juden der Welt."

26 Dan Diner (2020) rekonstruiert überblicksartig die Konfliktgeschichte(n).

professionelle (oder ehrenamtliche) Funktion Kenntnis einer Vielzahl von Vorfällen haben, wiedergegeben.

Erlebt werden antisemitische Aggressionen in unterschiedlichen *Qualitäten* von (non-) verbalen Äußerungen bis hin zu tätlichen Angriffen. Solche Vorfälle ereignen sich in der Öffentlichkeit, im beruflichen und privaten Umfeld sowie in Institutionen und Einrichtungen der Stadt, also in unterschiedlichen *Lebensbereichen*. Und sie speisen sich inhaltlich und personell betrachtet aus unterschiedlichen ideologischen und politisch-demografischen *Quellen*.

Der moderne Antisemitismus[27] lässt sich „politisch weder allein ‚rechts' oder ‚links' [...] verorten" (Diner 2015, 273), er verbreitete sich weltweit und ist auch aktuell in unterschiedlichen politischen Lagern und Bevölkerungsgruppen Berlins virulent (vgl. Pickel et. al. 2019, 56 ff. und 118 ff.). Entsprechend nehmen die Gesprächspartner*innen unterschiedliche politisch-demografische Quellen wahr.

Erstens werden Pöbeleien, Angriffe oder Drohungen durch bspw. Hakenkreuz-Schmierereien *von neonazistischer und (extrem) rechter Seite* von den Betroffenen als erwartbar und wenig überraschend identifiziert. Und auch wenn die Gesprächspartner*innen sich nicht immer sicher sind, als was sie die Täter*innen angegriffen haben – als Jude*Jüdin oder bzw. auch als Migrant*in oder Linke*r –, erfahren sie als Jüdinnen*Juden Aspekte dieser Ereignisse doch als (potenziell) antisemitisch. Als Resultat der relativen Stärke des (extrem) rechten Spektrums wird von Gesprächspartner*innen zudem die Enttabuisierung der öffentlichen Äußerung antisemitischer Ressentiments in der Bundesrepublik Deutschland[28] und in Europa wahrgenommen, so dass im medialen Mainstream wieder klassische Stereotype vom angeblichen Reichtum und der angeblichen Weltverschwörung der Juden auftauchten und per Internet ins Haus kämen. Die antisemitischen Karikaturen von und stereotypen Angriffe auf George Soros[29] werden dabei als „Judenbashing" verstanden, das exemplarisch an einem in der Öffentlichkeit stehenden, bekannten Juden vollzogen und als „beängstigend" empfunden werde.

Zweitens beurteilen unsere Gesprächspartner*innen aktuelle antisemitische Bilderwelten und entsprechendes ‚Wissen' als Ausdruck des fortwirkenden christlichen Antijudaismus, der „kulturellen DNA Europas", der sich mit dem rassistischen und nationalistischen Antisemitismus verbunden habe. Der Antijudaismus sei tief in Redewendungen und Imagination der *christlich-säkularisierten Bevölkerungsgruppen* verwurzelt. Dabei wird von einer*m Gesprächspartner*in eingeschätzt, dass „die Mehrheit aller antisemitischen Vorfälle, [...] die ich erlebe, [...] aus der deutschen Mehrheitsgesellschaft [kommen] und [...] etwas mit einer christlichen Tradition zu tun [haben], die säkularisiert worden ist." Als dritte Quelle werden *islamistische Organisationen* benannt, etwa

---

27 Vgl. grundlegend Claussen (1987); zur aktuellen Virulenz in unterschiedlichen politischen Strömungen vgl. Salzborn (2019b).

28 Vgl. hierzu Hübscher (2020); Salzborn (2019a); Steinitz & Poensgen (2017)

29 Vgl. zur Kampagne gegen den ungarisch-jüdischen Investor George Soros die Kommentare von Martin Gak in der Deutschen Welle (21.02.2019) „Antisemitismus im Aufwind" und aus wissenschaftlicher Perspektive Kalmar (2020).

mit Blick auf das Skandieren der judenfeindlichen Trope „Kindermörder Israel" auf Demonstrationen in Berlin. Teils wird viertens von Gesprächspartner*innen formuliert, dass *einige jugendliche Deutsche „mit Migrationshintergrund"* sowie *ein gewisser Teil von muslimischen Geflüchteten* antisemitische Äußerungen mit oder ohne Bezug auf Israel tätigten, so etwa Kinder, die meinten, dass „‚alle Juden alle Libanesen töten'". Fünftens wird von „Wellenbewegungen" des Antisemitismus innerhalb der *Linken* i. w. S. berichtet, der sich im Verhältnis zu Israel zeige und sich auch schon konkret gegen Gesprächspartner*innen gerichtet habe. Schließlich wird – sechstens – das nicht-jüdische bürgerlich-konservative Spektrum der Berliner Stadtgesellschaft erwähnt. So formuliert ein*e Gesprächspartner*in mit Blick auf den Berliner Kulturbetrieb, dass diejenigen, die wie sie*er einen Zugang „in die deutsche Gesellschaft oder Kultur" fanden, in Äußerungen und Verhaltensweisen der nicht-jüdischen Bildungsbürger*innen „das pochende Herz des Antisemitismus entdeckt" haben, wobei gelte: „Ich sage nicht, dass die Mehrheit so ist, aber vorhanden war es immer." Und ein*e andere*r berichtet über seine*ihre Erfahrungen mit antisemitischen Äußerungen von Kolleg*innen in der Berliner Hochschullandschaft (vgl. auch Kapitel I, g).

Antisemitische Aggressionen werden von Jüdinnen*Juden in Berlin in unterschiedlichen *Lebensbereichen* und dabei in unterschiedlicher Qualität erfahren. In der Öffentlichkeit, „in öffentlichen Verkehrsmitteln eher schon häufiger", können sie sich in Beleidigungen und Beschimpfungen an der Schwelle zu tätlichen Übergriffen äußern. Exemplarisch schildert ein*e Gesprächspartner*in, am Alexanderplatz „mit hässlichen Wörtern belegt, fast geprügelt" worden zu sein. Angesprochen wurde am Beispiel der verbalen Attacken auf George Soros bereits antisemitische Bedrohung in bzw. mittels der medialen Öffentlichkeit. Angesichts des Umstands, dass Ressentiments unvermittelt in Aggressionen umschlagen können, können letztere im ‚analogen' öffentlichen Raum auch in non-verbalen Interaktionen antizipiert werden. So teilt ein*e Gesprächspartner*in mit: „[A]lso ich habe schon die Erfahrung gehabt, wo ich Angst habe, weil ich Hebräisch lese in der U-Bahn. Ich weiß dann nicht, warum dieser Mann mich so anguckt."

Am *Arbeitsplatz* und in der *Schule* sind den Gesprächspartner*innen antisemitische Aggressionen ebenfalls begegnet. So berichtet ein*e Gesprächspartner*in, dass er*-sie sich von Kolleg*innen, die zur „Crème de la Crème" der „Charlottenburger Kultur" gehören, „Sprüche anhören [musste] wie ‚42 war das beste Jahr der deutschen Geschichte'." Ein*e andere*r berichtet, dass eingeworbene Drittmittel als „jüdisches Geld", das als „Gefallen" bewilligt worden sei, bezeichnet, geplante Lehrveranstaltungen „zu jüdischen Lebenswelten abfällig kommentiert" und aushängende Veranstaltungsplakate u. a. mit den Worten „jüdischer Dreck" und dem Symbol der Identitären beschmiert wurden. Und in der nicht-jüdischen Schule, so berichtet ein*e weitere*r Gesprächspartner*in, sei er*sie mit antisemitischen Stereotypen konfrontiert worden: „[U]nd auf der Schule, auf der ich dann war, gab es schon so Fragen wie ‚Wo ist denn jetzt eigentlich dein Judengold?' und so weiter und so fort."

Aus dem *weiteren beruflichen sowie privaten Umfeld* wird von Abwehrreaktionen sowie Philosemitismus berichtet. So reagierten, wie ein*e Gesprächspartner*in berichtet, Angehörige von christlich-evangelischen Gemeinden verhalten, als die judenfeindlichen Positionen Martin Luthers angesprochen wurden: „[W]enn man sich vor Augen führt, Luther hat ja gesagt, ‚was würde er mit einem Juden machen, den er taufen wollen würde?' ‚Ja, mit einem Mühlstein um den Hals in der Elbe' [...]. Im Prinzip hat er diesen rassischen Antisemitismus vorweggenommen, der ja gesagt hat, auch ein Jude, der getauft ist, bleibt ein Jude. [...] Und wenn man dann das so darauf anspricht, auf Luther, dann merkt man doch auf welche [empfindlichen Stellen, Anm. d. Verf.] man tritt." Auch Kashrut (teils) zu befolgen, kann auf nicht-jüdischer Seite Reaktionen hervorrufen, die sich gegen Juden*Jüdinnen richten. Während andernorts etwa berichtet worden ist, dass diese Praxis als vormodern wahrgenommen und entsprechend infrage gestellt wird (vgl. Bernstein 2017, 58), scheint dieser Reflex im Falle der von dieser*m Gesprächspartner*in erlebten Situation in philosemitischer Manier rationalisiert worden zu sein: „‚Jaja, das sind ja auch Reinheitsgebote, die sind ja total zivilisatorisch und wichtig, und da drückt sich ja die Vernunft aus'". Dabei stellt er*sie u. a. klar: „[I]ch will auch gerade von einer deutschen Person nicht 'ne besondere Form von Vernunft zugeschrieben bekommen, weil ich jüdisch bin."

Auch aus dem Kontext unterschiedlicher politischer *Demonstrationen* werden antisemitische Aggressionen berichtet. So erläutert ein*e Gesprächspartner*in, wie aus dem christlichen Antijudaismus stammende Bilder und Topoi aktuell in Berlin bei Protesten aufgegriffen werden: „Wenn heute gerufen wird ‚Kindermörder Israel', dann greift das zurück auf den Vorwurf des Mittelalters, Juden hätten christliche Kinder zu Pessach ermordet, um aus deren Blut Mazzen zu backen. Oder auch ‚Brunnenvergifter Israel', ja, ‚jüdische Brunnenvergifter'. Das sind die ‚Rothschilds' mit den ‚Wucherjuden', ja. Also Bilder, die seit zwölfhundert, dreizehnhundert so transportiert werden, die sind einfach da." Ein*e andere*r Gesprächspartner*in berichtet von einem Vorfall auf einer Demonstration im Gedenken an den 9. November 1938, den Tag des reichsweiten Pogroms, in dessen Verlauf Juden*Jüdinnen ermordet, gedemütigt und verhaftet sowie ihre Geschäfte und Synagogen zerstört und geplündert wurden. Zu diesem Gedenkanlass trug er*sie eine Israelfahne, um auszudrücken, „dass es einfach ein Land gibt, was Jüd*innen auf der Welt nun mal auch schützt, aus der Erfahrung heraus, dass es eine Zeit gab, in der Jüd*innen eben nicht wussten, wo sie hingehen konnten, weil kein Land sie aufnehmen wollte".[30] Andere Demonstrant*innen verlangten, dass er*sie „die Scheißfahne runternehmen soll und [s]ich verpissen soll". Die bereits oben angesprochene, tiefgreifende Divergenz von Bedeutungen, die Israel für jüdische und nicht-jüdische Berliner*innen haben kann, wird an dieser Stelle so zugespitzt, dass die Bedeutung Israels als „das virtuelle Obdach für alle erniedrigten und beleidigten Juden der Welt" (Amery 1982, 156) nicht nur ignoriert, sondern aktiv unsichtbar gemacht werden soll. Dabei schreiben (vermutlich) nicht-jüdische Personen einer jüdischen

30 Wenige Monate vor dem Pogrom war die Konferenz von Evian gescheitert, die Regelungen zur Aufnahme jüdischer Deutscher wurden weltweit nicht gelockert (vgl. Thies 2017).

Person vor, wie diese des Novemberpogroms zu gedenken habe, welches retrospektiv als eine der Vorstufen des Holocaust verstanden wird, – nämlich ohne Bezug auf den Staat, dessen Entstehung Teil der europäischen und insbesondere der deutschen Geschichte des Scheiterns der Emanzipation der Juden und schließlich des Zivilisationsbruchs ist (vgl. Diner 2002). Und im Resultat wird angestrebt, eine jüdische Person vom Gedenken daran auszuschließen (vgl. Kapitel III, m).

Die skizzierten Schilderungen dieser Form von Antisemitismuserfahrungen unserer Gesprächspartner*innen machen Folgendes deutlich:

1. Antisemitische Aggressionen schöpfen inhaltlich betrachtet aus der langen Geschichte der Judenfeindschaft, deren Gehalte (christlich-antijudaistische Dogmen und Bilder, rassistische Ideologien und moderne Verschwörungstheorien etc.) sie tradieren und adaptieren.
2. Aufgrund der Verbreitung von Antisemitismus über das politische Spektrum und die verschiedenen Bevölkerungsgruppen Berlins hinweg sind die Urheber*innen antisemitischer Aggressionen nicht an einem besonderen Profil erkennbar. Entsprechend formuliert ein*e Gesprächspartner*in: „[E]s kann eigentlich aus allen Richtungen kommen, ich hab' jetzt nicht mehr irgendwie so 'ne Art Profil im Kopf, ich muss mich vor dem Menschen mit dem Bart oder mit der Glatze oder mit den Piercings irgendwie in Acht nehmen, sondern es kann jeder sein."
3. Schließlich werden antisemitische Aggressionen in mehr oder minder schweren Qualitäten geäußert und erlebt, wobei „es eben total unvermittelt [passiert], ohne dass man sozusagen eigentlich wirklich versteht, was jetzt da gerade vor sich geht".
4. Und, nicht zuletzt, erfahren jüdische Berliner*innen Antisemitismus (potenziell) in allen Lebensbereichen, am Arbeitsplatz und in der Schule, dem privaten und weiteren beruflichen Umfeld und am Wohnort sowie in der analogen und digitalen Öffentlichkeit. Aus jüdischen Perspektiven und lebensweltlich betrachtet sind die Erfahrung und Antizipation antisemitischer Aggressionen in den genannten Hinsichten – Quellen, Qualitäten und Lebensbereiche – umfassend. Ihnen ist mit einer ebenso umfassenden Gegenwehr zu begegnen, die alle politischen Strömungen und Bevölkerungsgruppen, Institutionen und Einrichtungen Berlins in den Blick nimmt. Dies impliziert auch, dass insbesondere die zum demokratischen Spektrum zählenden Kräfte nicht nur den Antisemitismus der jeweils anderen problematisieren sollten, sondern selbstkritisch auf die jeweils eigenen antisemitischen ‚Traditionen' blicken und diesen effektiv begegnen müssten.

f) Bedrohungspotenzial und widerständige Normalität im Alltag

Die jüdischen Einrichtungen in der Stadt sind Sinnbild jüdischer Präsenz und insoweit der Normalität jüdischer Gegenwart in Berlin. In Sicherheitsschleusen, Panzerglas und Polizeischutz materialisiert sich jedoch das massive *Bedrohungspotenzial*, dem Jüdinnen*Juden in Berlin ausgesetzt sind. Solange diese Maßnahmen notwendig sind, schützen sie Leben und schränken es zugleich ein, wie ein*e Gesprächspartner*in formuliert: „Also es gibt vielleicht zwei Teile, einer ist wirklich diese Sicherheitssache, ja es geht nicht nur um Sicherheit, es ist auch dieses Gefühl, ich bin anders, also weil du hast schon das Gefühl, du gehst hin, wo es Polizisten gibt. Viele Leute wissen überhaupt nicht, was da drin ist und du gehst so rein." Ein*e andere*r Gesprächspartner*in hat ganz ähnliche Erfahrungen gemacht, „wenn du aus der jüdischen Schule rausgehst und die Leute hingucken, ist ziemlich klar, also einfach, weil du bist von Polizei umgeben."

Im Anschlag eines rechtsextremen Terroristen auf die an Yom Kippur versammelte jüdische Gemeinde in Halle (Saale) im Oktober 2019 hat sich das in der Bundesrepublik Deutschland vorhandene antisemitische Gewaltpotenzial manifestiert. Während dieser Anschlag viele Menschen der Mehrheitsgesellschaft überraschte, waren Juden*-Jüdinnen zwar „fassungslos", aber „[n]icht überrascht" (Czollek 2019). Mehr noch: Über solche Reaktionen des nicht-jüdischen Umfeldes drückten Gesprächspartner*innen Ärger aus: „[A]lso diese Idee von Überraschung macht mich sehr wütend [...]. Also wir denken darüber oft nach (lacht). Wir sehen – also, wenn ich zur Schule komme, gehe ich durch die Sicherheit, es ist Thema, immer. Es ist nicht neu." Dabei ist den Gesprächspartner*innen bewusst, dass antisemitischer Terror aus der extremen Rechten und von islamistischen Organisationen droht und angesichts der Geschichte von antisemitischen Anschlägen aus dem linksradikalen Spektrum auch von dieser Seite nicht auszuschließen ist, wie ein*e Gesprächspartner*in andeutete (vgl. Kapitel I, d).[31]

Zugleich finden die jüdischen Communities und Juden*Jüdinnen in Berlin für sich angesichts des Bedrohungspotenzials einen widerständigen Umgang mit dieser Lage (s. u.) und etablieren eine vorsichtige Normalität: „[W]ir finden nach wie vor, dass jüdisches Leben nicht an jedem Ort Sicherheit braucht, sondern auch eine Normalität braucht, die nicht zwangsläufig mit Security einhergehen muss. Aber es is nicht immer einfach."

Jüdische Zugehörigkeiten vollends ohne *solche* Schutzräume alltäglich leben zu können, wäre in einer Berliner Gesellschaft möglich, deren überwiegend nicht-jüdische Stadtgesellschaft endlich zuhört, das Gewaltpotenzial erkennt und bannt. Ein*e Gesprächspartner*in bringt dies als Wunsch zum Ausdruck: „[A]lso ich würd' es mir wünschen, dass es in unserer Gesellschaft ein größeres Problembewusstsein dafür gibt, in welche Richtung sich die Gesellschaft auch entwickelt, weil die Entwicklungen schon vor langer, langer Zeit benannt worden sind, gerade von jüdischen Gemeinden."

31 Ronen Steinke (2020) gibt einen Überblick über antisemitische Gewalttaten in Deutschland seit 1945 und beschreibt den aus unterschiedlichen politisch-ideologischen Quellen erwachsenden antisemitischen „Terror gegen Juden" in diesem Zeitraum.

g) Bedeutungen für Betroffene und Reaktionen Dritter in unterschiedlichen Kontexten

Antisemitismus zu erfahren, bedeutet für die Betroffenen mindestens, wie es ein*e Gesprächspartner*in formuliert, dass „man […] einfach nur, ja, herabgesetzt oder diffamiert [ist].“ Darüber hinaus unterscheiden sich psychosoziale Folgen solcher Vorfälle für die Betroffenen je nach Kontextbedingungen. Dazu zählen insbesondere die Art des Lebensbereichs, in denen sie sich ereignen, sowie die Qualität der Besonderung bzw. Aggression und die Reaktionen Dritter.

Das Erleben von Besonderung im persönlichen Umfeld, wie etwa in philosemitischer Manier als ‚jüdische*r Bekannte*r' (s. o., Kapitel I, c) vorgestellt zu werden, wird von Betroffenen im Vergleich zu Beschimpfungen (sich „verpissen zu sollen“, s. o., Kapitel I, e) oder physischen Angriffen[32] in der Öffentlichkeit womöglich als weniger bedrohlich erlebt. Die Einbettung eines Vorfalls in ein persönliches Beziehungsgeflecht erschwert indes eine direkte und offensive Gegenwehr, so dass die massive Betroffenheit („im Erdboden versinken“, s. o., Kapitel I, c) kein Ventil findet („runterschlucken“, s. o., Kapitel I, c). Im Unterschied dazu ermöglicht womöglich die Anonymität in öffentlichen Situationen den – für die Betroffenen unbekannten – Urheber*innen, beleidigenden Äußerungen und bedrohlichen Gesten unmittelbar laut und deutlich zu begegnen: „Ich scheue die Auseinandersetzung da nicht. Ich habe keine Angst.“ Getroffen fühlt sich der*die Gesprächspartner*in gleichwohl: „Aber, dass es nervt und dass es natürlich keinerlei Rechtfertigungen dafür gibt, das muss ich an diesem Punkt, glaub' ich, nicht extra noch erwähnen.“

Am Arbeitsplatz oder in der Schule Antisemitismuserfahrungen zu machen, bedeutet, dass dies in einem Lebensbereich geschieht, an dem die Betroffenen sich regelmäßig und lange aufhalten müssen bzw. wollen. Sofern sie aus dem Umfeld der Peers, Vorgesetzten bzw. Zuständigen keine Unterstützung erfahren, bleibt – neben situativ schlagfertigen Reaktionen, die dem Ärger unmittelbar Ausdruck verleihen können – mittelfristig nur, die Situation auszuhalten oder zu verlassen. Anders als im öffentlichen Raum kann die belastende Situation aber nicht vermieden werden. Ein*e Gesprächspartner*in formuliert es folgendermaßen: „[D]ie Schulsituation ist erst einmal in der Anlage längerfristig, das ist nicht etwas, was sich von heute auf morgen löst, deshalb sind eben da, sagen wir mal, die meisten Probleme.“ Daher können auch subtilere Formen der Abwertung wie die Behandlung als „Ausnahmeerscheinung“ sowie die Konfrontation mit „Witzen“, in denen die antisemitische Zuschreibung großen Reichtums auftauchen (s. o., Kapitel I, e), als tiefer Eingriff in den Alltag erlebt werden und das Wohlbefinden dementsprechend beeinträchtigen.

Tiefgreifende psychosoziale Folgen können Antisemitismuserfahrungen schließlich in Lebensbereichen haben, die Rückzugs- und Schutzraum sind bzw. sein sollten. Dies gilt insbesondere für Vorfälle am oder in der Nähe des Wohnortes. Dort kommt es, so

32 Gesprächspartner*innen berichteten von keinen physischen Angriffen, RIAS (2019, 23) dokumentiert für Berlin allein im Jahr 2019 86 tätliche Angriffe.

wurde berichtet, zu Sachbeschädigungen und Schmierereien wie „‚Juden raus'", die „das Sicherheitsempfinden der gesamten Familie dann, wenn man eine hat, nachhaltig beeinflussen". Antisemitismus im politisch linken Spektrum geht in den geschilderten Erfahrungen der sich hier verortenden Gesprächspartner*innen in einem Fall mit Beleidigung und einem Drohpotenzial einher, in anderen mit israelbezogenen Äußerungen und Verhaltensweisen (s. o., Kapitel I, d). In diesem Kontext mit Israel identifiziert und zu einer Distanzierung von bestimmten Aspekten der israelischen Regierungspolitik gezwungen zu werden, kann besonders belastend sein, insofern die Betroffenen sich diesem Spektrum zugehörig fühlen (wollen) und hoff(t)en, dort einen Ort gefunden zu haben, an dem man sich gemeinsam *gegen* menschenverachtendes Verhalten zur Wehr setzt. Ein*e Gesprächspartner*in beschreibt sein*ihr Erleben hinsichtlich des Umgangs mit dem „Staat Israel" innerhalb der – i. w. S. zu verstehenden – Linken so: „[D]ieses dünne Eis, das ist schon für mich Teil meines Lebens. Und zwar insgesamt sowieso immer und überall, aber durchaus auch da, wo ich ansonsten schon sage, das ist das Umfeld, was ich am ehesten als meine Welt, auch als mein Refugium, vielleicht sogar ein Stück weit als geschützten Raum betrachten würde. Aber wirklich nur ein Stück weit! Also ganz und gar nicht weitergehend."

Bedeutungen und Folgen von Antisemitismuserfahrungen unterscheiden sich schließlich auch je nachdem, wie Dritte in solchen Situationen bzw. Konstellationen reagieren. Im Falle von antisemitischen Beleidigungen in der Öffentlichkeit, so berichtet ein*e Gesprächspartner*in, nahm er*sie Passant*innen als „Ewig-Wegguckende" wahr. In den hier geschilderten Situationen erfuhren Betroffene keine Unterstützung von *zufällig anwesenden Dritten*. Es wird zudem davon berichtet, dass *zuständige Stellen* wie die Polizei in einem konkreten Fall zwar teils nicht weiter ermitteln konnten, weil kein Straftatbestand vorlag, die Bedeutung des angezeigten Vorfalls als Abwertungs- und womöglich Bedrohungserfahrung für die Betroffenen aber auch nicht ernst genommen und stattdessen bagatellisiert wurde. Solche Erlebnisse sind einerseits verletzend und können angesichts mehrerer solcher Erfahrungen zu dem allgemeineren Gefühl führen, als jüdische*r Betroffene*r nicht ernst genommen zu werden. Von ausbleibender Unterstützung von Zuständigen berichtet auch diese*r Gesprächspartner*in, nachdem er*sie antisemitische Schmierereien auf Veranstaltungsplakaten rund ums eigene Büro den unmittelbar Vorgesetzten mitgeteilt hatte: „Auf meine Meldung ans Dekanat wurde weder von Seiten der Fachbereichsverwaltung noch von den Dekan*innen reagiert."

Über das Ausbleiben von Unterstützung hinaus wird auch von *sekundären antisemitischen Aggressionen*[33] berichtet, bspw. als antisemitische Vorfälle an Schulen angespro-

33 Hiermit soll kenntlich gemacht werden, dass auf die Benennung eines antisemitischen Aktes, mit einer neuerlichen antisemitischen Aggression reagiert wird. Diese Dynamik könnte damit zu tun haben, dass solche Sichtbarmachung in einer Zeit, in der es kaum bekennende Antisemit*innen gibt und Antisemitismus als tabuisiert gilt, abgewehrt wird (vgl. Mendel 2020, 36). In historischer Dimension wird als sekundärer Antisemitismus die Konstellation bezeichnet, dass Antisemitismus nach dem Holocaust nicht trotz, sondern wegen Auschwitz in dem Sinne fortwirkt, dass es zwar kaum bekennende Antisemit*innen gibt, oder, wie Zvi Rix formulierte, „die Deutschen den Juden Auschwitz nie verzeihen werden". Zu unterschiedlichen Formen des Post-Shoa-Antisemitismus vgl. Claussen (1987) und Decker & Brähler (2018, 186ff.).

chen wurden. Als ein*e Expert*in das Mobbing eines jüdischen Schülers mit dem*der Direktor*in besprach, wurde ihm*ihr in Täter-Opfer-Umkehr entgegnet, es sei ja auch kein Wunder, der Schüler habe sein Jüdischsein ja auch so herausgekehrt. Und im Fall eines Kindes, welches im Anschluss an ein Referat über seinen Sommerurlaub in Israel von der Lehrkraft „als einziges Feedback zu dem ganzen Vortrag" die Rückmeldung erhielt: „‚Naja, man muss ja auch sagen, dass die Juden den Palästinensern das Land weggenommen haben'", bekamen unterstützende Personen bei den verantwortlichen Stellen lediglich die Reaktion, die Kritik sei doch sachlich korrekt gewesen.

Antisemitische Besonderungen und Aggressionen sind einerseits unabhängig von ihren Spezifika verletzend. Andererseits variieren psychosoziale Folgen solcher Ereignisse für die Betroffenen je nach Kontextbedingungen. Mitentscheidend ist dabei, in welchen Lebensbereichen solche Vorfälle auftreten und insbesondere auch, wie *Dritte* reagieren. In der Gesamtschau aller von den Gesprächspartner*innen berichteten Antisemitismuserfahrungen fällt auf, dass von unterstützenden und solidarischen Reaktionen kaum berichtet wird. Diese Leerstelle ist insofern symptomatisch, als dass sie auf *mangelnde Unterstützung seitens des nicht-jüdischen Umfeldes* verweist. Zudem wird dezidiert von *ausbleibenden Reaktionen* oder gar *sekundären Aggressionen* berichtet. Insoweit diese Konstellationen in den Kontexten, in denen Antisemitismus erfahren wird, vorliegen, bedeuten sie, dass Juden*Jüdinnen und nicht-jüdische Betroffene den virulenten Antisemitismus weitgehend auf sich gestellt bewältigen (müssen).

h) Einschränkung der Möglichkeitsräume jüdischen Alltagslebens

Die Virulenz von Antisemitismus, der sich aus verschiedenen ideologischen und politisch-demografischen Quellen, in unterschiedlichen Qualitäten und in potenziell allen Lebensbereichen gegen Juden*Jüdinnen (und andere Betroffene) in Berlin richtet bzw. richten kann, wird von unseren Gesprächspartner*innen entsprechend wahrgenommen und als potenzielle Erfahrung antizipiert. Und in dem Maße, wie auf die Unterstützung Dritter, ob als Bystander oder als professionell Zuständige bzw., weiter gefasst, als nicht-jüdische Zivilgesellschaft, nicht (hinreichend) gezählt werden kann, bleibt ihnen oft lediglich die Möglichkeit, *Vorsichtsmaßnahmen* zu ergreifen.

In Konsequenz verzichten jüdische Berliner*innen unfreiwillig auf unterschiedliche Formen der Performanz jüdischer Zugehörigkeiten: Orte werden gemieden, religiöse und säkulare Zeichen der Zugehörigkeit nicht offen getragen. So berichtet ein*e Gesprächspartner*in, der*die den Magen David im *öffentlichen Raum* sichtbar trägt, er*sie würde von anderen Jüdinnen*Juden regelmäßig anerkennend darauf angesprochen, da diese „sich das selber nicht trauten". Ein*e Gesprächspartner*in schildert, dass er*sie selbst zur Studienzeit, also in der Berliner *Hochschullandschaft* „nicht an die große Glocke" hängte, jüdisch zu sein, und fährt mit Blick auf die aktuelle Situation im Bereich der *öffentlichen Dienstleistungen* fort: „[J]a und auch die meisten werden eben nicht, wenn sie zu einer Behörde gehen, direkt dranhängen, ‚Ich bin Jude.' Aus vielen Gründen." Dass Antizipation und Vermeidung von Antisemitismus auch zum *familiären Alltag* und *Schulleben* der Betroffenen gehören, formuliert ein*e Gesprächspartner*in etwa so: „Sich den Alltag so anzupassen, sich zu überlegen, was erzähle ich meinen Kindern oder wie erzähle ich meinen Kindern, wie sie in der Schule mit dem Jüdischsein umgehen sollen et cetera." Und bei Feierlichkeiten ohne Sicherheitspersonal wird beispielsweise die Adresse nur intern bekanntgegeben: „Also immer nachdenken", kommentiert ein*e Gesprächspartner*in diese Konstellation.

Der virulente Alltagsantisemitismus schränkt in Kombination mit der unzureichenden solidarischen Unterstützung seitens des nicht-jüdischen Umfelds die Möglichkeitsräume soweit ein, dass jüdische Zugehörigkeiten in Berlin nicht selbstbestimmt und demnach nur eingeschränkt gelebt werden können. *Dieser Umstand ist als solcher ein massives, antisemitismusbezogenes Problem.*[34] Und dass Vermeidungsverhalten zum eigenen Schutz in allen Lebensbereichen als Umgangsweise genutzt wird bzw. werden muss, führt dazu, dass antisemitische Besonderung, Bedrohung und Aggressionen in der nicht-jüdischen Öffentlichkeit und Forschung unterschätzt werden. So fasst ein*e Gesprächspartner*in die Situation folgendermaßen zusammen: „[W]enn die Leute jetzt nicht von sich aus darauf hinweisen, dass sie jüdisch sind, dann fällt es nicht auf. [...] Also von daher erfahren wir es nicht, sie und oder die Menschen werden dann nicht unbedingt anders behandelt, weil sie eben ihr Jüdischsein verdecken".

Umgangsweisen der Vorsicht und Vermeidung sind Formen der aktiven, wenn auch ‚defensiven' Handhabung dieser fremdbestimmten Konstellation (s. u., Kapitel I, j). Dass in einem solchen Umfeld ein (auch) jüdischer Alltag gelebt und organisiert wird – ob kulturell, sozial oder religiös –, ist Ausdruck jüdischer Selbstbestimmtheit in Berlin.

Diese widersprüchliche Konstellation bringt ein*e Gesprächspartner*in wie folgt auf den Punkt: „[M]an muss inzwischen schon mehr als mutig sein und es ist einfach schwierig, in eine jüdische Gemeinde zu gehen und ich find's oder ich bin sehr begeistert davon oder sehr beeindruckt, wie viele Menschen das tun unter den gegebenen Bedingungen, unter dem wie es ist, das ist doch ein starker Ausdruck davon, wie positiv besetzt eben jüdisches Leben und jüdische Identität eben auch ist".

---

34 In der Studie der Europäischen Grundrechteagentur über Antisemitismuserfahrungen formulierte eine Befragte aus der BRD: „I would never openly wear a Star of David as jewelry or wear a T-shirt with a Hebrew text or ‚Israel' on it. Thus, the question about discrimination is null and void, because the problem is already much bigger." (FRA 2019, 62)

i) Wahrnehmung, Bewertung und Kommunikation von Antisemitismuserfahrungen

Ohne die individuelle Wahrnehmung[35], Bewertung und Kommunikation von Ereignissen als Antisemitismus kann entsprechendes Problemwissen weder innerhalb jüdischer Communities und ihrer Formen der Gegenwehr gegen Antisemitismus (vgl. u. a. Kapitel III, e) zu kollektivem Erfahrungswissen verdichtet noch in die nicht-jüdische Mehrheitsgesellschaft kommuniziert werden.

Dabei unterscheiden sich individuelle und kollektive Perspektiven auf Antisemitismuserfahrungen zunächst insofern, als jüdische Berliner*innen (und andere Betroffene) *individuell und unmittelbar* jeweils von bestimmten Formen betroffen sind bzw. sein können und von anderen nicht. In der obigen Darstellung sind solche unterschiedlichen individuellen Erfahrungs- und Antizipationsweisen zu einem über-individuellen Bild von antisemitismusbezogenem Alltagsgeschehen in Berlin verbunden worden. Auch in jüdischen Communities wird durch kollektive Verständigung versucht, Virulenz und Dynamik von Antisemitismus in Berlin insgesamt einzuschätzen und auf dieser Grundlage Problembeschreibungen auch in die nicht-jüdische Berliner Zivilgesellschaft und Politik zu kommunizieren.[36] Dass in diesen kollektiven Verständigungs- und Kommunikationsprozess einschlägige Ereignisse bzw. Ereigniskonstellationen nicht eingehen, hat auch mit Unterschieden in Bezug auf die *Wahrnehmung* und Bewertung von Antisemitismus seitens Betroffener sowie die (nicht) gewünschte *Kommunikation* nach außen zu tun.

Die *Wahrnehmung* von Antisemitismus variiert aus subjektwissenschaftlicher Perspektive nicht aufgrund inter-individueller Merkmalsunterschiede als Ursachen.[37] Vielmehr ist die Sensibilität dafür, Ereignisse als antisemitisch zu empfinden und zu begreifen, auch in kulturellen Selbstverständlichkeiten begründet, die mit der Heterogenität jüdischer Lebenswelten und (familiär) tradierter Geschichtserfahrungen zu tun haben. So

35 Wahrnehmung wird hier im Unterschied zu traditionellen sozial-kognitiven Theorien als Form der denkenden Verarbeitung sinnlicher Erfahrung in der gesellschaftlich-sozialen Welt verstanden (Holzkamp [1976] 2006). Ihre unspezifische Grundlage ist orientierendes Erkennen – mithin das, was traditionell unter ‚Wahrnehmung' verstanden wird, während die spezifisch-menschliche Form begreifendes Erkennen ist; Emotionalität/Befindlichkeiten sind als Aspekte der Orientierung und des Begreifens zu berücksichtigen (vgl. auch Messing 1999; 2014)

36 Zu nennen sind hier u. a. die jährlichen Berichte der Recherche- und Informationsstelle Antisemitismus (zuletzt RIAS 2020), das Monitoring antisemitischer Vorfälle in der (politischen) Öffentlichkeit auf der Website des Jüdischen Forums für Demokratie und gegen Antisemitismus und mittels Pressemitteilungen (JFDA o.J.) sowie Fachsymposien und entsprechende Publikationen des Kompetenzzentrums für Prävention und Empowerment (etwa Kompetenzzentrum & Chernivsky 2017) und der Kreuzberger Initiative gegen Antisemitismus (bspw. KIgA et. al. 2018).

37 Hansen (2009) referiert Forschungen zu personen- und kontextbezogenen sowie affektiven Merkmalen, die inter-individuelle Unterschiede der Wahrnehmung von und des Umgangs mit Diskriminierung ursächlich erklären sollen. Beigang et al. (2017, 67f.) untersuchen Theorien über entsprechende Ursachen auf ihre empirische Bedeutung. Im Unterschied dazu interessieren, wie folgend, aus subjektwissenschaftlicher Sicht lebensweltlich vermittelte Begründungszusammenhänge für variierende Wahrnehmungsweisen.

berichtet ein*e schon lange in Berlin lebende*r Gesprächspartner*in, dass „Alltagsantisemitismus" in seinem*ihrem Umfeld aufmerksam registriert werde, ebenso von jüdischen Israelis, die ihn zudem sehr selbstverständlich und bestimmt zurückweisen. Vor dem Hintergrund der Erfahrung eines institutionalisierten Antisemitismus in der UdSSR[38] bestehe bei jüdischen Migrant*innen aus den GUS-Staaten eine ausgeprägte Sensibilität hinsichtlich der sie betreffenden Entscheidungen in Ämtern und Behörden, Alltagsantisemitismus werde aber aus dieser Personengruppe hingegen seltener als relevant genug erachtet, gemeldet oder angezeigt zu werden. Hier wird deutlich, dass die Wahrnehmung von Ereignissen mit deren kulturell vermittelter *Bewertung* und *Kommunikation* nach außen verknüpft ist. So wird am Maßstab unterschiedlicher Normalitätserwartungen entschieden, ob ein antisemitischer Vorfall als so gravierend empfunden wird, dass er mitgeteilt wird.

Unabhängig davon, ob ein antisemitischer Vorfall nach außen kommuniziert wird oder nicht, gehört zur Wahrnehmung auch die emotionale *Bewertung* in dem Sinne, dass unterschiedliche Formen des Antisemitismus Menschen aus unterschiedlichen Gründen individuell besonders treffen. Dabei kann eine Rolle spielen, wie die Betroffenen den Motivationshintergrund der Urheber*innen einschätzen. So berichtet ein*e Gesprächspartner*in, nach einem Angriff von „Sportnazis" unabhängig davon, ob er*sie für diese als Jüdin*Jude erkennbar gewesen sei, gedacht zu haben: „Ah, ja. Da ist eh 'ne Feindschaft." Wiederum geht mit der radikal antisemitischen Ideologie der extremen Rechten ein Bedrohungserleben einher: „Und so bürger-ähnlich ich jetzt ausseh', is' es halt immer noch so 'ne Form von Angstmoment." Anders stellt sich die emotionale Bedeutung für ein*e Gesprächspartner*in dar, wenn es sich um Kolleg*innen, liberal gesinnte Personen oder Kinder und Erwachsene, die monokulturell aufgewachsen sind bzw. leben, handelt: „Obwohl wie gesagt, dieses Gefühl, diese Kleinigkeiten, man fühlt die. Diese – auch mit Kollegen, wo es besonders stört [...]." Die angedeutete Wahrnehmung auch von ‚Kleinigkeiten', die vielleicht auf bestimmte Formen der Besonderung verweisen, hat hier mit der bereits angesprochenen sozialen Nähe – Kolleg*innen im beruflichen Umfeld – zu tun. Darüber hinaus geht es aber auch darum, dass von gebildeten und vom Selbstverständnis her liberalen Personen erwartet wird, ein ‚normales' Verhalten im Umgang mit dem*der Gesprächspartner*in an den Tag zu legen: „Es stört mich viel mehr, wenn es jemand [ist], der ausgebildet ist und sich als eine sehr offene, weiß nicht was, liberale Person sieht, als wenn es von ein- nicht nur Kind, sondern auch Elternteil kommt, von einem Hintergrund, wo ich auch gut verstehen kann, dass er nie einen Juden oder Israeli kennengelernt hat, dass er mit bestimmten Ideen aufgewachsen ist." Hier wird demnach die Erwartungshaltung gegenüber nicht-jüdischen Dritten gemäßigt, wenn Menschen aufgrund mangelnder Kontakt- und Bildungsmöglichkeiten keine Gelegenheit hatten, ein reflexiveres Verhältnis zu

38 Es wird von dem*der Gesprächspartner*in nicht ausgeführt, aber die ‚nationale Zugehörigkeit' wurde im Personalausweis vermerkt, der wiederum in vielen Situationen vorgezeigt werden musste, so dass die jüdische Zugehörigkeit „im Alltagsleben [...] ständig präsent" (Weiss & Gorelik 2012, 386) war. Auf dieser Grundlage schränkte „ein allseits bekanntes, wenn auch inoffizielles ethnisches Quotensystem [...] den Zugang von Juden" zu unterschiedlichen Lebensbereichen ein.

Juden*Jüdinnen zu entwickeln. Andere wiederum stören stereotype Repräsentationen von Juden*Jüdinnen, die im öffentlichen Diskurs verbreitet werden: „Wenn ich in die Medien gucke, welche Bilder über Juden und Jüdinnen gibt es denn da? Da tauchen Menschen wie ich oder mein Freundeskreis einfach überhaupt nicht auf. Wir sind aber die Mehrheit. Und das ist halt so 'n bisschen (lacht), das find ich sehr absurd." Je nach emotionaler Bewertung unterscheidet sich womöglich die *Dringlichkeit*, bestimmte Formen des Antisemitismus zu kommunizieren (s. u.).

Die als angemessen empfundene *Kommunikationsstrategie* antisemitischer Vorfälle unterscheidet sich allerdings nicht nur aus den skizzierten Gründen, sondern ist in Teilen kontrovers. Der folgende Vorfall mag verdeutlichen inwiefern: So berichtet ein*e Gesprächspartner*in, dass die (als Rationalisierung eines antisemitischen Impulses interpretierte) Qualifizierung der Kashrut als Ausdruck besonderer Zivilisiertheit von dem*der Urheber*in gleichzeitig dafür genutzt wird, anderen Nicht-Christ*innen ihre Zivilisiertheit abzusprechen: „Und die Art und Weise, wie gleichzeitig über Muslima und Muslime gesprochen wurde, die ja ähnliche Essensgebote zum Beispiel haben, war dann eher so ‚Naja, aber die haben ja auch einen anderen Lebensstandard, die leben ja auch in ganz anderen Wohnungen, die können ja auch ganz anders hausen' quasi." Diese Instrumentalisierung von Juden*Jüdinnen für eigene Zwecke – hier die Ausschmückung eines anti-muslimischen Narrativs – wird als Zumutung empfunden: „[W]eißt du, das sind halt genau die Debatten, die ich nicht aushalten will." Dieses Beispiel macht darauf aufmerksam, dass mit der *Kommunikation* über Antisemitismus in die nicht-jüdische Mehrheitsgesellschaft hinein mit einem dominanzkulturellen Diskurs zu rechnen ist, der Berliner*innen, die muslimisch sind bzw. als Muslim*innen kategorisiert werden, marginalisiert.

Diese diskursiven Kräfteverhältnisse können es für Betroffene problematisch machen, einen angemessenen Umgang mit allen Quellen und Urheber*innen antisemitischer Vorfälle zu finden. So macht etwa diese*r Gesprächspartner*in die Erfahrung, dass Geflüchtete bzw. Muslim*innen im eigenen Umfeld entgegen der eigenen Wahrnehmung als bedrohlicher eingeschätzt werden als bspw. Rechtsextreme. Er*sie werde gefragt: „‚Hast du aber keine Angst mit Geflüchteten, mit Muslimen zu arbeiten?'; ‚Hast du keine Angst, wenn du [zu Ort XY] gehst und die wissen, dass du [Jude*Jüdin] bist und da arbeitest?'." Tatsächlich bewegt sich der*die Gesprächspartner*in in diesem Umfeld nicht ganz selbstverständlich auch als Jude*Jüdin: „Ja okay, manchmal ist es unangenehm, manchmal habe ich schon Angst, aber ich muss sagen, in [Bezirk in Ost-Berlin] hatte ich mehr Angst. Und wenn jemand mich [vor dem terroristischen Anschlag auf die jüdische Gemeinde in Halle an Yom Kippur nach dem Urheber des nächsten antisemitischen Terroranschlags, Anm. d. Verf.] gefragt hätte, also: ‚Ein Terrorist, einen Islamisten oder Rechtsextremen?', hätte ich höchstwahrscheinlich gesagt: recht-rechtsextrem (lacht)." Dass Antisemitismus in einer Dominanzgesellschaft, deren Rezeptionshorizont antimuslimisch grundiert ist, mehr Aufmerksamkeit geschenkt wird, wenn er von Geflüchteten und/oder Muslim*innen ausgeht bzw. diesen zugeschrieben wird[39], führt hier wie im folgenden Fall womöglich auch dazu, diese Erfahrungen zu relativieren. Die Erfahrung, dass ein „türkischer oder arabischer" Klassenkamerad auf Anweisung seiner Eltern nicht mit einer jüdischen Deutschen spielen durfte, wird als „a banal sort of experience, sort of a mundane, everyday experience of anti-Semitism, like not necessarily – I mean it's something that's – that's wrong, something to be condemned, but at the same time not necessarily exceptionalized" umschrieben. Die beiden Gesprächspartner*innen stehen vor dem Dilemma, zur Unsichtbarkeit ihrer Antizipation oder Erfahrung von Antisemitismus beizutragen oder Gefahr zu laufen, diese Bereiche des Alltagsantisemitismus einer politischen Instrumentalisierung preiszugeben. Andere Gesprächspartner*innen benennen hingegen ohne weitere Problematisierung, dass sie von ihnen als ‚muslimisch' gekennzeichnete Menschen als zahlenmäßig relevante Urheber*innen von Antisemitismuserfahrungen wahrnehmen und problematisieren eher, dass dies nicht registriert werde. Wie in solchen Fällen Antisemitismuserfahrungen angemessen wahrgenommen und kommuniziert werden können, wird demnach unterschiedlich gesehen und ist teils kontrovers.

Für die interne und externe Kommunikation über Antisemitismuserfahrungen lässt sich vor diesem Hintergrund ‚mitnehmen', dass die *Verständigung* über das (variierende) Spektrum subjektiver Erfahrungen und deren Bewertung nicht durch das Anlegen definitorischer Kriterien *ersetzt* werden kann. Vielmehr scheint es sinnvoll und angebracht, Begründungszusammenhänge unterschiedlicher Formen der subjektiven Wahrnehmung und Bewertung von Ereignissen *zu verstehen*. Eine solche Verständigung, zu der etwa die Systematisierung von entsprechendem Wissen bspw. in der Beratung beitragen könnte, kann sowohl intern als auch extern sukzessive dazu beitragen, das antisemitismusbezogene Alltagsgeschehen im Dialog miteinander zu objektivieren. Auf unterschiedliche Wahrnehmungs- und Kommunikationsweisen von bzw. über Antisemitismuserfahrungen, die von Geflüchteten und Muslim*innen ausgehen bzw. diesen zugeschrieben werden, kommen wir zurück (vgl. Kapitel III, l).

j) Individuelle Umgangsweisen: Ausweichen und Konfrontation zwischen Fremd- und Selbstbestimmung

Der Alltag jüdischer Berliner*innen vollzieht sich, wie gezeigt, in einer Mehrheitsgesellschaft, in der latenter und manifester Antisemitismus[40] sich u.a. in Formen der Besonderung, Bedrohung und Aggression äußert. Insoweit solche Antisemitismus-

39 Vgl. für eine aktuelle Studie zu Antisemitismus unter Geflüchteten Arnold (2019); zur Kritik daran bzw. an der Art der Thematisierung von Antisemitismus unter ‚Muslim*innen' siehe Cheema (2018).

40 Im Berlin-Monitor (2019, 16) wird wie in der Leipziger Autoritarismus Studie (Decker & Brähler 2018, 72) zwischen manifester („stimme voll und ganz/überwiegend zu") und latenter („teils/teils") Zustimmung zu antisemitischen Aussagen unterschieden. Letzteres kann Unentschiedenheit zum Ausdruck bringen bzw. ein Antwortverhalten gemäß sozialer Normen ermöglichen. Die „teils/teils" Antworten werden als Zustimmung in „Kommunikationslatenz" (ebd.) gewertet und angenommen, dass sie das antisemitische Potenzial über die manifesten Äußerungen hinweg aufzeigen.

erfahrungen auf der Basis entsprechender Wahrnehmungen und Bewertungen gemacht oder antizipiert werden, müssen die Betroffenen einen Umgang damit finden. Dabei bewegen sich individuelle Umgangsweisen aus unterschiedlichen Gründen zwischen eher defensiven[41] und eher offensiven Varianten.

So wird den Urheber*innen antisemitischer Vorfälle teils nicht unmittelbar offensiv begegnet. Im *persönlichen (privaten und beruflichen) Umfeld* kann eine Thematisierung schwierig sein, weil es so scheinen könnte, als ob der*die Betroffene dadurch die Etikette eines höflichen Umgangs miteinander verletzt. Und weil nicht davon ausgegangen werden kann, dass das Gegenüber Kritik anzunehmen versteht, kann die Konsequenz einer berechtigten Intervention auch sein, ggf. wichtige Beziehungen zu verlieren. Insbesondere mag dies gelten, wenn die Urheber*innen Vorgesetzte sind oder diese sich auf die Seite der Urheber*innen stellen. In solchen Konstellationen müssen die Betroffenen also in gewisser Weise zwischen zwei problematischen Optionen ‚wählen': die Verletzung und Wut in der Situation still zu ertragen oder womöglich private und/oder berufliche Kontakte aufs Spiel zu setzen (vgl. Kapitel I, g). Mitentscheidend dafür, in bestimmten Situationen nicht offensiv zu reagieren, ist auch das Haushalten mit der eigenen Kraft. So formuliert ein*e Gesprächspartner*in: „Es ist eine schwierige Arbeit und ich muss auch meine Energie halten und ich muss dann entscheiden, wo macht es Sinn (lacht)." Ob es Sinn macht, hängt zudem von der Einschätzung des Gegenübers mit Blick auf dessen Reflexionsfähigkeiten ab: „Und man muss auch wählen, es gibt auch Leute, wo du denkst, es macht gar nichts, wenn ich jetzt eine Stunde mit dem rede. Aber- und, also es kommt drauf an, unterschiedlich." Während hier im Falle einer antizipierten ‚Wirkungslosigkeit' diese der Grund dafür ist, eine Auseinandersetzung erst gar nicht zu beginnen, wird im folgenden Fall von Gesprächspartner*innen von einer Reaktion abgesehen, weil man dem*der Urheber*in zufällig begegnet ist und daher einschätzt: „bringt nichts, lohnt sich nicht, man trifft die Person nie wieder". Und schließlich macht ein*e Gesprächspartner*in darauf aufmerksam, dass es „definitiv auch ein Handlungsmoment [sei] zu merken, ok, ich kann die Situation einfach auch verlassen". Solche unterschiedlich begründeten, defensiven Umgangsweisen können also als aktive Handhabung von Antisemitismuserfahrungen verstanden werden. Sie sind unter den jeweils benannten Umständen subjektiv funktional, gehen aber ggf. mit Kosten für die Betroffenen einher. Diese werden im Vergleich mit offensiven Umgangsweisen noch deutlicher.

So meint etwa der*die zuletzt zitierte Gesprächspartner*in, dass es „irgendwie netter [ist], mit den Leuten in Diskussion zu gehen, meistens. Und wenn man das kann, mache ich das ganz gerne." Umgekehrt gelte: „das Gespräch abbrechen [lässt] einen in irgendeiner Form von Machtlosigkeit dann irgendwie auch zurück", so dass es ein Lernprozess war, auch das Verlassen der Situation als Ausdruck einer Form von Hand-

---

41 Vgl. Zick et. al. 2017, 30: Im Rahmen individualisierter Bewältigungsweisen bleiben den Betroffenen Handlungsmöglichkeiten wie der Abbruch oder die Einschränkung von Kontakten (für 21% trifft das voll und für 31% eher zu), die Vermeidung von ähnlichen Situationen (für 17% trifft das voll und für 33% eher zu) oder das Verbergen der jüdischen Zugehörigkeit (für 15% trifft das voll und für 23% eher zu).

lungsmacht zu empfinden. Teils wird den Urheber*innen antisemitischer Vorfälle also offensiv-argumentativ begegnet. So wird etwa in Reaktion auf die Frage nach der Herkunft mit Rückfragen reagiert: „Und ich spiele dann gern das Spiel zurück: ‚Ahja, wo denkst du denn, dass ich herkomme? Ahja, welche Aufladung hat das denn für dich? Warum fragst du mich denn genau nach dem Land, wenn es doch auch das Land sein könnte. Du bist dir ja da auch nicht ganz sicher…'." Ein*e andere Gesprächspartner*in meint mit Blick auf seine*ihre Entgegnung auf antisemitische ‚Witze': „Witzig sein (lacht), in manchen Momenten ist ein wichtiger Coping-Mechanismus."

Während im o.g. Fall ein*e Gesprächspartner*in sich bei Zufallsbegegnungen nicht auf eine direkte Auseinandersetzung einlässt, weil sich dadurch im eigenen Alltag nichts ändern würde, werden andere im *öffentlichen Raum* laut. Es erleichtert Betroffenen den emotionalen Umgang mit Antisemitismuserfahrungen, wenn sie ihre Verletztheit in Wut umwandeln können: „Verletzendere Momente ehrlich gesagt, ich weiß nicht, ob ich damit einen guten Umgang habe. Ich werde dann sauer, ich schreie dann die Leute an. Genau, und wenn ich die Leute nicht einmal anschreien kann, dann ist es immer ein scheiß Moment." Im öffentlichen Raum gehört dazu durchaus eine Portion Mut, wie diese*r Gesprächspartner*in ausdrückt: „Aber ich bin […] von äußerster Zivilcourage und ich scheue die Auseinandersetzung da nicht. Ich habe keine Angst." Dass es auch darum geht, das Gegenüber „ein bisschen wach zu rütteln", verweist darauf, dass vielen Urheber*innen der Umstand, antisemitisch agiert zu haben, nicht bewusst ist. Und so können die Lautstärke und der Wechsel des Sprachregisters (s. u.) das Ausmaß der Übergriffigkeit spiegeln, die im antisemitischen Akt liegt. Offensiv-konfrontative Reaktionen ermöglichen Betroffenen zudem, das Gegenüber die eigene „Handlungsmacht" spüren zu lassen, also die ihnen im antisemitischen Akt zugedachte Position mindestens zurückzuweisen. Und schließlich erhöhen sie die Sichtbarkeit des Vorfalls als eines antisemitischen auch mit Blick auf das weitere Umfeld: „Also, die verbale Auseinandersetzung, die wird dann durchaus auch mal gröber. Also da pfeife ich auf den elaborierten Code, den verlass ich dann und ich werde dann auch laut. Also gar nicht mal unbedingt, weil ich immer vor Zorn glühe, sondern weil ich der Meinung bin, desto lauter solche Auseinandersetzungen ausgetragen werden, umso eher werden auch die Ewig-Wegguckenden, und sie gucken immer weg, auch mal hellhörig." Offensiv-argumentative Reaktionen erfüllen also verschiedene wichtige Funktionen, zu denen die mögliche Überzeugung des Gegenübers, die Sichtbarmachung von Antisemitismus für das Umfeld und die Rückgewinnung von Handlungsmacht gehören. Zugleich sind sie, wie im Vergleich mit den defensiven Umgangsweisen deutlich wird, unter gegebenen Umständen nicht in jeder Situation und für jede Person ohne weiteres realisierbar.

Wie eingangs bemerkt, müssen Juden*Jüdinnen in Berlin nicht nur einen Umgang mit einer großen Bandbreite von Antisemitismus*erfahrungen* finden, sondern auch mit der *Antizipation* antisemitischer Besonderung, Bedrohung und Aggression in unterschiedlichen Lebensbereichen. Eine sehr weitreichende Umgangsweise ist, die eigene jüdische Zugehörigkeit in (bestimmten Bereichen) der eigenen Lebenswelt unsichtbar zu halten bzw. zu machen, soweit dies möglich ist. In öffentlichen Debatten vielfach erwähnt wird die Praxis von Männern, die Kippa im *öffentlichen Raum* nicht zu tragen bzw. mit anderen Kopfbedeckungen unsichtbar zu machen. In ähnlicher Weise wird auch der Magen David nicht offen getragen, um möglicher Besonderung oder Aggression vorzubeugen (s. o.). In anderen Lebensbereichen, wie normalisierten *Schulen, Hochschulen und Ämtern*, wird die eigene Zugehörigkeit deshalb gar nicht oder nur vertrauenswürdigen Personen mitgeteilt (s. o.). Neben diesen bereits ausführlicher dargestellten Umständen gehört zu der Strategie, sich *als* Jude*Jüdin unsichtbar zu machen, etwa auch, sich im Falle eines servierten „Schweinebratens" als Vegetarier*in auszugeben, um Debatten um das Einhalten von Speisevorschriften zu vermeiden. Und an Orten, die, wie bestimmte S- und U-Bahnstationen, zu bestimmten Zeiten als gefährlich eingeschätzt werden, entschied ein*e Gesprächspartner*in, „dass ich mich nicht mehr ohne die [sehr blonde Freund*innen-Clique] bewege, nachts in der Stadt."

Angesichts der oben beschriebenen Bedrohungslage werden Zusammenkünfte anlässlich von jüdischen Feiertagen, für die keine (zu bezahlende) Security zur Verfügung steht, von alternativen Vorsichtsmaßnahmen begleitet: „[M]eine Kinder gehen zu jüdischen Schulen und wenn es einen jüdischen Feiertag gibt und es ein Event gibt, also es ist, man muss immer planen, denken, Adresse nicht geben, dass niemand- wenn es keine Sicherheit gibt, dann lieber, dass nicht alle es wissen. Also immer nachdenken."

Die Beispiele ergänzen den bereits oben beschriebenen Umstand, dass jüdische Zugehörigkeiten in Berlin angesichts von antisemitischer Besonderung, Bedrohung und Aggression nicht unbehelligt gelebt werden können. An dieser Stelle steht jedoch im Vordergrund, die benannten Strategien der Vermeidung und Unsichtbarmachung als Aspekte einer aktiven und bewussten Handhabung dieser Konstellation zu begreifen. Ihre Funktion liegt darin, die eigene Person, Familie und Community in bestimmten Lebensbereichen vor antisemitischer Besonderung, Aggression und Bedrohung zu schützen, ohne die vielfältigen jüdischen Lebensweisen aufzugeben. Vielmehr wird jüdisches Alltagsleben *auch* in widerständiger Weise bzw. dem virulenten Antisemitismus zum Trotz organisiert.

Defensive und offensive Umgangsweisen mit Antisemitismuserfahrungen sowie der Antizipation von Antisemitismus können als aktive und flexible Handhabung solcher Zumutungen verstanden werden. Dabei sind auch defensive Umgangsweisen unter jeweils spezifischen Umständen subjektiv funktional. Allerdings gehen defensive Umgangsweisen mit psychischen Kosten einher und Vorsichtsmaßnahmen mit der unfreiwilligen Unsichtbarmachung jüdischen Alltagslebens. Dass Juden*Jüdinnen in Berlin sich in einer von der Mehrheitsgesellschaft geprägten Konstellation wiederfinden, in der defensive Handlungsstrategien subjektiv begründet sind und es notwendig ist, Vorsichtsmaßnahmen zu treffen, verletzt das Recht auf Gleichheit und Differenz. Es gilt, diese Konstellation so zu verändern, dass derartige Strategien überflüssig werden und alle Juden*Jüdinnen in Berlin auch ihre jüdischen Zugehörigkeiten selbstbestimmt leben können. Und während die Dekonstruktion und Abwehr von Antisemitismus primäre Aufgabe der Mehrheitsgesellschaft ist, aus der heraus Juden*Jüdinnen besondert, bedroht und aggressiv angegangen werden, bleibt das Empowerment der Betroffenen eine davon zunächst unabhängige Herausforderung der jüdischen Communities.

Dabei erlauben kollektive Zusammenschlüsse es, in Überschreitung der individuellen Umgangsweisen, das antisemitismusbezogene Geschehen zu verarbeiten und der Mehrheitsgesellschaft deutlicher vor Augen zu führen.

k) Kollektiv-informelle Umgangsweisen: Zuhörer*innen und mobilisierungs(un)fähige Netzwerke

Individuelle Umgangsweisen mit der Erfahrung bzw. Antizipation von Antisemitismus sind, so zeichnete sich ab, teils offensiv, unter bestehenden Verhältnissen aus unterschiedlichen Gründen jedoch oft eher defensiv. Allerdings erschöpft sich der Umgang mit diesen Zumutungen nicht in solchen individuellen Strategien und sie bleiben nicht auf den situativen Umgang mit Antisemitismus beschränkt. Vielmehr werden Erfahrung und Antizipation von sowie mögliche Umgangsweisen mit Antisemitismus in unterschiedlichen Zusammenhängen (mit-)geteilt und in einen über-individuellen bzw. kollektiven Erfahrungs- und Handlungszusammenhang gestellt.

Welche Bedeutung solche Zusammenhänge als geschützte Räume für Menschen haben, die von Antisemitismus betroffen sind, bringt ein*e Gesprächspartner*in wie folgt auf den Punkt: „Ich glaube, Betroffenheit klärt sich über Gespräche. Und wenn du die nicht führen kannst, dann hast du ein großes Problem. Und wenn du aber Kontexte hast, in denen du die führen kannst, dann geht's dir sehr schnell sehr viel besser." Die Gesprächspartner*innen haben solche Räume an unterschiedlichen Orten gefunden, wobei die jeweiligen Zusammenhänge und Netzwerke gerade nicht primär dem Zweck der Verständigung über Antisemitismus dienen. Vielmehr sind es unterschiedliche soziale Zusammenhänge, in denen Formen jüdischer Zugehörigkeit entwickelt und gelebt werden können.

So gilt für diese*n Gesprächspartner*in, dass sie*er einerseits vermittelt über das Studium jüdischer Philosophie den Dialog mit anderen Juden*Jüdinnen intensiviert hat, und sich andererseits insgesamt in einem Umfeld von Menschen bewegt, die in unterschiedlicher Weise marginalisiert werden und der Dominanzgesellschaft kritisch gegenüberstehen. Diese privaten jüdisch-nicht-jüdischen Netzwerke können die Funktion von Rückzugsorten annehmen, wenn man im nicht-jüdischen Umfeld auf Abwehr gestoßen ist: „[U]m mich herum ist eine Bubble entstanden, von Jüdinnen und Juden, von Personen, die irgendwie anders Rassismus erfahren in der Gesellschaft und so weiter. Und da habe ich das Gefühl, okay, mit den Leuten kann ich gut reden, wir teilen bestimmte Erfahrungen und wir teilen bestimmte Erfahrungen nicht", man treffe sich aber in einer deutlichen Kritik der Dominanzgesellschaft[42], so diese*r Gesprächspartner*in weiter.

42 In *Schluss mit der Deutschenfeindlichkeit* (Ljubic 2012), *Manifest der Vielen* (Sezgin & Akyün 2011) und *Eure Heimat unser Albtraum* (Aydemir & Yaghoobifarah 2019) wird diese Dominanzgesellschaft kritisiert, dekonstruiert und es wird eine Vision für eine „Alternative für Deutschland" (Salzmann 2019, 26) entwickelt.

Diese Netzwerke sind als Orte der persönlichen und emotionalen Verarbeitung von Ausgrenzung und Abwertung wichtig, sie können aber auch der Vorbereitung einer öffentlich-politischen Bearbeitung des Themas dienen. Denn in ihnen wird eine Sprache entwickelt, in der Diskriminierungserfahrungen artikuliert und Kritik an der Dominanzgesellschaft formuliert werden können.

Während die privaten Netzwerke im vorigen Fall infrastrukturell auch über die Thematisierung jüdischer Geschichte und Kultur in der Berliner Hochschullandschaft vermittelt sind, waren sie es bei dem*der folgenden Gesprächspartner*in über verschiedene Jugendbildungsprogramme, die von der Zentralwohlfahrtsstelle der Juden in Deutschland (ZWST) organisiert wurden. In dem in diesem Zusammenhang entstandenen freundschaftlichen Netzwerk sei die „kleinste Schnittmenge meiner Identität" vertreten gewesen, „also von Leuten (lacht) aus der ehemaligen Sowjetunion, russischsprachig, jüdisch, in Deutschland lebend". Dies wird von dem*der Gesprächspartner*in als ein Ort der „krassen Diskussionen" über jüdische Zugehörigkeit, aber auch über Antisemitismus erinnert. Dabei sei man u. a. zu dem Ergebnis gekommen, „dass man, wenn man unter Antisemitismus leidet, dann soll man auch Jude sein, also, auch wenn man nicht religiös ist." Gemeint ist damit sicherlich nicht, antisemitische Zuschreibungen zum Bestandteil der eigenen Identität zu machen, sondern antisemitischen Projektionen ein positives Selbstverständnis jüdischer Zugehörigkeit entgegenzusetzen, sich zu solidarisieren und ggf. auch kenntlich zu machen, dass unmittelbare Solidarisierung und Unterstützung aus jüdischen Communities und nicht unbedingt aus der Mehrheitsgesellschaft zu erwarten ist.[43]

Nicht nur öffentliche Hochschulen und der jüdische Wohlfahrtsverband als sozialer Träger (wie in den obigen Beispielen) bilden Infrastrukturen für die Formierung informeller sozialer Netzwerke, in denen jüdische Zugehörigkeiten gestaltet und antisemitismusbezogene Diskriminierungserfahrungen aufgefangen werden können. In Berlin stellen auch unterschiedliche (sub-)kulturelle Szenen einen solchen Ort dar. Verbunden durch das Interesse an einer Aktualisierung und Revitalisierung von jiddischer Poesie, Jiddisch-Song und Klezmer haben jüdische und nicht-jüdische Künstler*innen und ihr Publikum eine breite transnationale „community" gebildet.[44] In dieser kulturellen Szene entstehen quasi en passant Allianzen und eine kollektive Handlungsmacht, die auch dem Schutz vor und der Gegenwehr gegen die Einschränkung ideeller und materieller Spielräume[45] dieser (post-)migrantischen Berliner*innen dienen könnte. Die Gesprächspartner*innen beschreiben diesen Prozess wie folgt: „[A]nd as that evolves

---

43 Weiss & Gorelik (2012, 386ff.) referieren teils anschlussfähige Überlegungen zur Spezifik sowjetisch-jüdischer Zugehörigkeit, die in diesem Kontext Aktualisierung und Adaption erfahren könnte.

44 Musik, Tanz und Theater sind Silber (2015) folgend Medien, um den Sprachraum Yiddishland und mit ihm verbundene Vorstellungen von Gemeinschaft und Gemeinsamkeit kulturell-symbolisch herzustellen, nachdem Jiddisch als Alltagssprache durch die Ermordung ihrer Sprecher*innen in Europa nahezu ausgelöscht wurde. Vgl. hierzu auch Kapitel III, h.

45 „Because many people who are part of this community are immigrants and depending on how well they feel in life here is a question if they're going to stay or not." (Gesprächspartner*in)

then you start to get the more broader outlines of a stable kind of community and of like workers and their allies, right, and- and once you have that, then you actually have more strength, you have- like- if the political situation gets any- gets worse or whatever, then you have strength as a community to like to protect each other and also to stand up, say something."

Nicht alle Gesprächspartner*innen hatten oder haben Zugang zu jüdischen Netzwerken und Orten, nicht alle wünschen sich diesen. So wurden auch jenseits dieser Zusammenhänge Orte gesucht und zum Teil gefunden, um individuelle Umgangsweisen mit Antisemitismus zu überschreiten und, ähnlich wie in den beschriebenen kulturellen Zusammenhängen, kollektiv aktiv zu werden, anders als dort aber dezidiert politische Gegenwehr zu leisten. In antifaschistischen Gruppierungen fand etwa diese*r Gesprächspartner*in einerseits Gleichgesinnte, wurde jedoch andererseits angesichts eines ‚Distanzierungszwangs' gegenüber Israel (vgl. Kapitel I, d) und einer Intoleranz gegenüber einer teils religiös konnotierten Lebensweise (vgl. Kapitel I, c) nicht als jüdische*r Mitstreiter*in anerkannt. Deshalb versteht sich diese*r Gesprächspartner*in, „obschon immer in Gruppen tätig gewesen", „eher als gesellige*r Einzelgänger*in": „Und habe ein gerütteltes Maß an Skepsis meiner Mitwelt gegenüber. […] Es gibt ein Befremden, über das ich im Alltagsgeschehen innerhalb der politischen oder gesellschaftlich orientierten Arbeit auch hinweggehe, das aber sehr tief, da in mir sehr tief drinsitzt. Und ich hab' mich daran gewöhnt, dass die Dinge so sind, wie sie sind."

An diesem Beispiel zeigt sich u. a. eine Diskrepanz zwischen der generellen Frontstellung des Antifaschismus gegen Antisemitismus und der Unfähigkeit nicht-jüdischer Antifaschist*innen, Juden*Jüdinnen als solche anzuerkennen und deren Antisemitismuserfahrungen ernst zu nehmen. Für jüdische Antifaschist*innen kann sich, wie in diesem Fall, die Geschichtserfahrung wiederholen, auch an sich als progressiv verstehenden Bewegungen und Projekten nur unter Aufgabe bzw. Hintanstellung ihrer jüdischen Zugehörigkeit teilhaben zu können (vgl. Kapitel II, k).[46] Aus einer solchen jüdischen Perspektive bleibt die Mobilisierungsfähigkeit antifaschistischer Szenen gegen Antisemitismus insofern begrenzt.

Auch die zuvor thematisierten Settings, in denen es möglich ist, Umgangsweisen mit und Gegenwehr gegen Antisemitismus zu entwickeln, haben bestimmte Voraussetzungen und gehen mit bestimmten Möglichkeiten und Grenzen der Gewinnung kollektiver Handlungsfähigkeit einher. Der erste Fall (Entstehung einer „Bubble" im Rahmen des Studiums jüdischer Philosophie) macht darauf aufmerksam, dass die Thematisierung jüdischer Geschichte und Kultur als Querschnittsthema insbesondere in den Geistes- und Sozialwissenschaften eine Gelegenheitsstruktur für die (Re-)Konstruktion jüdischer

46 Während der Allgemeine Jüdische Arbeiterbund neben „einem sozialistischen Programm" auch „die national-kulturelle Autonomie" (Pickhahn 2011) propagiert hatte, wurde die – als ‚Rote Assimilation' kritisierte – Hoffnung auf Emanzipation in den dem Anspruch nach auf universelle Befreiung zielenden kommunistischen Bewegungen und Parteien immer wieder enttäuscht (vgl. Gerber 2018), weil diese sich nicht nur als unfähig erwiesen, einen ‚pluralen Universalismus' (Frigga Haug) zu entwickeln, sondern immer wieder antisemitische Kampagnen entfachten (für die DDR vgl. Haury 2002; Heitzer et al. 2018).

Zugehörigkeiten und Bildung informeller jüdisch-nicht-jüdischer Netzwerke bieten kann. Dabei sind solche Gelegenheitsstrukturen zwar vorhanden, aber nicht selbstverständlich und unumstritten (vgl. Kapitel I, e).[47] Soweit sich aber in diesen informelle Netzwerke bilden, können sie die oben benannten wichtigen Funktionen im Umgang mit Antisemitismus übernehmen. Durch das Teilen von antisemitismusbezogenen Diskriminierungserfahrungen wird dabei auch der Kreis derer *erweitert*, die sich dieser Problemlagen bewusst sind. Die Schwelle zu einer *öffentlichen* Wahrnehmung von Erfahrungen und Antizipation von Antisemitismus in der Mehrheitsgesellschaft wird damit aber nicht überschritten. Letzteres gilt auch für (sub-)kulturelle Netzwerke wie im Fall der o.g. transnationalen Community, wenngleich hier der Kreis derjenigen, die um Antisemitismus als Problem wissen (können) und potenziell gegen ihn mobilisierungsfähig sind, weit größer ist. Voraussetzungen der Existenz bzw. Entwicklung solcher Szenen sind einerseits entsprechende kulturpolitische Fördermaßnahmen, aber auch aufenthaltsrechtliche Bestimmungen, die es dieser transnationalen Community ermöglichen, in Berlin zu leben und zu kooperieren.

Die hier exemplarisch angesprochenen privaten und kulturellen Netzwerke erfüllen wichtige Funktionen in der emotionalen Verarbeitung und überindividuell-kollektiven Verständigung über Antisemitismus in Berlin. Und sie schaffen Voraussetzungen für die öffentliche Artikulation der problematischen Zustände und die kollektive Mobilisierung gegen Antisemitismus. Die Schwelle zur *öffentlichen* Thematisierung von Antisemitismus und notwendigen Sensibilisierung der Mehrheitsgesellschaft systematisch(er) zu überschreiten, ist mithilfe der in den letzten Jahren in Berlin entstandenen professionellen Strukturen gelungen.

l) Kollektiv-professionelle Strukturen: Beratung, Monitoring, Empowerment, Advocacy

Die Wahrnehmung und Einschätzung von Antisemitismus wich und weicht in der Mehrheitsgesellschaft aus unterschiedlichen Gründen von derjenigen der Betroffenen ab und weiß wenig um Antisemitismus als Alltagserfahrung, wie ihn Juden*Jüdinnen in Berlin erleben und antizipieren müssen.[48] Insbesondere zwei Konstellationen, die diese Diskrepanz hervorbringen, sind von Gesprächspartner*innen benannt worden.

Die erste Konstellation betrifft die in der etablierten Antisemitismusforschung und öffentlichen Debatte vorherrschende *Perspektive*. Im Vordergrund stand und steht hier

47 In der Berliner Hochschullandschaft scheinen jüdische Geschichte und Kultur nicht selbstverständlicher Bestandteil von Lehre und Forschung zu sein (vgl. SenJustVA 2019, 40ff.) und im o.g. Beispiel berichtete ein*e Gesprächspartner*in von negativen Kommentaren zu entsprechenden Lehrangeboten aus dem Kollegium sowie antisemitischen Aggressionen aus dem anonymen Umfeld (vgl. Kapitel I, e u. g).

48 Dies zeigen u.a. die in Kapitel I, f geschilderten überraschten Reaktionen der nichtjüdischen Öffentlichkeit auf den rechtsterroristischen Anschlag auf die Beter*innen in Halle an Yom Kippur 2019 und die in Kapitel I, g geschilderten indifferenten oder negierenden Reaktionen zuständiger Dritter auf die Meldung antisemitischer Vorfälle.

die Betrachtung antisemitischer Akteur*innen, Diskurse und Praktiken, wobei jüdische Perspektiven auf Antisemitismus randständig bleiben: „Jahrelang wurde Antisemitismus ohne Bezug zu den hier und jetzt lebenden Menschen studiert und verstanden. Das gilt es heute, radikal zu verändern. Das ist etwas, was für unsere Arbeit zentral ist." Diese von einer*m Gesprächspartner*in formulierte und vielfach geteilte Einsicht führte erstens dazu, wissenschaftliche Forschung zu Antisemitismus neu auszurichten, wobei die zutage geförderten Ergebnisse auch professionelle Akteur*innen aufwühlten: „Mich haben die Ergebnisse der Befragung [Zick et. al. 2017, Anm. d. Verf.] persönlich ziemlich erschüttert. *Ich sagte, mein G"tt. (lacht)"*. Zweitens wurde geschlossen: „Und dann hab ich gedacht, gut, wir brauchen dringend ein niedrigschwelliges Modell. Ein Modell, das Einzelne und Gemeinden erreicht und ihnen Raum bietet." Gemeint ist von diesem*r Gesprächspartner*in ein Raum, in dem sich jüdische Berliner*innen über die in der genannten Studie für die Bundesrepublik Deutschland sichtbarer gemachten Antisemitismuserfahrungen auch in Berlin verständigen und sie zur Sprache bringen können. Damit Anlauf-, Beratungs- und Monitoringstellen diese Funktion erfüllen können, müssen sie bei den Betroffenen bekannt sein und ihr Vertrauen genießen. Eine Evaluation ergab allerdings, dass Meldestellen und Beratungsangebote, die Betroffene rechter und rassistischer Gewalt adressieren, in der jüdischen Bevölkerung „nicht mal bekannt waren" und „dass relativ viel passiert, viele Menschen Antisemitismus im Alltag erfahren, aber sie eigentlich nicht wissen, wie sie genau damit umgehen sollen", so berichtet ein*e Gesprächspartner*in. Die zweite Konstellation besteht demnach darin, dass die Erfahrung und Antizipation von Antisemitismus zwar viele Menschen betraf und betrifft, diese aber jenseits der geschilderten individuellen und kollektiv-informellen Umgangsweisen ohne speziell für sie entwickelte professionelle Strukturen nicht hinreichend öffentlich sichtbar und handlungsfähig waren bzw. sind.

In den letzten Jahren sind daher „community-nahe" professionelle Strukturen aufgebaut worden, die die Heterogenität der jüdischen Bevölkerung Berlins (vgl. Kapitel II) etwa dadurch berücksichtigen, dass unterschiedliche Altersgruppen sie über unterschiedliche Kanäle (online, telefonisch) erreichen können, sie mehrsprachig arbeiten und damit die gesprochenen Sprachen der jüdischen Communities in Berlin im Blick haben: „Ich glaube, es gibt kaum 'ne zivilgesellschaftliche Einrichtung, die ihre Flyer auf Russisch macht, weil einfach über die in Anführungsstrichen kleine jüdische Community Berlins, die dann auch noch russischsprachig ist, vielleicht nicht so nachgedacht wird".

Um diese Angebote bekannter zu machen und Vertrauensverhältnisse zu entwickeln bzw. zu vertiefen, ist das „Reach-Out" in die jüdische Bevölkerung Berlins u. a. durch regelmäßige Besuche jüdischer Institutionen (Gemeinden, Wohlfahrtsverband, Netzwerke etc.) zentral. Umgekehrt fungieren Ansprechpartner*innen in jüdischen Institutionen bzw. Netzwerken als „offenes Ohr". Sie genießen Vertrauen, erfahren alltagsnah von Situationen mit antisemitischer Besonderung, Bedrohung und Aggression und können ggf. an professionelle Stellen weitervermitteln oder die Betroffenen dorthin begleiten.

Diese aus und in den jüdischen Communities entstandenen Stellen sowie das berlinweite Monitoring antisemitischer Vorfälle sind mittlerweile in der Lage, realitätsnähere Beschreibungen von Quantität und Qualität von Alltagsantisemitismus in Berlin zu generieren, als dies zuvor der Fall war.[49] Sie ergänzen das von anderen zivilgesellschaftlichen Beratungs- und Monitoringstellen gezeichnete Bild über antisemitische Vorfälle in Berlin[50] und weiten insbesondere den Blick über die polizeilich erfassten, strafrechtlich relevanten Fälle hinaus.[51]

Die professionellen Beratungs-, Empowerment- und Monitoringstrukturen stärken sowohl individuelle als auch kollektiv-informelle Umgangsweisen mit Antisemitismus in Berlin. So können Betroffene nun professionell beraten und in der Bewältigung von psychosozialen Folgen von Antisemitismuserfahrungen (vgl. Kapitel I, h) unterstützt werden. Darüber hinaus finden Betroffene kompetente Ansprechpartner*innen, die sie darin begleiten, angemessene Reaktionen von zuständigen Stellen einzufordern, insoweit dies nicht geschieht oder von dort gar sekundäre antisemitische Reaktionen kommen (vgl. Kapitel I, g). Dies betrifft etwa rechtliche Beratung und das Stellen von Anzeigen bei strafrechtlich relevanten Vorfällen[52] bzw. der Einleitung anderweitiger Schritte bei antidiskriminierungsrechtlich relevanten Fällen. Auf diese Weise kann in unterschiedlichen *Institutionen* des Landes bzw. der Bezirke auf einen Kulturwandel im Umgang mit Antisemitismus hingewirkt werden.

Die professionellen Strukturen ermöglichen es Einzelnen, Familien, Gruppen und Netzwerken schließlich auch, ihre Umgangsweisen in den Kontext *berlinweiter* kollektiver Handlungsstrategien gegen Antisemitismus zu stellen. So gelinge es, wie ein*e Gesprächspartner*in berichtet, die Isolation der Betroffenen[53] zunehmend zu überwinden; und das Bekanntmachen der Angebote habe auch etwas „aktivierendes" gehabt. So tausche man sich in den Gemeinden nun über Antisemitismuserfahrungen aus und könne sich die Frage stellen, warum man bisher in der Regel „so passiv" reagiere (vgl. Kapitel I, g u. h). Die mittlerweile große Resonanz auf das Angebot, antisemitische Vorfälle mitzuteilen, kann als Schritt gelesen werden, gemeinsam die Stimme zu erheben.

49 Die Recherche- und Informationsstelle Antisemitismus veröffentlicht seit 2015 Berichte, in denen ihnen bekannte antisemitische Vorfälle in Berlin dokumentiert und ausgewertet werden. Für das Jahr 2019 wurden 881 Fälle registriert (RIAS 2020).

50 Dazu zählen die Chronik der Opferberatungs- und Bildungsstelle ReachOut sowie die jährliche „Auswertung der Berliner Register zur Erfassung extrem rechter, rassistischer, antisemitischer, LGBTIQ*-feindlicher und anderer diskriminierender Vorfälle". Bei 598 Vorfällen war Antisemitismus Hauptmotiv des Vorfalls und rangiert damit nach Rassismus an zweiter Stelle (Berliner Register 2020, 2f).

51 Registriert wurden im ersten Halbjahr 2019 142 Fälle mit „antisemitischer Motivation", davon 13 Gewaltdelikte (Polizei Berlin 2019, 11). Antisemitische Fälle werden seit 2019 gesondert dargestellt und gingen vorher in der Kategorie „PMK-rechts" auf.

52 Zick et. al. (2017, 30) zeigen für die BRD, dass lediglich 24% der Vorfälle einer öffentlichen Einrichtung (Polizei, Gemeinde, Beschwerdestelle) gemeldet wurden und nur 6% der Betroffenen sich haben beraten lassen. Diese Befunde sowie die Erfahrungen von Melde- und Beratungsstellen zeigen, dass Informations- und Vertrauensarbeit in die betroffenen Bevölkerungsgruppen hinein wichtiger Bestandteil der Arbeit in Beratungs- und Monitoringstellen ist (VDK & RIAS 2015).

53 Vgl. die Explorationsstudie *Wir stehen alleine da* (VDK & RIAS 2015).

Insgesamt hat die Etablierung von Monitoring- und Beratungsstrukturen einen Empowermentprozess eingeleitet und eine selbstbestimmte Form der öffentlichen Thematisierung von Antisemitismus in Berlin etabliert. So wurde sich diesem von einem*r Gesprächspartner*in formulierten Ziel angenähert: „Wir wollten Raum schaffen, wo Menschen ihre Macht zurückerlangen. Wir wollten zeigen, dass sie handlungsmächtig sind, Solidaritäten haben und selbst aktiv werden können. Ein Teil des Antisemitismusproblems liegt in der Objektifizierung, Verdinglichung jüdischer Menschen, ihrer Biografien, ihrer Erfahrungen." Auf diese Weise werden die individuellen und informell-kollektiven Umgangsweisen gestärkt und ausgeweitet, und in eine kollektiv-selbstbestimmte, öffentlich-politische Gegenwehr gegen Antisemitismus überführt.

Zusammenfassung: Antisemitismus in Berlin – Erfahrungen, Folgen, Umgangsweisen

Antisemitismus kommt in der Lebenswelt von Juden*Jüdinnen (und anderen Betroffenen) in unterschiedlichen Phänomenen zum Ausdruck, die in unterschiedlicher Form und potenziell in allen Lebensbereichen *erfahren* werden. Er verletzt das Recht auf Gleichheit und Differenz insbesondere der jüdischen Berliner*innen und beschränkt deren Möglichkeitsräume einer selbstbestimmten Lebensweise in dieser Stadt. Das gilt auch für *Folgen* von Antisemitismus und Shoa in der zweifach postnationalsozialistischen Stadtgesellschaft sowie Vermeidungsstrategien als Folge der Antizipation von Antisemitismus in unterschiedlichen Situationen und in Konstellationen, in denen sich die nicht-jüdische Mehrheitsgesellschaft nicht in hinreichendem Ausmaß solidarisch verhält. Die *Umgangsweisen* der Betroffenen sind unter diesen Voraussetzungen einerseits auf individueller Ebene individualisiert-defensiv, andererseits wird auch offensiv reagiert. Auch hat die Etablierung professioneller Strukturen die Entwicklung hin zu einer kollektiv-offensiven Gegenwehr gegen Antisemitismus in und aus jüdischen Communities heraus ermöglicht. Im Einzelnen können die eingangs formulierten drei Leitfragen zusammenfassend wie folgt beantwortet werden:

Wie stellt sich Antisemitismus in der Erfahrung von Betroffenen lebensweltlich dar?

In Berlin leben Juden*Jüdinnen als eine im bundesweiten Vergleich zwar relativ große und heterogene Community, aber als zahlenmäßig kleine Minderheit. Vermisst wird, jüdische Zugehörigkeiten in allen Lebensbereichen selbstbestimmt bzw. ohne diskriminierende Einschränkungen leben zu können.

Dem steht zunächst entgegen, dass Juden*Jüdinnen in der und aus der Berliner Mehrheitsgesellschaft heraus in unterschiedlichen Lebensbereichen (Öffentlichkeit, Schule, Beruf, Bekanntenkreis) durch Praktiken der *Besonderung* zu Anderen gemacht werden und sich in Situationen wiederfinden, in denen es Menschen aus der Mehrheitsgesellschaft schwerfällt, einen ‚normalen' Umgang mit Juden*Jüdinnen an den Tag zu legen. Des Weiteren sehen sich jüdische Berliner*innen ungewollt als jüdisch markiert, in philosemitischer Weise adressiert oder als ‚Mit'-Bürger*innen ausgeschlossen.

Jüdische Berliner*innen (und andere Betroffene) erleben *antisemitische Aggressionen*, deren Urheber*innen aus (fast) allen Bevölkerungsgruppen und politischen Strömungen kommen können. Aggressionen können in non-verbalen Gesten liegen bzw. antizipiert werden und sie zeigen sich in unterschiedlicher Qualität in einer Bandbreite von Phänomenen: von auf Personen und Dinge bezogenen abfälligen Kommentaren, der Äußerung von Stereotypen aus dem Reservoir christlicher Judenfeindschaft oder moderner Verschwörungsideologie, über den Versuch, jüdische Personen mit der Fahne Israels vom Gedenken ans nationalsozialistische Novemberpogrom auszuschließen, bis hin zu (fast) körperlichen Angriffen. Dabei können alle Lebensbereiche zum Ort des Geschehens werden (analoge und digitale Öffentlichkeit, Schule und Beruf, Wohnumfeld, Bekanntenkreis).

Die einerseits selbstverständliche jüdische Präsenz in der Stadt ist andererseits insbesondere dort *bedroht*, wo sie sich institutionell materialisiert und kollektiv gelebt wird. Während dieser bereits lange anhaltende Zustand vielen in der Mehrheitsgesellschaft erst mit dem Attentat auf die an Yom Kippur versammelte Gemeinde in Halle (Saale) im Oktober 2019 zu Bewusstsein gekommen ist, leben Betroffene auch in Berlin schon lange mit dieser Zumutung und fordern mehr Aufmerksamkeit für und Engagement gegen antisemitische Bedrohungspotenziale aus der heterogenen Mehrheitsgesellschaft.

Im *Israel-Blick der Mehrheitsgesellschaft* zu stehen, drückt sich in Widerfahrnissen aus, die Besonderung, Aggressionen und Bedrohungen umfassen. Und so wie an die Stelle von Juden*Jüdinnen im antisemitischen Blick ‚der Jude' tritt, wird Israel mittels ‚Israelkritik' zum ‚jüdischen' Staat, auf den sich Ressentiments richten, während dessen Entstehung und Bedeutung für Juden*Jüdinnen angesichts des historischen und aktuellen Antisemitismus ausgeblendet bleiben.

Welche lebensweltlichen und persönlichen Folgen hat Antisemitismus?

Antisemitische Besonderung, Aggression, Bedrohung (inkl. des quer dazu liegenden Israel-Blicks) sind keine völlig distinkten Phänomene. Sie können ineinander übergehen und sich miteinander verbinden. Als solches Geflecht ist Antisemitismus als Erfahrung und Antizipation in den Lebenswelten von Juden*Jüdinnen präsent. Die aktuell erfahrenen Formen der Besonderung, Bedrohung und Aggression sind für die Betroffenen *persönlich belastend*. Sie verletzen das Recht auf Gleichheit und Differenz. Zudem erfahren Betroffene vonseiten Dritter keine hinreichende Unterstützung und müssen teils mit sekundär antisemitischen Reaktionen rechnen. Zu den Folgen gehört auch, Antisemitismus zu antizipieren und vorbeugende Maßnahmen zu ergreifen. Dazu zählen Vorsichtsmaßnahmen im Sinne der Gewährleistung von Schutz vor Gewalt ebenso wie der unfreiwillige Verzicht auf die Performanz jüdischer Zugehörigkeiten, soweit die Betreffenden zu *invisible minorities* zählen.

Zu den Folgen von Antisemitismus zählt schließlich auch die Nachgeschichte der Shoa. So ist Berlin nicht nur eine urbane Stadt, sondern umfasst auch eine zweifach postnationalsozialistische Mehrheitsgesellschaft. In deren erinnerungskultureller Praxis werden Juden*Jüdinnen in unterschiedlicher Weise instrumentalisiert und die in diesem

Kontext entstehende Historisierung von Antisemitismus behindert die Wahrnehmung von dessen Ausmaß und Bedeutung in der Gegenwart.

Welche individuellen und kollektiven Umgangsweisen mit (Folgen von) Antisemitismus gibt es?

Die Erfahrung und Antizipation von Antisemitismus schränkt das Recht auf Gleichheit und Differenz der jüdischen Berliner*innen insoweit ein, als sie ihren Alltag und ihre Lebenswelten unter solchen Bedingungen der Fremdbestimmtheit gestalten müssen. Allen Zumutungen des Alltags wird individuell, kollektiv-informell und professionell-kollektiv so begegnet, dass jüdisches Leben in Berlin in einer großen Vielfalt möglich ist. So werden Antisemitismuserfahrungen aktiv gehandhabt und wird je nach Umständen in der Situation eher defensiv oder eher offensiv reagiert. In privaten Netzwerken und halb-öffentlichen Infrastrukturen werden Antisemitismuserfahrungen im kleineren Kreis geteilt und eine Sprache entwickelt, die das öffentliche Sprechen hierüber vorbereitet. In kulturellen Szenen entstehen Allianzen, die als kollektive Handlungsmacht mobilisierbar sind. Und schließlich hat der Aufbau von Beratungs- und Monitoringstrukturen einen Prozess des Empowerments jüdischer Communities bestärkt und dazu beigetragen, die Schwelle der öffentlichen Thematisierung von Antisemitismus aus jüdischer Perspektive zu überschreiten. Problembeschreibungen und Forderungen, dem Antisemitismus systematisch in den unterschiedlichen Lebensbereichen zu begegnen, werden im Sinne von Advocacy an die nicht-jüdische Mehrheitsgesellschaft gerichtet. Ob und inwieweit diese Selbstorganisierung und Gegenwehr gegen Antisemitismus in und aus den jüdischen Communities in der nicht-jüdischen Berliner Zivilgesellschaft auf eine Resonanz stößt, die Allianzen stärkt und Solidarität ausbildet, wird in Kapitel III betrachtet.

II. Plurale (jüdische) Zugehörigkeiten: Diskriminierung, Inklusion, Heterogenität

Einleitung

Kein Mensch hat nur eine Zugehörigkeit. Vielmehr sollte das Wort meist im Plural stehen und auch im Singular plural verstanden werden: Wir alle haben unterschiedliche Zugehörigkeiten, und insoweit es um eine bestimmte Zugehörigkeit geht, kann diese sehr verschieden verstanden und gelebt werden. Entsprechend heterogen ‚sind' die Berliner*innen: Sie sprechen viele und oft mehrere Sprachen, leben atheistisch, säkular, praktizierend bzw. gläubig, sind erwerbslos, studieren, arbeiten mehr oder weniger gut bezahlt, verstehen sich als non-binary, weiblich, männlich, inter*, trans*, lieben queer*hetero, sind unterschiedlichen Alters und of Colour oder *weiß*, in Ost- oder Westberlin, der west- oder ostdeutschen ‚Provinz' aufgewachsen oder/und haben Lebensorte oder/und familiäre Bezüge in Ländern und Regionen Europas, Asiens, den Amerikas oder Afrikas. Jüdisch ‚zu sein' ist eine Zugehörigkeit quer zu und in dieser Vielfalt und kann u. a. heißen, aktives Mitglied einer Gemeinde (gewesen) zu sein, säkular-gläubig oder praktizierend-nicht-gläubig zu sein, Kind jüdischer Mutter oder jüdischen Vaters zu sein, sich mit jüdischer Geschichte und Kultur auseinanderzusetzen oder zu identifizieren oder diesen Dingen keine Aufmerksamkeit zu schenken – bis andere das auf problematische Weise tun (vgl. Kapitel I, b–f).[54]

Der Umstand, dass Zugehörigkeiten nicht ausschließlich selbstbestimmt gelebt werden (können), sondern in einem Spannungsfeld entstehen, dessen negativer Pol aus Zuschreibungen, Ausgrenzung und Gewalt besteht[55], macht es notwendig, sie auch zur Grundlage politischen Handelns für Teilhabe und Anerkennung zu machen. Angesichts der Pluralität ihrer Zugehörigkeiten erfahren und antizipieren jüdische Berliner*innen Antisemitismus und – verknüpft mit oder unabhängig von diesem – andere Formen

---

54 Aspekte dieser Pluralität von Zugehörigkeiten wurden von Gesprächspartner*innen thematisiert und sind Gegenstand dieses Kapitels II. In *Mein Judentum* (Schultz 1986) schildern zahlreiche bekannte Persönlichkeiten Aspekte ihrer Lebensgeschichte mit Blick darauf, wie sie ihre Bezüge zum Judentum im 20. Jahrhundert entwickelten, unterschiedlich verstanden und lebten. Wie Antisemitismus Juden*Jüdinnen in Berlin gegenwärtig betrifft, wurde in Kapitel I beschrieben.

55 In ihrer Dankesrede anlässlich der Verleihung des Friedenspreises des deutschen Buchhandels beschreibt Carolin Emcke (2016, 98 ff.), wie die sich selbstbestimmt als ‚Angehörige' oder ‚Zugehörige' von sozialen Gemeinschaften Verstehenden mit fremdbestimmten Zuschreibungen, Ausgrenzungspraktiken und Gewalt konfrontiert sind, die die fluiden, pluralen und widersprüchlichen Zugehörigkeiten fixieren, begrenzen und vereindeutigen.

der Diskriminierung.[56] Und je nach subjektiven Relevanzsetzungen engagieren sich Juden*Jüdinnen in Berlin für Teilhabe und Anerkennung in Initiativen und Organisationen, die jeweils bestimmte Zugehörigkeiten in den Vordergrund stellen, also z. B. in feministischen, queeren, sozialpolitischen, jüdischen oder/und antisemitismuskritischen Zusammenhängen. Die Kunst in der Bildung solcher Communities und Bewegungen besteht darin, die jeweils vordergründigen Zugehörigkeiten als „strategische Essentialismen" (Spivak 1993, 3 ff.) zu verstehen, die innere Heterogenität im Blick zu halten und den Zusammenschluss mit anderen Communities und Bewegungen zu suchen (vgl. Kapitel III).[57]

In der Geschichte von sozialen Gemeinschaften (Communities) und sozialen Bewegungen ist es dabei immer wieder zu Ausschlüssen bestimmter Gruppen gekommen, weil Communities und Bewegungen selbst von Machtverhältnissen durchdrungen sind und weil die Art und Weise, wie Zugehörigkeiten verstanden werden und wie den mit ihnen einhergehenden Diskriminierungserfahrungen analytisch, diskursiv, (sozial-) politisch und rechtlich begegnet wird, im (jeweiligen) Mainstream unterkomplex ist.[58] Diesen Umstand hat Kimberle Crenshaw (1991) mit Blick auf die gesellschaftliche Position, soziale Identität und mangelnde Repräsentation von Women of Colour in konkreten Konstellationen angesprochen und dabei den Begriff der Intersektionalität geprägt.[59]

Nun ist das Konzept der Intersektionalität aus antisemitismuskritischer Sicht teils ins Gegenteil verkehrt worden: Anstatt dazu zu dienen, Ausschlüsse sichtbar zu machen und durch angemessenere Analysen, Diskurse und politische Strategien zu überwinden, „dient es zuweilen als ideologischer Hintergrund für spezifische Ausschlüsse,

---

56 Im Berlin-Monitor (Pickel et al. 2019, 74 ff.) haben wir beschrieben, in welcher Weise wir uns auf diesen Begriff und die mit ihm verknüpfte Geschichte des Ringens um Teilhabe und Anerkennung beziehen. Summarisch verstehen wir darunter Formen der Infragestellung des Rechts auf Gleichheit und Differenz, die sich auf unterschiedlichen Ebenen (gesellschaftlich, institutionell, interaktiv, individuell) und in verschiedenen gesellschaftlichen Sphären (Recht, Diskurse, Bildungssystem etc.) ausdrücken kann. Antisemitische Diskriminierung zeigt sich als lebensweltliche Erfahrung in einer Bandbreite zwischen dem „Bestreiten […] einer eigensinnigen Identitätsentwicklung" bis hin zum Bestreiten „der Existenzberechtigung" (Schäuble 2017, 546); vgl. dazu Kapitel I.

57 Nira Yuval-Davis (1999, 2006 u. 2009) gibt dazu konzeptionelle Anregungen. Vgl. dazu Fn. 59 u. 103.

58 So entstehen Bindestrich-Zugehörigkeiten (vgl. *Juden – Russen – Deutsche* [Gorelik 2007] oder *‚Brautschau' auf Russisch-Jüdisch-Deutsch* [Supyan 2014]) und politische Initiativen wie etwa jüdisch-queere oder feministisch-jüdische. Die Problematik hat eine lange Geschichte, siehe etwa Sojourner Truths bezeichnende Frage ‚Ain't I a Woman', die Blindstellen des *weißen* und bürgerlichen Feminismus bereits im 19. Jahrhundert auf den Punkt brachte. Insbesondere in feministischen Zusammenhängen ist diese Frage auch in den 1980er Jahren debattiert worden (vgl. hooks 1981, Frankenberg 1993). Der Sache nach ist das Problem also weit älter als der Begriff.

59 Der Begriff ist seitdem zu einem Diskursknotenpunkt geworden. Wir beziehen uns auf Nira Yuval-Davis' Unterscheidung von Subjektpositionen (positionings), Zugehörigkeiten (identities) und Interessen (values). So wird erkennbar, dass Menschen, die sich einer bestimmten Gruppe zugehörig fühlen, entlang von Klasse, Geschlecht usw. unterschiedlich positioniert sein können. Umgekehrt können Menschen ähnlicher Subjektpositionen und Zugehörigkeiten unterschiedliche oder gegensätzliche Interessen vertreten.

von denen Juden und Jüdinnen in besonderem Maß betroffen sind." (Stögner 2019, 385) Auch Gesprächspartner*innen äußern dahingehende Bedenken und Kritik (s. u., Kapitel II, a).

Vor diesem Hintergrund werden in diesem Kapitel folgende drei Leitfragen verfolgt:

- Wie stellt sich aus der Sicht von Akteur*innen das Verhältnis zwischen pluralen (jüdischen) Zugehörigkeiten, verknüpfter Diskriminierung und Intersektionalität dar?
- Welche Blindstellen und Ausschlüsse bestehen aus der Sicht von Akteur*innen in relevanten Handlungsfeldern hinsichtlich von Perspektiven und Anliegen jüdischer Communities?
- Inwieweit lassen sich aus der Sicht von Akteur*innen verknüpfte Perspektiven und Anliegen jüdischer Communities inklusive von Antisemitismuskritik in komplexe Strategien für Teilhabe und Anerkennung einbeziehen?

Beantwortet werden die Fragen auf der Grundlage von Expert*innen-Interviews (zur Methodik und Datenbasis siehe 122 ff.), die theoriegeleitet (ein-)geordnet und kontextualisiert werden. In der Darstellung werden die Fragen nicht strikt nacheinander abgearbeitet. Sie beginnt jedoch mit einem Blick auf das widersprüchliche Verhältnis von pluralen Zugehörigkeiten und Intersektionalität, um dann zu betrachten, wie (verknüpfte) Diskriminierungen im Alltag erfahren werden und inwieweit (verknüpfte) Antisemitismuserfahrungen in der Berliner Beratungslandschaft aufgenommen bzw. in Antidiskriminierungsstrategien angegangen werden können (a–c). Angesichts des (nicht immer bewussten) Umstands, dass viele Angehörige der jüdischen Communities in Berlin Migrant*innen sind bzw. Migrationsgeschichten zu erzählen haben, steht dieses Thema im Zentrum der folgenden Abschnitte. Dabei werden aktuelle Bedeutungen (Migrationsregime, Prekarisierung, institutionelle Diskriminierung in der Schule und Altersarmut) der Migrationsgeschichte von (post-)sowjetischen Juden*Jüdinnen mit Blick auf Konvergenzen und Divergenzen im Verhältnis zur Flucht- und Migrationsgeschichte anderer Bevölkerungsgruppen in Berlin beschrieben (d–h). Anschließend wird die jüngere, auch jüdische Migrationsgeschichte Berlins mit Blick auf Konvergenzen und Divergenzen im Kontext der Stadtentwicklung in den letzten rund 20 Jahren betrachtet (i). Ein anderes Praxisfeld, in dem sich die Frage stellt, wie plurale (jüdische) Zugehörigkeiten in einem auch antisemitismuskritischen Umfeld zur Geltung gebracht werden können, sind feministisch-jüdisch-queere Communities. Entwicklung und Herausforderungen dieses Feldes werden anschließend skizziert (j). Abschließend geht es um die bundesweit einmalige Konstellation, dass in Berlin ost- und westdeutsche jüdische Erfahrungswelten präsent sind, wobei insbesondere die jüdisch-ostdeutsche Geschichte lehrreich für gegenwärtige Bemühungen um inklusive Alltagskulturen sein könnte (k). Das Kapitel schließt mit einer Zusammenfassung und Reflexion der Ergebnisse.

Hinweis: Die Zitate ohne Quellennachweis stammen aus den Expert*innen-Interviews.

a) Plurale Zugehörigkeiten, Einengung und ‚Intersektionalität'

In den letzten drei Jahrzehnten ist Berlin und ist in und mit der Stadt die jüdische Community diverser geworden (vgl. Kapitel III, b, c, i). Ein*e Gesprächspartner*in meint angesichts dessen: „Das ist vielleicht eine der schönsten Herausforderungen im jetzigen jüdischen Leben in Berlin: […] [D]ie jüdische Community in Berlin ist so vielfältig geworden, dass man nicht mehr sagen kann, ‚die Juden in Deutschland' oder ‚die Juden in Berlin'." Dass diese Diversität sowohl als schön als auch als herausfordernd empfunden wird, mag – so vermutet ein*e Gesprächspartner*in – damit zu tun haben, dass Unterschiede Menschen auch voneinander trennen können und um Einheit dort, wo sie nötig ist, möglicherweise gerungen werden muss.

Während diese Heterogenität den Gesprächspartner*innen bewusst ist und in verschiedenen Zusammenhängen, in denen sie relevant ist, angesprochen wird, können sie das für einige Diskurse, Praktiken und Vorstellungen der Mehrheitsgesellschaft nicht sagen: „[W]enn ich in die Medien gucke, welche Bilder über Juden und Jüdinnen gibt es denn? Da tauchen Menschen wie ich oder mein Freundeskreis einfach überhaupt nicht auf. Wir sind aber die Mehrheit. Und das ist halt so n bisschen (lacht), das find ich sehr absurd." Zu tun habe diese unterkomplexe Repräsentation jüdischer Berliner*innen und ihrer Lebenswelten – so ein*e andere*r Gesprächspartner*in – mit „diesem Gedanken der Vereindeutigung […], mit dieser Beschränkung auf'n bestimmten Korridor" aufseiten der Mehrheitsgesellschaft bzw. in der Dominanzkultur. „[U]nd dieser Korridor ist eben so diese Rolle, dass jüdisches Leben als, ja, Repräsentanz des wiedergutgewordenen Deutschlands (lacht) sicherlich gerne stattfinden kann und insofern Jüd*innen dann beliebt sind, wenn's auch zu Gedenkveranstaltungen geht". Neben dieser Instrumentalisierung im Zuge der „Gegenwartsbewältigung" (Jalta 2/2018) wird von Gesprächspartner*innen auch *eine bestimmte Art und Weise* der öffentlichen Thematisierung von Antisemitismus beobachtet, bei der Juden*Jüdinnen – in den Worten einer*s Gesprächspartner*in – „von einer Opferrolle in die nächste" gepresst werden. „[A]ber wenn's mal darüber hinaus geht und wie gesagt um diese Vielfalt geht, dann wird's einfach schon schwierig, weil da eben ganz unterschiedliche Aspekte plötzlich zusammenwirken". Umgekehrt gesprochen besteht unter den Gesprächspartner*innen der Wunsch nach einer angemesseneren Repräsentation der realen Diversität jüdischer Lebensrealitäten in Berlin jenseits der einengenden ‚Korridore' und ‚Rollen' – zum Beispiel mit Blick auf „queeres Judentum".**[60]**

---

60 Lea Wohl von Haselberg (2020) setzt sich mit Widersprüchen einer solchen Repräsentationsstrategie im Kontext (der Thematisierung) von Antisemitismus auseinander, die sie indes u. a. mit Blick auf „den Resonanzraum", in dem dieser „geäußert" und „verhandelt" wird, für wichtig hält: „In einer Gesellschaft, in der Jüdinnen und Juden vielstimmig, divers und auch widersprüchlich erlebt werden (können), kann auch Antisemitismus anders verhandelt werden als in einer Gesellschaft, in der sie vor allem als eine symbolisch überhöhte Mini-Minorität gesehen werden." (A. a. O., 11) Im vorliegenden Zusammenhang und Kapitel geht es darüber hinaus um plurale (jüdische) Zugehörigkeiten und die Frage, wie damit einhergehende (verknüpfte) Diskriminierungserfahrungen angegangen werden können.

Wie eingangs angesprochen, können plurale (jüdische) Zugehörigkeiten in Berlin nicht so selbstbestimmt gelebt werden, wie das dem Recht auf Gleichheit und Differenz entsprechen würde. Vielmehr sehen sich Juden*Jüdinnen in Berlin nicht nur mit Antisemitismus (vgl. Kapitel I), sondern auch mit anderen Formen der Diskriminierung konfrontiert, die sie mit Blick auf unterschiedliche Aspekte ihrer pluralen Zugehörigkeiten tangieren. Die Frage, wie solche komplexen Formen der Diskriminierung analysiert und wie ihnen umfassend begegnet werden kann, wird, wie eingangs angesprochen, u.a. in feministischen und rassismuskritischen Debatten unter dem Stichwort ‚Intersektionalität' verhandelt. Aus der Sicht von Gesprächspartner*innen stellen sich einige Fragen bzgl. dessen, ob bzw. wie das auch mit Blick auf und angesichts von Antisemitismus gelingen kann.

Ausgangspunkt und Kontext ist dabei das Anliegen, nicht allein Antisemitismus mit Gegenwehr zu begegnen, sondern auch und zugleich anderen Formen der Diskriminierung. So meint diese*r Gesprächspartner*in: „Ich setz mich generell gegen Rassismus ein, ich setz mich generell gegen Sexismus ein so. Das ist das, was ich dann als emanzipatorische Allianzen beschreibe, dass für mich klar ist, dass man irgendwie auch 'ne Vorstellung davon haben muss, wo in welche Richtung es gehen sollte, und ich setz mich generell gegen Rassismus ein". Allerdings müsse in solchen Allianzen dazu eben auch ein Verständnis von Antisemitismus vorhanden sein, eine Problematik, die von einem*r Gesprächspartner*in so beschrieben wird: „[W]enn ich mich jetzt mit Menschen zusammen in ein Boot setze, dann möchte ich, dass die zumindest auch ein Verständnis davon haben, was ist jetzt Antisemitismus oder zumindest- also ich kann mich nicht mit Antisemit*innen in ein Boot setzen, weil ich weiß, wo das Ganze endet und wo dann die Reise hingeht".

Gerade auch in solchen Zusammenhängen, in denen ‚Intersektionalität' als Konzept genutzt wird, um Anliegen unterschiedlicher Communities und sozialer Bewegungen zu verknüpfen, wird Antisemitismus indes von unseren Gesprächspartner*innen teils als Blindstelle wahrgenommen. So meint ein*e Gesprächspartner*in, dass das Verständnis von gesellschaftlichen Verhältnissen bzw. Macht und Diskriminierung „dann aus dieser klassischen Trias besteht, aus race, class, gender und das eigentliche Verständnis von Antisemitismus in Deutschland gar nicht vorhanden ist". Wenn und insoweit indes Antisemitismus in diesen Diskurs eingespeist werden soll, kommt laut einem*r anderen Gesprächspartner*in ein weiteres Problem hinzu. Er*sie macht auf das Spannungsverhältnis aufmerksam, dass einerseits mit dem „Analysetool" Intersektionalität die „Verschränkung von Macht" betrachtet werden soll, während sich andererseits im Antisemitismus der „Mythos der jüdischen Community als der mächtigen, einflussreichen Sphären der Gesellschaft zugeordneten Gruppe sich doch relativ hartnäckig hält". Und weil die Projektion ‚der Juden' und konkrete Jüdinnen*Juden nicht unterschieden werden, bleiben letztere als von Machtverhältnissen Betroffene außen vor. Zudem gebe es „nicht nur die Zuschreibung, die sich über Jahrhunderte hält, dass Juden sozusagen eher positiv von Machtverhältnissen profitieren in unserer Gesellschaft", als „Kernbestandteil von Antisemitismus", sondern gegenwärtig werde insbesondere „der Staat Israel" „in vielen linken und herrschaftskritischen Zusammenhängen als Unterdrücker wahrgenommen" (vgl. Kapitel I, d). Und „[d]as heißt, 'ne jüdische Community, die sich nicht klar von so 'nem Unterdrücker, von so 'ner Unterdrückerfigur distanziert, wird da auch möglicherweise kritisch gesehen, ja", berichtet ein*e Gesprächspartner*in. Vor diesem Hintergrund ist die Entwicklung von verknüpften Handlungsstrategien und Allianzen schwierig.

Wenngleich die „Anwendung von Intersektionalitätskonzepten auf die jüdische Community beziehungsweise zur Bekämpfung, Sichtbarmachung von Antisemitismus" einigen Gesprächspartner*innen zufolge demnach nicht bruchlos möglich ist, wird dieses Konzept von anderen Gesprächspartner*innen mit Blick auf Diskriminierungen, die sich in Lebenswelt und Erfahrung jüdischer Berliner*innen verknüpfen, angewendet.

Eingedenk solcher Brüche und Widersprüche geht es im Folgenden darum auszuloten, inwieweit Aspekte von Intersektionalitätskonzepten nutzbar gemacht werden können, um Antisemitismus in seinen Verknüpfungen mit anderen Formen der Diskriminierung zu verstehen und anzugehen. Praktisch relevant ist dabei, die zwischen Selbst- und Fremdbestimmung gebildeten (jüdischen) Zugehörigkeiten in ihrer Komplexität aufzufassen und die Mobilisierung und Organisierung gegen Diskriminierung daraufhin zu befragen, inwieweit kollektive Subjekte und ihre Handlungsstrategien in- oder exkludierend konstruiert werden. Leitend ist die Annahme, dass ‚negative' Verknüpfungen Ausschlüsse und Blindstellen nach sich ziehen und ‚positive' Verknüpfungen Basis für die Formulierung gemeinsamer Interessen sein können.

b) Verschiedene und verknüpfte Diskriminierung und plurale Zugehörigkeiten im Alltag

Die professionellen Beratungs- und Meldestellen, die sich spezifisch an Betroffene antisemitischer Diskriminierung richten, wurden geschaffen, nachdem durch eine de facto ‚intersektionale' Betrachtung in der bestehenden Strukturlandschaft Berlins eine entsprechende Lücke identifiziert worden war (vgl. Kapitel I, l). Ihre Mitarbeiter*innen sind nun damit konfrontiert, dass Jüdinnen*Juden in Berlin nicht nur antisemitisch, sondern zugleich bzw. auch aus anderen Motiven bzw. Ursachen diskriminiert werden. So werden ihnen sowohl Erfahrungen mitgeteilt, die sich (von ihnen) eindeutig als antisemitische Diskriminierung einordnen lassen, als auch solche Vorfälle, die mit anderen Ursachenbündeln vermittelt und daher uneindeutiger sind. Schließlich berichten Gesprächspartner*innen davon, dass gelegentlich auch nicht antisemitisch bedingte Vorfälle Anlass des Beratungsgesuchs seien. So formuliert ein*e Gesprächspartner*in, dass nicht nur „ausdrücklich antisemitisch[e]" Vorfälle gemeldet werden, sondern dass „Menschen intersektional angegriffen, diskriminiert werden. Das kann auch jetzt in Verbindung mit Sexismus sein, das kann auch Altersdiskriminierung sein, also dass, wenn Leute, die älter sind, dann niedergemacht werden. Oder auch Rassismus."

Vor diesem Hintergrund ist u. E. zweierlei wichtig: Erstens gilt es, die Verknüpfungen antisemitischer mit anderen Formen der Diskriminierung genauer in den Blick zu nehmen. Und zweitens gilt es, das komplexe Verhältnis zwischen dem Erleben von Betroffenen, dem Motiv von Urheber*innen sowie der (institutionellen bzw. gesellschaftlichen)

Struktur, in deren Kontext der Vorfall steht, zu betrachten. Denn auch wo Menschen von Urheber*innen vielleicht nicht als ‚Juden'[61] markiert und als solche diskriminiert werden, können sie den Vorfall vor dem Hintergrund ihrer Erfahrungsgeschichte als Jüdinnen*Juden doch als auch antisemitisch erleben (vgl. Kapitel I, i). Zudem ist die Intention der Urheber*innen für das Verständnis und die Einordnung von Diskriminierung nicht (allein) auschlaggebend, vielmehr sind dabei insbesondere auch institutionalisierte Routinen und dominanzgesellschaftliche Strukturen bedeutsam.

Dabei kann eine Rolle spielen, dass Juden*Jüdinnen ihre jüdische Zugehörigkeit gerade unsichtbar machen, um Antisemitismuserfahrungen zu vermeiden. So wird die eigene jüdische Zugehörigkeit im privaten Umfeld, am Arbeitsplatz, auf Ämtern oder in der Öffentlichkeit häufig „nicht an die große Glocke" gehängt, wie es ein*e Gesprächspartner*in ausdrückt: „[D]ie meisten werden eben nicht, wenn sie zu einer Behörde gehen, direkt dranhängen, ich bin Jude. Aus vielen Gründen. Also von daher erfahren wir es nicht, sie und oder die Menschen werden dann nicht unbedingt anders behandelt, weil sie eben ihr Jüdischsein verdecken." Mit den „vielen Gründen" kann sowohl gemeint sein, dass jüdische Zugehörigkeiten unterschiedlich gelebt und insofern auch zum Ausdruck gebracht werden, als auch die Vermeidung antizipierter antisemitischer Diskriminierung (vgl. Kapitel I, h, j).

Jüdinnen*Juden können für ihre nicht-jüdische Umgebung *invisible minorities* sein bzw. durch Vermeidungsstrategien dazu werden und gleichzeitig anderen Formen der Diskriminierung ausgesetzt sein. Ein*e Gesprächspartner*in teilt etwa mit, wie die dominanzkulturelle Definition von deutsch/nicht-deutsch sie in Bezug auf ihr „Äußere[s]" und ihren Namen trifft. So sei ihm*ihr aufgrund der Zuschreibung eines in diesem Sinne „nichtdeutschen Äußeren" und Namens regelmäßig „die Zugehörigkeit abgesprochen" worden. „Das ging so weit, dass ich in Seminaren mit Leuten fließend deutsch gesprochen habe und die mich dann nach dem Seminar angesprochen haben, aber auf Englisch." Letzteres kann als Form der Veranderung[62] verstanden werden, ersteres als rassifizierende Diskriminierung; beides findet hier vermutlich jenseits antisemitischer Zuschreibungen statt. Allerdings verwiesen Gesprächspartner*innen auch darauf, dass Antisemitismus historisch und aktuell mit körperbezogenen Konstruktionen, also Prozessen der Rassifizierung von Juden*Jüdinnen, einhergeht.[63]

Ein*e andere*r Gesprächspartner*in weist auf xenophobe Diskriminierung von Juden*Jüdinnen hin: „[J]a und auch wenn natürlich jemand, ich sag jetzt mal einen

61 Gemeint ist der Vorgang „falscher Projektion" (Adorno & Horkheimer 2009 [1944], 196ff.), in dem Juden zu ‚Juden' (Klug 2003, 137) gemacht werden.

62 Der Begriff des Othering wird als Veranderung ins Deutsche übersetzt und bezeichnet im Anschluss an Spivak (1985) Prozesse, in denen bspw. durch diskursive Praktiken das dominante Selbst in und durch die Abgrenzung von kolonialisierten, marginalisierten Subjekten hervorgebracht wird. Das Konzept wird u. a. zur Analyse rassistischer Praktiken genutzt. Mit Blick auf ähnliche Prozesse im Kontext von Antisemitismus sprechen wir von Besonderung (vgl. Kapitel I, Fn. 13).

63 Aktuell etwa in antisemitischen Karikaturen zur Covid-19-Pandemie (vgl. Anti Defamation League 2020); zur Genese des modernen, rassistischen Antisemitismus vgl. Bergmann (2002).

fiktiven Namen, Ljuba Zyparskaja heißt, […] ja dann ist schon eher eine Diskriminierung sehr wohl möglich, […] weil Menschen als Russ*innen getaggt werden und nicht als jüdisch. Also das ist hier so, eher über die Schiene läuft das." Die geschilderte Erfahrung, vonseiten der Mehrheitsgesellschaft in Berlin zunächst als russisch und nicht als jüdisch gelesen zu werden, führt historisch bzw. chronologisch gesehen zu einem Nacheinander zweier Formen von Diskriminierung. So meint ein*e Gesprächspartner*in, sie seien anfänglich „nur als Russen angefeindet" worden, aber „jetzt, wo bekannt ist, dass wir Juden sind, auch als Juden". Die anfänglich ggf. ausschließlich rassistisch motivierte Diskriminierung hat sich im Verlauf der Sichtbarmachung oder -werdung als Juden*Jüdinnen mit Antisemitismus verknüpft.

Für die erste Generation jüdischer Einwanderer*innen seit 1990 aus Osteuropa (vgl. Kapitel II, d und III, a) sind teils auch alters- und sprachbezogene Diskriminierungserfahrungen vordergründig. So berichtet ein*e Gesprächspartner*in von Gesprächen, die Kolleg*innen in Ostdeutschland mit Mitgliedern jüdischer Gemeinden geführt haben: „Das heißt, das Gespräch, was sie dort mit den Leuten hatten, war oftmals ein Gespräch über ‚Ich werde diskriminiert, weil ich nicht richtig Deutsch sprech', ‚ich werde diskriminiert, weil ich alt werde.'" Die verwendete Formulierung, ‚nicht richtig' Deutsch zu sprechen, kann einerseits ein subjektiv empfundenes Unvermögen meinen, sich nicht so ausdrücken zu können, wie man dies gerne tun würde. Andererseits verweist die Formulierung auf den Umstand, dass der im Zuge der Reichsgründung im 19. Jahrhundert aktiv und repressiv hergestellte deutsche Monolingualismus (vgl. Krüger-Potratz 1994; Gogolin 2008 [1994]) sich bis heute als Teil der Dominanzkultur hält, von dessen Warte aus das Sprechen mit Akzent als Defizit anstatt als Ausdruck der Fähigkeit, mehr als eine Sprache zu sprechen, angesehen wird.[64] Auf weitere mögliche Hintergründe alters- und sprachbezogener Diskriminierung dieser Generation kommen wir zurück (vgl. Kapitel II , d). Dass – so berichtet der*die Gesprächspartner*in weiter – in diesem Austausch über alters- und sprachbezogene Diskriminierung in „Nebenbei-Gesprächen" mitgeteilt wurde, dass die Betroffenen *auch* Antisemitismus erfahren, zeigt zunächst, dass angesichts verschiedener Diskriminierungserfahrungen bestimmte Formen subjektiv als mehr oder weniger gravierend erlebt werden können. Andererseits macht das Beispiel deutlich, wie wichtig es ist, dass Juden*Jüdinnen vertrauenswürdige und speziell sensibilisierte Beratungsstellen und Ansprechpersonen haben, denen auch Antisemitismuserfahrungen mitgeteilt werden.

In Bezug auf Gewalt(-androhung) vonseiten der extremen Rechten verknüpfen sich Rassismus und Antisemitismus aus der Sicht von Gesprächspartner*innen auf unterschiedliche Weise. So kann die eigene jüdische Zugehörigkeit für die Beurteilung des Gefahrenpotenzials bedeutsam sein, auch wenn man als Jude*Jüdin (vermutlich) *invisible* war, wie diese*r Gesprächspartner*in berichtet: „[They] start to call me ‚Ausländer' and came really violently coming towards me and I don't think, they knew that I was Jewish, but they definitely knew that I was ‚Ausländer'." Und als Nazis auf einem

64 In Gogolin & Neumann (2009) wird der *Streitfall Zweisprachigkeit* nachgezeichnet und Auer (2009) beschreibt darin Realität und Konzept kompetenter Mehrsprachigkeit.

Bahnsteig einem*einer anderen Gesprächspartner*in ins Gesicht spuckten, wusste er*sie nicht, ob diese ihn*sie als ‚jüdisch', als ‚nicht-deutsch' oder als politisch-links markiert hatten, erlebte und bewertete die Situation „aufgrund meiner Sozialisation in der jüdischen Grundschule" jedoch als „eine Form von: ‚Ah, ja. Da ist eh 'ne Feindschaft'" und empfand in dieser wie anderen Situationen deshalb „immer noch so 'ne Form von Angstmoment". Während in diesen Erfahrungen die für die Angreifer*innen (vermutlich) unsichtbare jüdische Zugehörigkeit für die Betroffene mitschwingt, äußert ein*e andere*r Gesprächspartner*in nach dem terroristischen Angriff auf die Gemeinde in Halle (Saale) das Wissen und die Sorge darum, unabhängig vom eigenen Verhältnis zu dieser Zugehörigkeit potenzielles Ziel solcher Angriffe zu sein: „Auch wollte ich jetzt noch betonen, dass ich mit großer Sorge den Aufstieg der AfD und den allgemeinen Rechtsruck in Europa beobachte und u. a. deshalb beim Interview mitgemacht habe. Selbst wenn ich mich nicht besonders bis gar nicht jüdisch wahrnehme, wäre ich es für die Rechten voll und ganz, wie es schon mal in der Geschichte war, und Migrant*in dazu. Doppelte Zielscheibe."

Jüdische Berliner*innen sind aufgrund dieser verschiedenen und auf unterschiedliche Weise mit Antisemitismus verknüpften Formen von Diskriminierung in der selbstbestimmten Gestaltung ihres Alltags eingeschränkt. Sie handhaben diese Situation aktiv und teils widerständig. So erfährt eine* Gesprächspartnerin* ihr* Geschlecht, die jüdische Zugehörigkeit und die prekäre soziale Lage einerseits als „Büschel an Handicaps" und berichtet, „[v]ieles in Klammern setzen" zu müssen, „um 'ne Wahrnehmung und 'ne Akzeptanz zu haben". Sie* entscheidet sich in ihrem* sozialen (und politischen) Umfeld teils für einen defensiven Umgang und somit aktiv dagegen, die eigene „Identität" nach vorne zu stellen, um „Trouble und Reibungsflächen" zu vermeiden. Andererseits lässt sich ihre* Selbstdarstellung als „komischer exotischer Vogel" als überspitzt-angeeigneter und selbstbestimmt-gewendeter Umgang mit den erfahrenen Zuschreibungen verstehen. Und so schließt die* Gesprächspartnerin*: „Ich glaube schon, dass ich, soweit es im Turbokapitalismus möglich ist, 'n vergleichsweise selbstbestimmtes Leben geführt hab bis heute." Ein*e andere*r Gesprächspartner*in spricht explizit von einer „subversive[n] Umkehr", wenn er*sie statt von „Doppel-Diskriminierung" davon spricht, „doppelt-gesegnet" zu sein. So wird die Infragestellung jüdischer Bindestrich-Zugehörigkeiten zurückgewiesen. Diese empowernde Selbstversicherung wird von einem*r anderen Gesprächspartner*in allgemeiner formuliert und mit einer Kritik an dominanzkulturellen Engführungen verbunden. So sei es „bei vielen […] einfach so eine Normalität" und bspw. „total selbstverständlich […], dass man irgendwie na klar total Palästinenser ist, aber irgendwie ist man auch Deutschland, ist doch klar". Anders sei dies im dominanzkulturellen Blick: „‚Oh Gott, der hat zwei oder drei Zugehörigkeiten' und ‚wie kann man das überhaupt verarbeiten' und dann muss man Doktorarbeiten zu schreiben und so." Erst „durch diesen Eingriff" von außen werde etwas relevant, was ansonsten für die Menschen selbst unproblematisch sei. Diese monokulturalisierende und homogenisierende Praxis wird zurückgewiesen: „Man mag sowohl Orangensaft, man trinkt aber auch mal ein Glas Wein. Wo ist das Problem, ja?". Und ein*e andere*r Gesprächspartner*in kritisiert „diese Vorstellung von Identität, wie sie in unserer Gesellschaft gelebt wird", die „irgendwelche Entitäten schafft und Menschen zu monolithischen Blöcken erklärt" und fordert, „dass wir einfach ein komplexeres Verständnis davon entwickeln müssen".

c) Verschiedene/verknüpfte Diskriminierung in der Beratungslandschaft und im Antidiskriminierungsrecht

Die speziell auf Antisemitismus ausgerichteten Beratungsstellen bestehen neben Beratungsstellen, die sich speziell an Betroffene rassistischer Gewalt, homo- und transphober Diskriminierung usw. richten.[65] Angesichts der verschiedenen und (teils) mit Antisemitismus verknüpften Diskriminierungserfahrungen von Juden*Jüdinnen stellt sich ein*e Gesprächspartner*in die Frage, wo diejenigen, die von komplexen Formen der Diskriminierung betroffen sind, kompetente Beratung finden: „Ist es die Beratung aus 'ner Migrationsperspektive, aus 'ner queeren Perspektive, aus 'ner religiösen oder Staatsangehörigkeitsperspektive, ja."

Die Berliner Beratungslandschaft befindet sich in dieser Hinsicht derzeit in einem Lernprozess. So ist mit Blick auf die speziellen Bedarfe jüdischer Berliner*innen einer*m Gesprächspartner*in zufolge die Vernetzung und Kooperation der spezialisiert arbeitenden Beratungsstellen notwendig: „Ich glaube, ein guter Umgang damit ist, dass es ein Netzwerk von Beratungsstellen gibt, die mit ähnlichen Qualitätsstandards arbeiten und die für alle Diskriminierungsrealitäten sensibel sind, wenn auch nicht spezifisch kompetent und dann aber verweisen können oder sich gegenseitig quasi Expertise ranholen können."

Dies betrifft gerade auch die rechtlichen Facetten eines Vorfalls, die bislang nicht immer hinreichend erkannt werden. So berichtet ein*e Gesprächspartner*in: „[D]a bewirbt sich zum Beispiel jemand in 'nem Online-Portal auf 'ne WG und bekommt einen extrem antisemitischen Spruch zurück, der strafrechtlich relevant ist, dann geht das zur Staatsanwaltschaft. Aber gleichzeitig wäre das ein AGG-Fall[66] gewesen. Es ist aber nie ein AGG-Fall geworden." Sowohl strafrechtliche als auch antidiskriminierungsrechtliche Dimensionen antisemitischer Vorfälle erkennen und Betroffene in dieser Hinsicht kompetent beraten zu können, ist eine Herausforderung gegenwärtiger Antidiskriminierungspraxis in Berlin.

Während im eben genannten Fall eine antisemitische Diskriminierung im Rahmen des AGG offenbar fassbar gewesen wäre, gilt dies für andere Formen antisemitischer Diskriminierung bislang nicht. So meint ein*e Gesprächspartner*in: „Was ich definitiv feststelle, ist, dass bestimmte Dinge nach dem AGG [...] für Juden*Jüdinnen, gerade auch für Israelis in Berlin, relativ schwer einklagbar sind. Also, es gibt keine Diskriminierung nach Staatsangehörigkeit und nun ist es aber so, dass eben häufig der Antisemitismus über Israel oder israelische Staatsangehörigkeit sich abspielt." Hintergrund

65 Vgl. für einen Überblick den Wegweiser der LADS (SenJustVA & LADS 2019).

66 Gemeint ist das seit 2006 geltende Allgemeine Gleichbehandlungsgesetz (AGG).

ist, dass sich Diskriminierung in der Logik des AGG auf ‚Merkmale' der Betroffenen bezieht und dass jüdische Zugehörigkeiten teils quer zu den rechtlich anerkannten Merkmalen und teils jenseits von ihnen liegen. So wird bspw. israelbezogener Antisemitismus (vgl. Kapitel I, d) häufig nicht im Sinne des AGG erfasst. Diese Blindstelle aufzudecken, kann als Beispiel einer ‚intersektionalen' Betrachtung des Antidiskriminierungsrechts verstanden werden.

Diese Konstellation ist insofern paradox, als das AGG die Reichweite des Diskriminierungsschutzes im Sinne des Grundgesetzes (GG) der Bundesrepublik Deutschland ausweiten sollte und die Verankerung der Menschrechte im GG eine unmittelbare Reaktion auf die Verbrechen des Nationalsozialismus und insbesondere den Holocaust darstellen. Dies ist Gesprächspartner*innen bewusst: „Man kann diesen Satz ‚Die Würde des Menschen ist unantastbar' nicht verstehen, ohne die Geschichte von Auschwitz zu kennen, das kann man nicht." Und während diese*r Gesprächspartner*in dabei auf den universellen Gehalt der aus dieser spezifischen Geschichte resultierenden Menschenrechte betont, erinnert ein*e andere*r an den damit verbundenen spezifischen Auftrag. Als „Lehre aus dem Dritten Reich" enthalte das GG auch das Willensbekenntnis zur Bekämpfung von Antisemitismus: „[S]olange es Antisemitismus gibt, hat das Grundgesetz sein Ziel nicht erreicht. Die Würde des Menschen ist unantastbar, mit Fußnote: Solange es Antisemitismus gibt, ist dieser Satz nicht vollständig erreicht worden."

Das o.g. Problem, dass antisemitische Diskriminierung mit dem AGG nur teilweise belangbar ist, ließe sich zwar grundsätzlich, so ein*e Gesprächspartner*in, durch die Unterscheidung zwischen unmittelbarer und mittelbarer Diskriminierung[67] umgehen. Allerdings bleibe das Problem bestehen, dass, solange das AGG auf zu schützende Merkmale der Betroffenen rekurriere, „man schnell in die Falle der Essenzialisierung" tappe. Gerichte beschäftigten sich dann bspw. mit Fragen, was eine bestimmte Religion oder Ethnie ausmache und ob die Lebenspraxis der Betroffenen dem entspreche, anstatt darüber zu entscheiden, ob sie von einer illegitimen Ungleichbehandlung im Sinne der strukturellen Diskriminierung einer Gruppe betroffen sind. Am Beispiel der kuweitischen Airline, die israelische Passagiere nicht beförderte[68], erläutert er*sie: „Aber auch da sehen wir schon wieder, worum geht's denn hier? Hier geht's nicht

67 Laut Gesetz gilt: „Eine unmittelbare Benachteiligung liegt vor, wenn eine Person wegen eines in § 1 genannten Grundes eine weniger günstige Behandlung erfährt, als eine andere Person in einer vergleichbaren Situation erfährt, erfahren hat oder erfahren würde." (AGG § 3, 1) Und: „Eine mittelbare Benachteiligung liegt vor, wenn dem Anschein nach neutrale Vorschriften, Kriterien oder Verfahren Personen wegen eines in § 1 genannten Grundes gegenüber anderen Personen in besonderer Weise benachteiligen können" (AGG § 3, 2).

68 So entschied die erste Instanz im Fall einer kuweitischen Airline, die sich weigerte, israelische Staatsbürger*innen zu transportieren, es handele sich nicht um eine Diskriminierung, da Staatsangehörigkeit adressiert werde (vgl. Liebscher 2018). Das Urteil wurde in zweiter Instanz zwar (aus Gründen des Vertragsrechts) nicht revidiert, in der Begründung machte das Gericht aber deutlich, dass es sich mittelbar um eine ethnische Diskriminierung handele, da 75% aller israelischen Staatsbürger*innen jüdisch seien (vgl. Legal Tribune Online 2018). U.a. hier zeigt sich, dass jüdische Zugehörigkeit vor Gericht als religiöse oder ethnische Zugehörigkeit verstanden wird.

darum, ob Leute säkulare Juden sind, dann wären wir in der ethnischen Herkunft, oder ob die jüdische Religion praktizieren, dann wären wir in der Religion, sondern hier geht's ganz klar [...] um 'ne Geschichte antisemitischer Projektion auf diesen Staat Israel." Unsere Gesprächspartner*innen verweisen deshalb auf die Forderung nach einem postkategorialen Antidiskriminierungsrecht, das den Blick weg „von einer Eigenschaft der von Diskriminierung Betroffenen" und hin „zu den Diskursen, Strukturen, in denen Diskriminierung passiert", verschiebt.

Das im Juni 2020 verabschiedete Berliner Landesantidiskriminierungsgesetz (LADG, vgl. SenJustVA & LADS 2020) begegnet den geschilderten Herausforderungen auf zweifache Weise: So wurde Antisemitismus explizit unter § 2 ‚Diskriminierungsverbot' aufgeführt und es wird von „rassistischer und antisemitischer *Zuschreibung*" (LADG § 2, Herv. Verf.) gesprochen, wodurch die Logik im angemahnten Sinne verändert, und die identifizierte Leerstelle gefüllt wird.

d) Konvergenzen und Divergenzen: Aktuelle Bedeutungen von Migrationsgeschichten

Die jüdischen Communities in Berlin sind ein „Patchwork" (vgl. Belkin 2015) aus Nachfahren von Displaced Persons im Westen, kommunistischen Remigrant*innen im Osten, (post-) sowjetischen Juden*Jüdinnen sowie jüdischen US-Amerikaner*innen und Israelis, die in und jenseits der Jüdischen Gemeinde zu Berlin diese Stadt gestalten. Entsprechend meint ein*e Gesprächspartner*in, dass „nahezu hundert Prozent aller Gemeindemitglieder [...] irgendeinen Migrationshintergrund [haben]. Auch wenn man sich dessen nicht immer bewusst ist, aber man hat ihn." Und deshalb, so ein*e andere*r Gesprächspartner*in, sind jüdische Berliner*innen Teil einer Migrationsgesellschaft, die „eben uns alle was an[geht] und betrifft, uns alle und eben nicht nur einzelne Bestandteile der Bevölkerung." Zugleich werden kritische Auseinandersetzungen um Migrationsregime und deren Konsequenzen für die Betroffenen selten unter Einbezug der spezifisch jüdischen Migrationsgeschichten geführt. Ähnliches mag für Debatten um institutionelle und strukturelle Dimensionen von Diskriminierung gelten, die Juden*Jüdinnen im Kontext von Migrationsregimen, Prekarisierung und (Folgen von) Antisemitismus (be-)treffen können. Vor diesem Hintergrund werden folgend Konvergenzen und Divergenzen jüdischer Migrationsgeschichten, insbesondere der (post-)sowjetischen Juden*-Jüdinnen, die heute „zwischen 85 und 100 Prozent" (Belkin 2017, 153) der Gemeinden ausmachen, mit Migrationsgeschichten anderer Gruppen ausgelotet. Auf diese Weise können exemplarisch ggf. gemeinsame (nicht: identische) Anliegen identifiziert werden, so dass in den Worten eine*r Gesprächspartner*in durch die Thematisierung von Antisemitismus in seinen Verknüpfungen eventuell „Brücken gebaut werden können."[69]

69 In diesem Sinne nehmen wir das „Anliegen" auf, „Forschungen zur jüdischen Gegenwart mit Fragen und Perspektiven zu verbinden, die sich mit dem Wandel Deutschlands hin zu einer modernen Einwanderungsgesellschaft befassen" (Körber 2015, 8 f.).

e) Aufbruch und Ankunft. Kontingentflüchtlinge im hierarchischen Migrationsregime

Gorbatschows Perestroika-Politik hatte Jüdinnen*Juden in der Sowjetunion „ein größeres Maß an Freiheit" (Friedgut 2010, 40) gebracht, in der jüdische Kultur und Religion revitalisiert wurden,[70] gleichzeitig aber auch nationalistischen und teils antisemitischen Bewegungen Raum gegeben. In einer Konstellation, in der die Wirtschaft zudem in eine verheerende Krise geraten war, entschlossen sich viele Juden*Jüdinnen der UdSSR bzw. ihrer Nachfolgestaaten (GUS) zur Migration nach Israel, in die USA und bis Oktober 1990 in die DDR sowie danach die vereinte Bundesrepublik Deutschland. Dort war auf Initiative ostdeutscher Juden*Jüdinnen der DDR-Oppositionsbewegung eine Regelung zur Einreise entstanden, die mit dem Einigungsprozess zum Erliegen kam und nach erneutem Einsatz und aktivem Ringen in die sogenannte Kontingentflüchtlingsregelung mündete (vgl. Kapitel III, a). 1990 machte das „Gerücht", dass die DDR „Juden aus der Sowjetunion auf[nimmt], als eine Art Wiedergutmachung dafür, dass die DDR sich nie an den deutschen Zahlungen für Israel beteiligte", die Runde; „[e]s sprach sich schnell herum, alle wussten Bescheid" (Kaminer 2010, 50). Zwischen 1990 und 2005 verließen rund 220.000 Juden*Jüdinnen die UdSSR bzw. GUS-Staaten und wanderten in die DDR bzw. Bundesrepublik Deutschland ein. Die Bedingungen und Gründe für den Aufbruch und die ‚Wahl' der BRD als Zielland haben sich mit der Zeit gewandelt und sind auch individuell verschieden.

Spätestens nachdem eine klare Regelung gefunden und etabliert worden war, wurde die Bleibeperspektive im Zuge des Aufbruchs bedeutsam. So erinnert ein*e Gesprächspartner*in, der*die als Jugendliche*r migrierte, es sei „klar" gewesen, „dass man eine unbefristete Aufenthaltsgenehmigung bekommen wird. Man musste ein Jahr im Voraus den Antrag stellen, dann, also dann Papiere, dass man nachweist, dass man jüdisch ist,[71] und dann kriegte man die Erlaubnis." Die ‚Kontingentflüchtlingsregelung', die jüdischen Migrant*innen aus der GUS einen sicheren Aufenthaltsstatus zusicherte, schuf für diese insofern einen anderen Ausgangspunkt ihrer transnationalen Migration, als ihn politisch verfolgte Geflüchtete oder Menschen aus Kriegsregionen, wie etwa dem damals zerbrechenden Jugoslawien, zumeist haben. Über das ‚Recht auf Asyl' der Letzteren wird in Einzelfallprüfung positiv oder negativ entschieden, auf der Grundlage des Urteils über ‚sichere Drittstaaten' wird dieses umgekehrt teils kollektiv verwehrt.[72] Gleichzeitig war den jüdischen Migrant*innen aus der UdSSR bzw. GUS im damals

70 So schildert ein*e Gesprächspartner*in ihre*seine Erfahrungen aus der Ukraine: „[A]nd I think already 1991 the Jewish community was formed, nothing religious, it was cultural, most- mostly cultural events and they started to organize first concerts and try to celebrate Jewish holidays. Nobody had much of an idea of religion, but they tried to do something Jewish."

71 Unproblematisch war dies für jene, in deren Ausweisen die jüdische Nationalität vermerkt war, aus unterschiedlichen Gründen war dies jedoch oft nicht der Fall. Die konkrete Umsetzung und Auslegung variierte in den 1990er Jahren (vgl. Weiss & Gorelik 2012, 394; Belkin 2017).

72 Das Asylrecht unterlag in der Bundesrepublik Deutschland Wandlungen und wurde seit den 1990er Jahren eingeschränkt (vgl. Poutrus 2019).

dominanten ethno-nationalen Paradigma die deutsche Staatsbürgerschaft im Unterschied zu den sogenannten ‚Spätaussiedlern', die ebenfalls in den 1990 Jahren in die BRD[73] migrierten, nicht sicher. Den Prozess der Einbürgerung konnten bzw. mussten sie wie andere ‚Ausländer' in der BRD nach einer Mindestaufenthaltsdauer von acht Jahren durchlaufen.[74]

Die strukturelle Hierarchisierung von Migrant*innen im damaligen Migrationsregime ging demnach mit gestaffelten Rechten auf Teilhabe und Anerkennung einher. Dementsprechend meint ein*e Gesprächspartner*in, man solle die Betonung von Konvergenzen mit Erfahrungen von anderen Flüchtlingen bzw. Geflüchteten nicht „überstrapazieren"; es gebe zwar Gemeinsamkeiten in der Migrationserfahrung, aber auch viele Unterschiede: „Wir sind hier hergekommen im Rahmen einer geregelten Zuwanderung, es gab – natürlich nicht alles war klar, aber trotzdem – es gab so 'n mehr oder weniger klaren- wir mussten auch nicht zu Fuß durch 'n Kontinent laufen. Und wir liefen auch nicht aus 'm Krieg". Die Furcht vor antisemitischer Gewalt war in den frühen 1990er Jahren allerdings ein Grund der Migration unter anderen und mag dies auch in späteren Jahren teils gewesen sein. Wie stets in Migrationsprozessen ging es den Migrant*innen aus unterschiedlichen Gründen um eine „Suche nach dem besseren Leben" (Klingenberg 2015a, 2015b), nicht nur im Sinne persönlicher und politischer, sondern auch ökonomischer Sicherheit.[75]

Im Zuge der Aufteilung von Asylbewerber*innen und Kontingentflüchtlingen auf die Bundesländer nach dem Königsteiner Schlüssel trafen Menschen mit diesen divergenten und konvergenten Migrationshintergründen (Ursachen und Gründe der Migration) und Bleibeperspektiven in Sammelunterkünften zusammen. Die ‚Suche nach dem besseren Leben' begann für Juden*Jüdinnen mit einer Ernüchterung in einer Situation der Verunsicherung, im Transit zwischen geopolitischen Räumen und lebensgeschicht-

---

73 „Die Bundesrepublik nahm die Russlanddeutschen, wie auch die Angehörigen anderer deutscher Minderheiten in Osteuropa, bei Nachweis ihrer ‚deutschen Volkszugehörigkeit' als sogenannte Aussiedler (ab 1993: Spätaussiedler) auf. Dies geschah auf Grundlage von Artikel 116, Abs. 1 des Grundgesetzes sowie §§ 1 und 6 des Bundesvertriebenengesetzes (BVFG), welche in der Nachkriegszeit für die Aufnahme und Einbürgerung der über zwölf Millionen deutschen Vertriebenen und Flüchtlinge aus den deutschen Ostgebieten und Osteuropa entstanden waren. Die Aussiedler als ‚Nachzügler' dieser Vertreibungen hatten hiernach Anspruch auf die deutsche Staatsbürgerschaft sowie auf eine Reihe von finanziellen und anderen Integrationshilfen, beispielsweise Sprachkurse." (Panagiotidis 2017)

74 Zum Vergleich des rechtlichen Status von Kontingentflüchtlingen und Spätaussiedlern vgl. Belkin (2017).

75 Die Schriftstellerin Olga Grjasnowa schreibt hierzu: „Wir haben uns für die Demokratie und ein stabiles System entschieden, die CDU würde uns als ‚Wirtschaftsflüchtlinge' labeln, und vielleicht stimmt es ja auch." Sie macht zudem auf die divergenten Beschreibungen von und Umgänge mit Gruppen von Migrant*innen aufmerksam, wenn sie fortfährt, dass „Europäer_innen und Passinhaber_innen der USA, Kanadas, Australiens und Neuseelands" als „Expats" einreisten und Communities von ‚Internationals' bildeten, von denen ‚Integration' gar nicht erst erwartet werde. (Grjasnowa 2019, 132 f.) Sog. ‚Wirtschaftsflüchtlinge', z. B. Menschen aus Südosteuropa oder der MENA-Region, werden heute meist abgeschoben. Vgl. zur Unterteilung in ‚gute' und ‚schlechte' Migrant*innen im dominanzgesellschaftlichen Blick auch Klingenberg (2015a, 115). Vgl. für eine differenzierte Betrachtung der jüdisch-russischen Aus- und Einwanderung nach Deutschland Gross & Belkin (2010).

lichen Bezügen. So erinnert sich ein*e Gesprächspartner*in an das „Lager, ja es war tatsächlich so hinter einem Zaun, so also, es sah wirklich aus wie so ein Lager [...] und dort sind wir in so einem Wohnheim gelandet in einer Art WG. Mit einer kurdischen, alleinerziehenden Mutter." In einem deutschen *Lager* zu landen, kann mit der spezifisch jüdischen Geschichtserfahrung von Verfolgung und Shoa assoziiert werden. Ein*e Gesprächspartner*in erinnert diese Situation jedoch eher im Kontext des grassierenden Rassismus: „Aber, dass man so viel Abneigung gegenüber Migranten erlebt und dass man auch im Alltag erst einmal in diesem super ekelhaften Wohnheim landet, man hat da schon gedacht, dass die im Westen haben wenigstens ihre Wände gestrichen und nicht irgendwie klebrigen, ekelhaften, vollgekotzten Boden so." Neben diesem staatlicherseits gesendeten Signal, das jedenfalls nicht auf ein Willkommen-Sein deutet, fehlten offenbar auch weitere institutionelle Unterstützungsangebote. So formuliert ein*e Gesprächspartner*in, man sei „halt einfach so frei [gewesen], sich selber zu orientieren (lacht) ohne Sprache." Von Antisemitismuserfahrungen aus dieser Zeit berichten die Gesprächspartner*innen nicht, was mit bereits damals genutzten Vermeidungsstrategien zu tun haben kann. Insgesamt wurde diese Phase der Ankunft von einem*r Gesprächspartner*in als „krasser Downgrade" empfunden bzw. erinnert.

In Migrationsprozessen ist die Wanderung entlang von Stationen vertrauter Communities wichtig. Sie bieten vielerlei Ressourcen, die das Ankommen erleichtern. Auch der zügige Kontakt mit Menschen der Mehrheitsgesellschaft unterstützt das Gefühl, willkommen zu sein, und bietet praktische Hilfe im Prozess des Ankommens. Die Verteilung nach dem Königsteiner Schlüssel[76] und die Unterbringung in Lagern erschwerte es den jüdischen Migrant*innen, Verwandte, Bekannte oder die weiter gefasste jüdisch-russische Community als Ressource nutzen zu können, und längst nicht an jedem Ort waren jüdische Gemeinden oder Communities vorhanden. In Berlin gab es sie, und so berichtet ein*e Gesprächspartner*in, dass sie „damals noch 'n Sederabend organisiert" und den Menschen, die „wenig Erfahrung in jüdischer Praxis und viel Erfahrung in Antisemitismus" mitbrachten, erklärt hätten, „wie das geht und so". In der Mehrheitsgesellschaft wiederum gab es in den 1990er Jahren keine ausgeprägte Willkommenskultur wie 2016ff., vielmehr war eine nationalistische Stimmung vorherrschend, die sich gegen Flüchtlinge und weitere Menschen richtete, die als ‚fremd' konstruiert wurden.

Die geschilderten Erfahrungen der jüdischen Migrant*innen sind strukturell mit dem Migrationsregime der 1990er Jahre verknüpft, das hierarchisierte Einwanderungsregelungen mit unterschiedlichen Möglichkeiten der Teilhabe und Anerkennung schuf. In diesem Rahmen konvergieren und divergieren Erfahrungen der rechtlich unterschiedenen Gruppen zugleich. So durchliefen (fast) alle die Station, in Sammelunterkünften

76 Eine Möglichkeit, die Zwangsumverteilung zu umgehen, bestand darin, bereits in Deutschland lebende Verwandte anzugeben. Die Familie eines*r Gesprächspartner*in konnte davon Gebrauch machen, was ihnen u. a. die bürokratischen Herausforderungen der ersten Monate erleichterte: „[U]nd die Verwandten, die gleichzeitig mit uns gekommen sind, waren alle in der gleichen Situation; deswegen gab's viel- also es war ganz klar, was man machen muss."

('Lagern') oft in sozialer Isolation untergebracht zu werden (vgl. Pieper 2013), und auch der grassierende Nationalismus war gegen sie alle gerichtet. Divergenzen liegen strukturell in den unterschiedlichen Konstellationen in den Herkunftsländern (bspw. Krieg vs. ökonomischer Zusammenbruch und befürchtete Pogrome) sowie gestaffelten Rechten (Staatsbürgerschaft, gesicherte und ungesicherte Aufenthaltsperspektiven). Spezifisch für die Einwanderung der Juden*Jüdinnen war, dass sie dem Anspruch nach aufgrund ihrer jüdischen Zugehörigkeit einwandern konnten, ihnen jedoch andererseits die Anerkennung als Staatsbürger*innen verwehrt und aufgrund der regionalen Umverteilung oft kein Anschluss an jüdische Gemeinden ermöglicht wurde.

f) Integrationsregime und Leben in der Zone der Exklusion

Die erwachsenen jüdischen Migrant*innen wollten „auch in so ein deutsches Arbeitsleben sich reinfinden" und standen vor der Herausforderung, ihre Ausbildungen und beruflichen Kompetenzen auf dem deutschen Arbeitsmarkt in Wert zu setzen. Durch die Verteilung über das gesamte Bundesgebiet waren sie dabei zumeist auf den lokalen Arbeitsmarkt verwiesen, der insbesondere in Ostdeutschland im Zuge der Deindustrialisierung und der insgesamt um sich greifenden Erwerbslosigkeit seit den 1990er Jahren kaum Chancen bot: „Es gab auch 'ne große Arbeitslosigkeit hier in den 90ern, 2000ern." Jenseits dessen scheiterten viele von ihnen neben den erst zu entwickelnden Sprachkenntnissen an weiteren Hürden des bundesdeutschen Integrationsregimes, das auch andere Migrant*innen betrifft: „Naja, ich kenn kaum jemanden, auch so aus dem Umfeld, die in ihrem Beruf einen Platz gefunden haben [...] also, die Abschlüsse, wurden ja auch nicht anerkannt", erinnert sich ein*e Gesprächspartner*in. Der Ausschluss aus dem Erwerbsleben traf dabei nicht nur Migrant*innen der älteren, sondern auch jüngerer Generationen, wie ein*e Gesprächspartner*in berichtet. So habe ein*e mit 28 Jahren eingewanderte*r Verwandte*r „in der Ukraine studiert, aber hat nie gearbeitet in dem Feld, wo er studiert hat", und trotz einer Umschulung habe es „nie funktioniert irgendwie". Die Erfahrung, den Wiedereinstieg ins Erwerbsleben in der BRD nicht zu schaffen, ist in der ersten Generation jüdischer Migrant*innen verbreitet[77] und hält für viele bis in die Gegenwart an (s. u.). So verfestigte sich ein sozialer Abstieg, der als vorübergehender antizipiert worden war.

Für die Erfahrung des sozialen Abstiegs zwischen Aufbruch und Ankunft ist der Status, also die relative Position im Sozialgefüge, entscheidend. So habe man in Westdeutschland im Vergleich zu den letzten Jahren der UdSSR in finanzieller Hinsicht zwar nicht schlechter dagestanden. „Klar wir waren [im Herkunftsland, Anm. d. Verf.] arm [...], mein Vater musste zwei Jobs haben. [...] Und meine Mutter hatte ihren alten Job gehabt, aber der war – also die 90er wurde teilweise über Jahre kein Geld ausgezahlt"

77 Kessler (2003) gibt für das Jahr 1995 eine reguläre Beschäftigung für 13% der (mindestens drei Jahre in Deutschland lebenden) jüdischen Migrant*innen in Berlin an (4.1.1). Haug und Schimany (2005, 12) beziehen sich auf Studien, wonach 1998 60–70% der jüdischen Migrant*innen erwerbslos gewesen seien.

und da in Deutschland „die Lebensmittel so billig" seien, sei die Situation „vom Essen her" eigentlich besser gewesen als im Herkunftsland, erinnert sich ein*e Gesprächspartner*in. Während dort jedoch „die anderen auch am Kiosk" [78] gewesen seien, die Verarmung also eine kollektive und gemeinsame Erfahrung war, stand man nun „auf der viel niedrigeren sozialen Stufe". Diese relative Armut (vgl. Butterwegge 2015) und die Erfahrung des Statusverlusts sind dabei auch mit Erfahrungen von Rassismus verknüpft. So berichtet ein*e Gesprächspartner*in, wie eine Kassiererin die Familie behandelte, „als ob wir Idioten sind", nur, weil sie noch nicht oder nicht akzentfrei Deutsch sprachen. Dauerhaft erwerbslos zu sein, bedeutet, in die ‚Zone der Exklusion' (vgl. Castel 2008; Brinkmann et al. 2006) verwiesen zu sein, in der nicht nur die materielle, sondern auch die soziale Teilhabe eingeschränkt ist. Um von Arbeitslosengeld II leben zu können, müssen Strategien entwickelt werden, um dann – so schildert es ein*e Gesprächspartner*in in Bezug auf seine*ihre Eltern – „gut mit dem Geld klar[zu] kommen". Dazu gehöre, zur Tafel zu gehen und nach günstigen Angeboten Ausschau zu halten: „[A]lso, sie können gut spa –, also nicht sparen, sie wissen wo man was kauft." 1-Euro-Jobs besserten dabei in der Vergangenheit das Haushaltseinkommen auf: „Also mein Vater hat immer wieder also in den ersten Jahren mal ne, damals gab es 1-Euro-Jobs gemacht. […] Da war er sehr erfreut darüber, dass er diesen Job hat. Das waren auch 180 Euro mehr plötzlich und das, mehr als Hartz IV". Ehrenamtliche Tätigkeiten dienen in einer solchen Situation u. a. dem Aufbau sozialer Beziehungen, wie auch diese Schilderung eines*r Gesprächspartner*in verdeutlicht: „Und arbeitet jetzt so als Sozialarbeiterin auf ehrenamtlicher Basis so. Genau, aber hat dadurch schon eine gute soziale Integration."

Die geschilderten Erfahrungen der jüdischen Migrant*innen sind strukturell einerseits mit einem Integrationsregime verknüpft, das Teilhabe und Anerkennung nur teilweise ermöglicht und in wesentlichen Bereichen verunmöglicht. Diese Konstellation konvergiert mit derjenigen anderer Migrant*innen-Gruppen, divergiert aber insofern, als sie Juden*Jüdinnen trifft, denen dem Anspruch nach angesichts des Holocausts eine ‚Großzügigkeit' (Weiss & Gorelik 2012, 392) zuteilwerden sollte (vgl. dazu auch Belkin & Gross 2010, 68 ff.). Mit Blick auf die Erfahrung des sozialen Abstiegs, der mit Statusverlust, relativer Armut, mangelnden Sozialbeziehungen und Scham einhergeht, bestehen etwa Konvergenzen mit den Erfahrungen ehemaliger DDR-Bürger*innen, die zwar geografisch am gleichen Ort blieben, aber ebenfalls in ein anderes Land wechselten.[79] Divergent sind die Konstellationen strukturell u. a. insofern, als Letztere Staatsbürger*innen mit politischen Teilhaberechten waren, und Ersteren als transnationalen Migrant*innen spezifische zusätzliche Hürden (Sprache, Anerkennung von Abschlüssen etc.) im Wege standen. Insgesamt steht die prekäre Lebenslage jüdischer

78 Gemeint sind Nebeneinkünfte durch Tätigkeiten im Einzelhandel, um das Familieneinkommen aufzustocken.

79 Vgl. zu entsprechenden Erfahrungen einer heterogenen Bevölkerung sowie Versuchen, Solidaritäten in einem ostdeutschen ‚Plattenbau'-Gebiet zu entwickeln, Reimer-Gordinskaya (2019).

Migrant*innen im Kontrast zur politischen Rhetorik vom „Geschenk, wenn es Juden gab, die in Deutschland leben wollten" (Belkin & Schäuble 2010, 53).

g) Bildungswege wider institutionelle Hürden

Für die Kinder und Jugendlichen der aus der UdSSR bzw. der GUS Einreisenden stand im Vordergrund, einen guten Einstieg ins Bildungssystem zu finden. Oft wurde angestrebt, einen Bildungsweg hin zum Studium zu absolvieren. Dabei waren gute und weitgehend kostenfreie Bildungsmöglichkeiten teils auch Grund der Einwanderung in die BRD: „[A]lso es war allen klar, dass man studieren muss. Und dass man in Deutschland das kostenlos machen kann und dass man auch BAföG kriegt und so weiter."[80] Und während Bildung damals wie heute ein verbrieftes Kinderrecht war und ist (vgl. Cremer 2012), kommt dem Bildungssystem eine zentrale Funktion in der Reproduktion sozialer Ungleichheiten zu (vgl. Bourdieu & Passeron 1971), die insbesondere auch Migrant*innen und migrantisierte Kinder – zuletzt die seit 2016 ankommenden Geflüchteten – treffen (vgl. Wellgraf 2012; Becker & Lauterbach 2016). Vor diesem Hintergrund lesen sich die Hürden, denen die Gesprächspartner*innen begegneten, als in vielerlei Hinsicht mit den ‚(un-)möglichen Bildungswegen' (vgl. Bitis & Borst 2013) konvergente Diskriminierungserfahrungen.

Das gilt zunächst für den Umstand, dass damals wie jüngst (vgl. Reimer-Gordinksaya & Schulze 2017, 38 ff.) sogenannte ‚Integrationsklassen' den Kindern und Jugendlichen einen Einstieg ins Bildungssystem erleichtern soll(t)en. Und so fand sich auch diese*r Gesprächspartner*in in einer solchen Klasse wieder, in der „altersgemischt" Schüler*innen zusammengefasst wurden, „die mit dem Schulsystem nicht klarkamen. Das heißt, also, es hieß ‚Integrationsklasse', aber ich glaube da wurden einfach schwierige Fälle von Menschen mit Migrationshintergrund reingesteckt." Diese Beschreibung verweist darauf, dass Schulen i. d. R. auf der Basis „bestimmter Normalitätserwartungen" (Karakayali & zur Nieden 2019, 890) operieren, anstatt sich im Sinne von Inklusion auf die unterschiedlichen Lernvoraussetzungen der Schüler*innen einzustellen. Dazu gehört auch die jüngst erneut bestimmend gewordene Vorstellung, die Standardsprache Deutsch beherrschen zu müssen, bevor Kinder und Jugendliche am Fachunterricht teilnehmen dürfen. Tatsächlich bieten Klassen mit Kindern und Jugendlichen, die diese Sprache sprechen, ein günstigeres Umfeld zu deren Aneignung. Von der Warte einer u. a. sprachlich normalisierten Schule aus betrachtet gehörte der*die Gesprächspartner*in zu den ‚schwierigen Fällen', mit dem das System nicht zurechtkam. In diesem ‚Integrationssystem', das Teilhabe ermöglichen will und Ausgrenzung produziert, wird

80 Darja Klingenberg (2015a) verweist darauf, dass u. a. aufgrund dieser Bildungsorientierung bzw. -erfolge die zweite Generation der Migrant*innen aus GUS die Rolle von ‚Vorzeigemigrant*innen' zugeschrieben wird. Darin käme der Wandel vom ethno-nationalen Paradigma zu einem neoliberal operierenden Migrationsregime zum Ausdruck: „Wurden bis dahin alle Migrant_innen pauschal als Ausländer_innen abgewertet, wird nun zwischen guten und schlechten Migrant_innen und ihren Kulturen differenziert." (Ebd. 115)

Kindern und Jugendlichen wie dem*der Gesprächspartner*in nicht nur der Spracherwerb erschwert, sondern zudem verwehrt, an ihre schulischen Vorkenntnisse anknüpfen zu können. Dementsprechend erinnert die*der Gesprächspartner*in diese Zeit als eine Art Beschäftigungstherapie, in der sie*er „Puzzles machen" sollte.

Konvergent ist auch die Erfahrung von Gesprächspartner*innen, nicht in den eigenen fachlichen Kompetenzen entsprechenden Schultypen beschult und gefördert zu werden. Vielmehr erinnern sich Gesprächspartner*innen, dass Freund*innen sich diesen „Weg über Hauptschule, Realschule und so" erkämpfen mussten. Und ein*e Gesprächspartner*in ohne Migrationsgeschichte, deren „Äußeres" zum Anlass von Veranderung wird (vgl. Kapitel II, b), erinnert sich, häufig für „blöd" gehalten worden zu sein: „[E]s hat sehr lange gedauert, bis ich verstanden habe, als Kind quasi, warum mir manche Menschen weird begegnen. Bis ich dann irgendwann so einen Link hatte von, ahja, ich passe gerade quasi nicht in das Schema Akademiker*innen-Tochter, weil ich sehe nicht aus wie eine Akademiker*innen-Tochter."

Der Weg zum Gymnasium stellte sich für eingewanderte Gesprächspartner*innen als besondere Hürde heraus, der gegen die gegenläufige ‚Beratung' von Lehrkräften erstritten werden musste. So erinnert ein*e Gesprächspartner*in diese als „so richtig bremsend". Er*sie wurde gefragt: „‚Bist du denn sicher, dass du da [auf dem Gymnasium, Anm. d. Verf.] klarkommst?'". Ohne die dezidierte Willensäußerung – „hätte ich damals auch nicht gesagt ‚Ja doch schon'" – und die Unterstützung der Eltern wäre ihm*ihr dieser Weg nicht geglückt. In einem anderen Fall wurde das im Herkunftsland erworbene Abitur nicht anerkannt und der*die Gesprächspartner*in erinnert sich, die Lehrer*innen hätten „voll angepisst" reagiert, als er*sie sich eigeninitiativ über das Recht, mit dem Abschluss eine gymnasiale Oberstufe zu besuchen, informierte und dort anmeldete.

Schließlich konvergiert auch die letzte Hürde, von der unsere Gesprächspartner*innen auf ihrem gegen Widerstände beschrittenen Weg zum Studium berichten. Nachdem der*die eben genannte Gesprächspartner*in ein zweites Abitur absolviert hatte, wurde der Studienwunsch von einer Mitarbeiterin des Jobcenters nicht unterstützend ausgelotet, sondern infrage gestellt: „ ‚Aahh, du willst studieren? Ganz sicher? Wollen Sie nicht vielleicht Ausbildung? Hier ein paar Sachen.'" Auch an dieser vorläufig letzten Schwelle war es nötig, Widerstand und Beharrlichkeit an den Tag zu legen: „Und ich so: ‚Nein ich hab' schon einen Studienplatz'."

Dass die Gesprächspartner*innen vor diesem Hintergrund das bundesdeutsche Bildungssystem „ganz klar" als „aussiebend" erlebten, konvergiert mit Erfahrungen von geflüchteten und migrantisierten Kindern und Jugendlichen (vgl. Reimer-Gordinskaya & Schulze 2017, 38 ff.; Bitis & Borstel 2013). Auch auf interaktiver Ebene sind ähnliche Haltungen und Handlungsweisen von Lehrkräften bedeutsam wie Studien zu Bildungserfolgen im Verhältnis zu Lehrererwartungen bei Schüler*innen mit türkischer oder osteuropäischer Migrationsgeschichte zeigen (vgl. Lorenz & Gentrup 2017). Und schließlich resultieren die geschilderten Erfahrungen aus Mechanismen institutioneller Diskriminierung im Bildungssystem, wie sie ‚Migrationsandere' (vgl. Mecheril 2004) treffen (vgl. Gomolla & Radtke 2009 [2003], 265 ff.).

Die geschilderte Ausgrenzung ging in und jenseits der Schule auch mit sozialer Isolation einher. So hatte ein*e Gesprächspartner*in „über Jahre hinweg Schwierigkeiten, Anschluss zu finden", weil Mitschüler*innen ihn*sie im Gegensatz zur Zeit im Herkunftsland ausgrenzten: „Ja also ich war in, in [Herkunftsland GUS] war ich ein sehr beliebtes Kind. [...] Und hier [...] wusste [ich] wirklich auch gar nicht, an welcher Schraube ich noch drehen soll."

Die aus der GUS migrierten Gesprächspartner*innen haben aufgrund dieser Erfahrungen unterschiedliche Verhältnisse zur nicht-jüdischen Mehrheit bzw. zur Dominanzgesellschaft entwickelt. Während der*die eine anmerkt, „[i]ch wollte mich desintegrieren", betont der*die andere, „ich wollte unbedingt meinen Platz in der Mehrheit finden". Beide fanden dabei (zunächst) ähnliche Auswege, nämlich den Anschluss an ein Netzwerk ‚russisch-jüdisch-deutscher' junger Erwachsener. Diese „Anbindung an die jüdische Welt" wird von ihnen unterschiedlich bewertet. Für eine*n Gesprächspartner*in war sie „kult" und machte ihn*sie „selbstbewusster" – „also tatsächlich ist alles besser [geworden] mit der ersten Reise nach Israel".[81]

Neben den bereits vermerkten Konvergenzen in den Erfahrungen institutioneller Diskriminierung in Schule und Schulzeit liegen Divergenzen darin, dass diese Diskriminierung jüdische Kinder und Jugendliche traf, deren Recht auf Bildung ihnen zwar nicht vollends vorenthalten, aber durch besagte Diskriminierung eingeschränkt wurde. Wiederum steht die Vorenthaltung zentraler Menschenrechte dabei im Widerspruch zur in Anspruch genommenen ‚Großzügigkeit', die den einwandernden Juden*Jüdinnen zuteil werden sollte. Durch die letztlich erfolgreichen Berufslaufbahnen scheinen die Gesprächspartner*innen Anschluss an die Mehrheitsgesellschaft zu finden und sich zugleich der Dominanzgesellschaft durch ‚Desintegration' in russisch-jüdisch-deutschen Subkulturen zu entziehen.

h) Altersarmut und Wiedergutmachungsinszenierung

Die als Kinder und Jugendliche aus den GUS migrierten Gesprächspartner*innen konnten durch den gegen Widerstände erstrittenen Bildungsweg die prekären Lebensverhältnisse ihrer Kindheit hinter sich lassen und an einen Lebensstandard anschließen, den ihre Eltern in den 1980er Jahren vor der Krise in der UdSSR gehabt hatten: „Alles, was ich mir jetzt leisten kann, hab ich mir nur erträumen können", aber „[i]ch hab meine Eltern Ende der 80er nicht überholt (lacht)", meint etwa eine*r Gesprächspartner*in.

Für die Elterngeneration gilt das wiederum nicht. Vielmehr verhinderte ein Zusammenspiel aus nicht anerkannten Abschlüssen, fremdbestimmten Zuweisungen des Wohnor-

81 Der*die Gesprächspartner*in bezieht sich hier auf das von der Zentralen Wohlfahrtsstelle der Juden in Deutschland (ZWST) organisierte Programm „Taglit – Birthright", das jungen Jüdinnen*Juden eine kostenlose Gruppenreise mit Altersgenoss*innen nach Israel ermöglicht.

tes und die angespannte Situation des Arbeitsmarkes in den 1990er Jahren ihren Wiedereinstieg ins Berufsleben nach der Migration langfristig. Die in den Worten einer*s Gesprächspartner*in „hochqualifiziert[e]" Gruppe hatte in der UdSSR eine lange Erwerbsbiografie, die in der Bundesrepublik Deutschland in die Zonen der Exklusion und Prekarität mündete und gegenwärtig für viele in einer Altersarmut endet. Ein*e Gesprächspartner*in schildert die Situation folgendermaßen: „Die haben jahrelang, jahrzehntelang gearbeitet als Ärzte, als Ingenieure und so weiter und dann kommen sie hier her [...], haben sich dann durchgekämpft vielleicht hier auf dem Arbeitsmarkt [...] und bekommen 'ne Rente von 500 Euro" bzw. leben von Sozialhilfe. Diese Konstellation konvergiert mit der anderer Migrant*innen aus Herkunftsländern jenseits der EU, deren Erwerbsarbeitsjahre im Ausland ebenso wenig für die Rente in Deutschland angerechnet werden.[82] Sie divergiert von der Konstellation der ‚Spätaussieder*innen', die im gleichen Zeitraum und aus den gleichen Ländern in die BRD einwanderten. So formuliert ein*e Gesprächspartner*in: „[D]as sind Menschen, die in denselben Fabriken gearbeitet haben und in Krankenhäusern, werden aber unterschiedlich behandelt, aus welchem Grund Fragezeichen." Ein struktureller Hintergrund dieser Ungleichbehandlung liegt in der o.g. Hierarchisierung im ethno-nationalen Migrations- und Integrationsregime. ‚Spätaussiedler*innen' wurden retrospektiv als ‚im Ausland lebende Deutsche' im Sinne des Abstammungsrechts (ius sanguinis) kategorisiert,[83] die mit der Staatsbürgerschaft nicht nur die Möglichkeit der politischen Teilhabe erhielten, sondern auch Erwerbsarbeitsjahre im Herkunftsland nach dem ‚Fremdrentengesetz' für die Rente geltend machen können.[84]

Auf die prekären Lebensumstände dieser Generation jüdischer Migrant*innen machen sowohl zivilgesellschaftliche als auch parlamentarische Initiativen aufmerksam.[85] Gefordert wird die Gleichstellung mit den Spätaussiedler*innen oder eine Härtefallrege-

82 Seils (2013, 366) gibt für das Jahr 2011 eine Altersarmutsquote von 41,5% bei ausländischen im Vergleich zu 12,2% bei deutschen Staatsbürger*innen an. Dies sei bei den in den 1960er und 1970er Jahren angeworbenen Gastarbeiter*innen darauf zurückzuführen, dass sie im Herkunftsland vor der Migration selten sozialversicherungspflichtig beschäftigt, in Westdeutschland im Niedriglohnsektor tätig und zudem überproportional häufig von Erwerbslosigkeit infolge der Deindustrialisierung nach der Ölkrise betroffen waren. Erwerbsarbeitsjahre im Ausland können für Rentenbezüge in Deutschland geltend gemacht werden, wenn zwischen den Staaten ein ‚Sozialversicherungsabkommen' besteht. Dies ist für die GUS nur für die EU-Länder Estland, Lettland und Litauen der Fall (Wissenschaftlicher Dienst des Bundestages 2018, 6).

83 Dort heißt es, dass „volksdeutsch" sei, wer sich „zum deutschen Volkstum bekannt hat, sofern dieses Bekenntnis durch bestimmte Merkmale wie Abstammung, Sprache, Erziehung, Kultur bestätigt wird." (§ 6 BVFG).

84 Die Rente wird dabei so berechnet, als hätten sie ihre gesamte Erwerbsbiografie in Westdeutschland absolviert; 1996 wurden im Fremdrentengesetz Höchstbeträge festgesetzt, die auf Grundlage durchschnittlicher Gehälter in strukturschwachen Gebieten berechnet werden und somit zur Folge haben, dass viele Spätaussiedler ebenfalls unter Armut im Alter leiden (vgl. Wissenschaftlicher Dienst des Bundestages 2018, 5f.).

85 Die zivilgesellschaftliche Initiative heißt „Zedek-Gerechtigkeit" (2019). Eine Initiative aus den Fraktionen FDP, Die Linke und Bündnis 90/Die Grünen brachte das Thema im Februar 2019 in den Deutschen Bundestag ein. Der Antrag wurde in den Ausschuss „Arbeit und Soziales" weitergeleitet und scheint dort bisher ergebnislos bearbeitet oder unbearbeitet zu liegen.

lung. Bislang ohne Erfolg: „[E]s hat sich nichts bewegt. Und das ist sehr enttäuschend", zumal, so ein*e andere*r Gesprächspartner*in, die absolute Zahl der Betroffenen relativ klein und eine Gleichstellung insofern keine große finanzielle Belastung sei. Eine Regelung im Sinne der Betroffenen wäre demnach primär „ein politisches Zeichen".

Für die Betroffenen sei, so ein*e Gesprächspartner*in, das Problem vielleicht sogar weniger ein wirtschaftliches, als eines der Anerkennung. Er*sie verweist auf die „Diskrepanz [...] zwischen diesem ritualisierten Nutzen der jüdischen Präsenz hier und einer [...] absoluten Gleichgültigkeit gegenüber der Situation der Älteren, der Holocaustüberlebenden und der zweiten Generation, weil die sind auch betroffen." Dieser doppelbödige Umgang wird kritisch angesprochen: „[M]an kann nicht sagen, wir holen jetzt Leute hierher, was ja super war, und schreien jetzt an jeder Ecke und in jeder Rede, dass es jetzt sozusagen Vorzeigejuden gibt, wieder. Und uns dadurch als Land besser fühlen, aber nicht mal uns Mühe geben, um die Ecke zu gehen und mit diesen schlechtsprechenden Menschen über ihren Alltag und ihre Probleme [zu] unterhalten und zu versuchen, was zu ändern."

Insofern hat die in der Altersarmut erfahrene gesellschaftlichen Missachtung sowohl eine Dimension, die eine spezifisch-jüdische Erfahrung zum Ausdruck bringt, als auch eine, die mit anderen marginalisierten Gruppen geteilt wird und die Grundlage für die Bildung von Allianzen beim Erstreiten von Rechten sein könnte.

Dies, so berichtet ein*e Gesprächspartner*in, sei mit der Gruppe der Spätaussiedler auch versucht worden, da deren Rentenbezüge 1996 bei einer Reform des Fremdrentengesetzes erheblich gekürzt wurden (vgl. Fn. 84) und damit bei ihnen auch Interesse an einer Verbesserung der materiellen Situation besteht. „Dafür lohnt es sich, gemeinsam zu kämpfen", findet ein*e Gesprächspartner*in, berichtet aber von Zurückweisung und vermutet dahinter stehe eine Distinktion unter Berufung darauf, ‚volksdeutsch' zu sein. Im Gegensatz dazu verweist die Initiative „Zedek" auf Geteiltes: Unter Verweis auf Migrationsbewegungen im Mittelalter versucht sie aufzuzeigen, dass sowohl jüdische als auch christliche Migrant*innen aus Russland in den 1990ern „in das Land ihrer Ahnen zurück[kehrten]" und die Bundesrepublik Deutschland beide Gruppen aus „Verantwortung vor der deutschen Geschichte" aufgenommen hätte (Zedek 2019). Um sich mit weiteren Betroffenen von Altersarmut vernetzen zu können, wären ggf. geteilte Erfahrungen, Anliegen und Rechte jenseits von Zugehörigkeiten auszuloten.

i) Immer noch ‚arm, aber sexy'? Berlin aus jüdisch-migrantischen Perspektiven – 2000–2020

In den 1990er Jahren entschieden sich jüdische Migrant*innen aus der UdSSR bzw. den GUS-Staaten aus unterschiedlichen Gründen nach *Deutschland*, d.h. in die DDR bzw. vereinte Bundesrepublik, einzuwandern (vgl. Belkin & Gross 2010, 30ff.). Bereits parallel dazu, verstärkt jedoch seit den 2000er Jahren gibt es Migrationsbewegungen, die dezidiert *Berlin* zum Ziel haben. Auch unter diesen Migrant*innen befinden sich Jüdinnen*Juden. Die Entscheidung, ihr Leben (temporär) in Berlin zu verbringen, treffen sie teils aus den gleichen Gründen wie nicht-jüdische Migrant*innen, teils unter spezifischen Voraussetzungen. In jedem Fall ist Berlin für sie alle attraktiv. Und auch aus der Sicht von jüdischen Deutschen hatte und hat Berlin eine besondere Attraktivität, wie Gesprächspartner*innen deutlich machen. So ist „Berlin" für eine*n von ihnen „in Deutschland der einzige Raum [...], in dem ich mir vorstellen kann zu leben", und für eine*n andere*n „gibt's" auch in anderen Ländern „keinen Ort, an dem ich sonst leben wollen würde". In einem zeitlich weit gespannten Bogen meint ein*e andere*r Gesprächspartner*in: „[I]ch sag immer, wenn schon Provinz in Deutschland, dann Berlin", und erinnert damit vielleicht daran, dass sowohl Ost- als auch West-Berlin in der Vorwendezeit jeweils eine spezifische Anziehungskraft hatten – ob als Hauptstadt der DDR oder u.a. als Refugium vor der westdeutschen Wehrpflicht. Allerdings deutet die Bezeichnung der Stadt als „Provinz" gleichzeitig darauf hin, dass sie in den Jahren der Teilung und auch lange Zeit nach der Wende nicht mit Metropolen wie London, Moskau oder New York vergleichbar war. Vielmehr wurde sie erst im Verlauf der 1990er Jahre sukzessive heterogener und urbaner. Diese Entwicklung wird mit Blick auf die Pluralisierung jüdischer Communities an anderer Stelle beleuchtet (vgl. Kapitel III, h). Hier steht im Vordergrund, wie jüdische Migrant*innen unter den Gesprächspartner*innen die kulturellen und sozioökonomischen Verhältnisse Berlins in ihrem Wandel zwischen 2000 und 2020 wahrnehmen bzw. sich in diesen bewegen.

Vergleichsweise günstige Lebensbedingungen – in den Worten eines*r Gesprächspartner*in sei Berlin früher „saubillig" gewesen – zogen seit den 1990er Jahren junge Menschen aus unterschiedlichen Regionen der Welt an, die in der Stadt heterogene Subkulturen gestalteten und dazu beitrugen, der Stadt ein neues Image zu geben: „[V]orher war Berlin einfach – Berlin [...]. Punkt. Und dann haben alle gesagt, ‚Berlin ist so cool' und dann hat Berlin versucht ‚Berlin' zu werden.", beschreibt ein*e Gesprächspartner*in diesen Prozess. Und auf die Frage, was es denn bedeute, ‚Berlin zu sein', gebe es unterschiedliche Antworten in Hinblick darauf, an welche Stadtgeschichte angeknüpft und welche Bevölkerungsgruppen mitgedacht und mitgenommen würden: „[E]inerseits entstehen Subkulturen, die inklusiver sind, die sehr spannend sind [...]. Aber andererseits, andere Menschen haben sich ebenfalls Gedanken gemacht, und dann haben sie einfach ein Schloss von Friedrich Unter den Linden gebaut, weil sie dachten, das ist Berlin." Problematisiert wird am letzteren Projekt von dem*der Gesprächspartner*in, dass dadurch Ostberliner Stadtgeschichte architektonisch entsorgt wurde und dass jüngst mit der Entscheidung, auf dessen Kuppel eine Replik des historischen Kreuzes samt originaler Unterschriftung zu installieren, nicht nur christlich-religiöser Intoleranz, sondern auch antidemokratischen Haltungen Raum verschafft werde.[86]

86 Andreas Nachama erinnert am 28.5.2020 in der Jüdischen Allgemeinen daran, dass es „der Preußenkönig Friedrich Wilhelm IV., der sich einen Namen bei der blutigen Niederschlagung der Revolution von 1848 gemacht hatte", war, der Kreuz und Widmungsspruch anbringen ließ. Dieser laute: „Es ist kein anderer Heil, es ist auch kein anderer Name den Menschen gegeben, denn der Name Jesu, zu Ehren des Vaters, dass im Namen Jesu sich beugen sollen aller derer Knie, die im Himmel und auf Erden und unter der Erde sind."

Dabei ist Berlin als Lebensort heute für eine*n Gesprächspartner*in nicht trotz, sondern auch „wegen seiner Widersprüchlichkeit [...] total attraktiv". Diese wurde u. a. im Slogan ‚arm, aber sexy' zum Ausdruck gebracht, den der ehemalige Regierende Bürgermeister Klaus Wowereit in einem Focus-Interview im Jahr 2003 äußerte. Seitdem habe das „große Geld, das nach Berlin gekommen ist, [...] Berlin auf jeden Fall verändert" und das Leben in der Stadt teurer, ihre Bevölkerung aber mehrheitlich nicht reicher gemacht. Seit Anfang der 2000er wurde der Ruf einer „kosmopolitisch-diversen Metropole" als Standortfaktor genutzt (vgl. Lanz 2016, 538) und insbesondere in den Immobilienmarkt und die (kreative) Startup-Branche investiert, in der Erwerbsarbeitsverhältnisse oft prekär sind. So leben in Berlin etwa mehr Solo-Selbstständige als in allen anderen Bundesländern (vgl. SenIAS 2019, 14) und das Lohnniveau ist im Länder- und Landeshauptstädte-Vergleich unterdurchschnittlich (vgl. Gehaltsatlas 2019), während die Lebenshaltungskosten insbesondere durch steigende Mietpreise höher geworden sind.[87] Im globalen Maßstab bietet Berlin jedoch neben seiner kulturellen Attraktivität auch in sozioökonomischer Hinsicht teils bessere Perspektiven als in den Herkunftsländern vieler Migrant*innen. Das gilt auch für jüdische Gesprächspartner*innen, die u. a. aus den USA und Israel nach Berlin gekommen sind.

Dezidiert nach Berlin migrieren häufig Menschen im Alter zwischen 18 und 30 Jahren,[88] die gut genug Englisch sprechen, um in großstädtischen Communities sozial anzukommen, und die familiär entweder wenig gebunden, in binationalen Partner*innenschaften oder/und transnational leben[89] und in Bezug auf ihre Erwerbstätigkeit zumindest temporär flexibel oder flexibilisiert sind. Ein*e Gesprächspartner*in drückt dies so aus: „People are moving all around the world, you know, we are so lucky and privileged to really be able to basically choose where we wanna live." Dass diese Entscheidung allerdings nicht immer bzw. vollends aus freien Stücken getroffen wird, zeigt nicht nur der hohe Anteil an Migrant*innen aus EU-Ländern mit hoher Armutsgefährdung wie Bulgarien und Rumänien (vgl. Amt für Statistik 2020, 11; Eurostat 2017) bzw. Ländern mit hoher Jugendarbeitslosigkeit wie Spanien, Italien und Frankreich (vgl. Lanz 2016, 541). Ökonomische Fragen spiel(t)en auch für unsere Gesprächspartner*innen eine Rolle, und so wie andere Migrant*innen sind sie auf aufenthaltsrechtliche Voraussetzungen angewiesen. Entsprechend formuliert ein*e Gesprächspartner*in mit Blick auf eine bestimmte Gruppe von Künstler*innen in Berlin (vgl. Kapitel III, h) ein Bündel an Gründen, in Berlin leben zu wollen und zu können: „[B]ut I think that, what makes them stay, is that they feel welcome, they have enough work, they like the city, the whole issuing of visa for artists in Berlin." Dabei sind dem* der Gesprächspartner*in die beruflich prekären Verhältnisse in der Stadt bewusst, die

87 Der Tagesspiegel berichtet von Anstiegen um bis zu 150% (vgl. Kluge 2019).

88 Die große Mehrheit des Überschusses von Zugezogenen im Verhältnis zu Fortgezogenen speist sich in Berlin im Jahr 2019 wie schon in den Vorjahren aus der Altersgruppe der 18–30-Jährigen, vgl. Amt für Statistik (2020, 12).

89 „[I]ch kenne schon viel genug Paaren, die so gemischt sind sozusagen, Deutsche-Israeli als Beispiel. Ich denke, es war auch gut für ihn, ein bisschen hier zu sein, gut für die Kinder. Also, wir sind hier mit ein Kind umgezogen und zweites hier geboren. Dass sie ein bisschen von beiden Familien, beiden (lacht) Kulturen, was bekommen."

aber durch die sozio-kulturelle Attraktivität aufgewogen werden und durch auswärtige Erwerbsarbeit kompensiert werden können: „Berlin is poor but sexy. Don't find much work in the city itself, but it's a great place for being in a community, creating projects and then going out and work."

Selbstverständlich suchen die Gesprächspartner*innen in Berlin also *auch* Arbeit und sozioökonomische Perspektiven. Sie finden diese in einem urbanen Umfeld, in welchem die Lebensbedingungen im Vergleich zu anderen Metropolen des globalen Nordens einerseits (noch) günstiger sind.[90] Sie sind andererseits – bspw. in Neukölln – teilweise von der in dieser Hinsicht ‚nachholenden Entwicklung' Berlins besonders betroffen.[91] Dass einige der in jüngerer Zeit transnational nach Berlin Zugezogenen im Gegensatz zu alteingesessenen Bewohner*innen die Möglichkeit bzw. Bereitschaft zu haben scheinen, die rasant gestiegenen Mieten im Bezirk zu zahlen, führt teils zu einem Austausch unterschiedlicher Generationen von Migrant*innen in diesem Bezirk (vgl. a.a.O., 541).[92] Die Situation und Konstellation unterschiedlicher Bevölkerungsgruppen, Migrant*innen unterschiedlicher Generationen und postmigrantischer Berliner*innen, ist insofern mit Blick auf Lebenslagen und konvergente bzw. divergente Interessen *widersprüchlich* (vgl. a.a.O., 540f.).

Mit Blick auf aufenthaltsrechtliche Voraussetzungen konvergieren und divergieren die Lebenssituationen unterschiedlicher Gruppen von Migrant*innen ebenfalls. Aufenthaltsberechtigungen sind teils an Bedingungen gebunden und befristet. Manche der jüdischen Neuberliner*innen können bzw. konnten als Nachfahren von im Nationalsozialismus ausgebürgerten Personen die Wiedereinbürgerung nach § 116 des Grundgesetzes beantragen, eine Regelung, die jüngst von den Behörden praktisch wieder erleichtert wurde (vgl. Courtman 2020).[93] Für diejenigen, die diesen Status erfolgreich erlangen, sind damit eine sichere Aufenthaltsperspektive sowie politische und materielle Teilhaberechte verbunden. Diese Rechte wurden den ehemaligen Kontingentflüchtlingen vorenthalten. Ähnliche Wiedereinbürgerungsregeln gelten in ost-

90 Studien, die die Lebenshaltungskosten in Metropolen weltweit vergleichen, tun das oft aus der Perspektive transnationaler Unternehmen, die ihre ‚Expatriates' weltweit einsetzen. Vgl. exemplarisch dazu: EIU 2019.

91 So schreibt die Vernetzung der Akelius-Mieter*innen (2020) in einem Kurzdossier über eine sich aktuell organisierende Siedlung, „[i]nternational zugezogene Mieter*innen [würden] berichten, dass sie neben der üblichen Kaution Mietvorauszahlungen von 6 bis 12 Monate an Akelius leisten müssen."

92 In einer solchen Konstellation Räume zu schaffen und zu erhalten, in denen Begegnung und Verständigung dieser heterogenen und fragmentierten Stadtgesellschaft möglich sind, bedarf entsprechender Umsicht. Die ‚Werkstatt der Kulturen', in der Migrant*innen-selbstorganisationen aktiv sind und wo das selbstorganisierte Festival der Jiddisch-Community bis 2018 stattfand, musste 2019 als ein solcher Ort verteidigt werden (vgl. Migrationsrat 2019).

93 Dies gilt seit kurzem auch (wieder) für Nachfahren von Personen, die zur Zeit des Nationalsozialismus keine deutsche Staatsangehörigkeit hatten, aber zu deutschen Minderheiten in den besetzten Gebieten gehörten (vgl. Courtman 2020, 77f.). Die Wiedereinbürgerung wurde lange Zeit restriktiv ausgelegt, wodurch der im GG formulierte Anspruch der Bedingungslosigkeit unterlaufen wurde. Recherchen von Betroffenen zufolge ist dies historisch teils darauf zurückzuführen, dass NS-Funktionäre in der alten Bundesrepublik Deutschland an der Umsetzung der Regelung beteiligt waren (vgl. a.a.O., 77).

europäischen Ländern, deren Pässe den Inhaber*innen u. a. Freizügigkeit in der EU gewährleisten. Bundesweit konnten in den letzten Jahren ca. 1.000 Israelis jährlich (vgl. Courtman 2020, 75 f.) von der Möglichkeit auf Wiedereinbürgerung nach § 116 GG Gebrauch machen, und dass im Jahr 2019 918 Zuzüge von Israelis nach Berlin (vgl. Amt für Statistik 2019, 11) registriert wurden, zeigt, dass es die große Mehrheit von ihnen nach Berlin zieht.[94]

Für eine*n israelische*n Gesprächspartner*in war die Entscheidung für Berlin u. a. damit verbunden, dass es „[...] wirklich schwierig [ist] für junge Familien [in Israel, Anm. d. Verf.]". Auch die Möglichkeit, weitgehend kostenlos studieren zu können, war für die Person und ihre*n Partner*in bedeutsam: „[Person X] wollte etwas hier studieren und, also, es war auch günstiger hier zu studieren [...] und deshalb sind wir hierher umgezogen." Prekäre Lebensverhältnisse führten im Sommer 2011 zu Massenprotesten in Israel und bilden einen Hintergrund der Auswanderung bestimmter Gruppen junger Israelis (vgl. Kranz 2015).[95] Insofern konvergieren Hintergründe dieser Migration nach Berlin mit ähnlichen Erwägungen von Migrant*innen aus anderen Regionen der Welt.

Allerdings wird die Entscheidung, nach Deutschland, ins Land der Täter*innen, zu ziehen, von Teilen der israelischen Öffentlichkeit kritisch begleitet und auch unsere Gesprächspartner*innen selbst waren und sind mit ambivalenten Gefühlen aufgebrochen und angekommen: „Aber ehrlich gesagt, es war nicht mein Wunsch oder Traum nach Berlin umzuziehen oder Deutsch zu lernen. [...] Ich habe von Anfang an gemischte Gefühle gehabt, einfach, weil –, erst mal von beiden Seiten [sind in der Familie, Anm. d. Verf.] alle betroffen vom Holocaust. [...] Und besonders mein Opa war Partisan und hat die ganze Familie verloren." Die Traumata der überlebenden und mittlerweile verstorbenen Großeltern bleiben präsent und machen das Leben in Berlin widersprüchlich: „it is there in certain ways". Dass sein*ihr Umzug vor dem Hintergrund der Kontroversen in Israel und zeitgleich zur Eskalation der Gewalt im Gaza-Konflikt stattfand, führt zu einem Gefühl, zwischen den Stühlen zu sitzen: „So we felt very much in the middle, because we had like-, Israelis ‚oh these Israelis going to Berlin' and Germans saying, you know ‚Israel is so aggressive'" (vgl. zum ‚Israel-Blick' der Mehrheitsgesellschaft Kapitel I, d).

94 Dani Kranz (2015) hat die Gruppe der Israelis, die zahlenmäßig zwischen den rund 4.000 in der Meldestatistik und den oft geschätzten 30.000 Personen liegt, mit Blick auf Soziodemografie, Wanderungsmotive und Identitäten näher beschrieben.

95 „Im Herbst 2013 diagnostizierten israelische Medien eine neue Auswanderungswelle, die ihren Ausgangspunkt in den sozialen Protesten 2011 und den dabei kritisierten hohen Lebenshaltungskosten in Israel hatte" (Kranz 2015, 3). Und in einer Befragung von 200 Israelis schätzte die Hälfte die wirtschaftliche Situation in Israel als sehr wichtiges Wanderungsmotiv ein (vgl. a. a. O., 16). 2014 entwickelte sich in Israel eine – unter dem Namen eines Joghurts als ‚Milky-Way' bekannt gewordene – Debatte um den Facebook-Post eines Israelis, der die günstigen Lebensmittel anpreisend die Israelis einlädt, nach Berlin zu ziehen. Was einerseits eine Chance auf günstige Hochschulbildung oder die Möglichkeit als freischaffende*r Künstler*in zu leben bedeutete, wurde in Israel mit Sorge (vgl. Kranz 2015, 3) betrachtet und teils als Verrat an den Opfern der Shoa angesehen. Vgl. zur Milky-Way-Debatte in Israel Salloum (2014).

Neben dem Aspekt, ins Land der Täter*innen zu ziehen, erschwerte auch die Frage, wie es sei, als religiöse*r Jüdin*Jude hier zu leben, die Entscheidung für Berlin. Dabei thematisiert ein*e Gesprächspartner*in, durch den Ortswechsel aus einer Mehrheits- in eine Minderheitsposition versetzt zu werden und damit kulturelle Voraussetzungen eines selbstbestimmten, observanten Lebens zu verlieren: „You know, in Israel, if I want to go to Synagogue or do my holiday, then it's just there. I don't need to work hard to do it. [...] So I think, maybe if I wasn't religious or didn't come from a religious background maybe it would be different for me, but coming from religious community in Israel ...". Zudem schwingt mit, dass es auch darum geht, inwieweit die antisemitische Bedrohungslage ein selbstbestimmtes und sicheres Leben einschränken würde: „So I knew the whole story of like, policemen outside. It wasn't new to me coming to Berlin. But I also knew what I was coming from. So that does create mixed feelings." Gleichzeitig wird gerade Berlin als Ort beschrieben, an dem es im Vergleich zu anderen Städten in der Bundesrepublik eine Auswahl an Gemeinden und jüdischen Einrichtungen gäbe, was die Entscheidung wiederum positiv beeinflusste: „[W]ir sind auch religiös und das ist nicht so einfach in Deutschland. Allgemein in Deutschland. Wir haben besonders Berlin gewählt wegen der jüdischen Gemeinde. Also weil wir kennen andere Städte und da sind die Gemeinden noch kleiner und wir wollten ein bisschen Möglichkeiten haben, wenn wir zur Synagoge gehen oder Schulen suchen oder so was. Und deshalb haben wir Berlin gewählt. Als Stadt." Auch von anderen Gesprächspartner*innen wird auf die Ausdifferenzierung der Gemeindestrukturen verwiesen, die auch im Bereich Queerness zu größerer Inklusivität führe (vgl. Kapitel II, j).

Dass viele Gesprächspartner*innen von sich sagen, nicht nur nach Berlin gekommen, sondern hier auch angekommen zu sein, wird darauf zurückgeführt, sich in der Stadt allgemein wohl und willkommen zu fühlen. So meint etwa ein*e Gesprächspartner*in, der*die zuvor in Osteuropa und Israel gelebt hat: „I'm an immigrant from the age of thirteen and even before that I was not exactly [Nationalität Herkunftsland], but I also was Jewish, so kind of my whole life I don't belong (lacht) to the place, where I am, you know, it was like, I don't know, a stranger wherever I am. But actually in Berlin I feel, of course I will never be German, but I feel like- things are- I feel save and relaxed and I feel welcome, you know".

Ganz ungebrochen bleibt dieser Eindruck indes nicht. So beobachten US-amerikanische Gesprächspartner*innen, wie sehr trotz allem kulturellen Wandel in Richtung eines Selbstverständnisses als Migrations- bzw. postmigrantische Gesellschaft die Frage der Zugehörigkeit durch das Abstammungsdenken eingeschränkt bleibt: „[L]ike people who'd been here a long time, but are not German, it's like they'll never be German, right. And even people who were born here, but maybe have Turkish parents, are not German." In den USA gelte im Gegensatz dazu: „maybe you would have like a hyphen-identity for a little bit like the first generation will be considered like Asian-American or you know, Italian-American or whatever it is, but the next generation is just American, it doesn't pass down."

Berlin ist für die jüdischen Migrant*innen unter den Gesprächspartner*innen aus ähnlichen Gründen attraktiv, wie für andere Gruppen von Migrant*innen, die es seit dem Milleniumswechsel in die Stadt zog. Die urbanen Verhältnisse bieten in kultureller Hinsicht berufliche Anknüpfungspunkte für Künstler*innen, und, insoweit das Selbstverständnis als postmigrantische Stadtgesellschaft trägt, auch die Möglichkeit, sich angekommen und zugehörig zu fühlen. In sozioökonomischer Hinsicht profitiert Berlin davon, dass Prozesse der Prekarisierung in anderen Großstädten und Herkunftsländern in und jenseits von Europa noch deutlicher um sich greifen und soziale Gegenbewegungen die Verwerfungen bislang nicht nachhaltig mildern konnten, so dass die Stadt etwa jungen Familien relativ günstigere Lebensumstände bietet. Zugleich sind sie von der Verteuerung der Lebenshaltungskosten insbesondere durch steigende Mieten betroffen. Aufenthaltsrechtlich und mit Blick auf politische, soziale und materielle Teilhabemöglichkeiten sind die Lebenslagen unterschiedlicher Gruppen jüdischer Migrant*innen teils gesichert, teils unsicher bzw. befristet. Schwierig und widersprüchlich ist das Leben in Berlin für jüdische Migrant*innen auch insofern, als sie in eine postnationalsozialistische Gesellschaft versetzt werden, in der die Shoa sowie aktueller Antisemitismus u. a. als (potenzielle) Gefahr präsent sind. Zugleich bietet Berlin eine relative Vielfalt jüdischer Gemeinden, Institutionen und Communities, die es im Bundesvergleich relativ gut ermöglichen, unterschiedliche jüdische Zugehörigkeiten im Alltag zu leben.

Ob und, wenn ja, wie bzw. inwieweit es praktisch gelingt, gemeinsame Anliegen unterschiedlicher Gruppen von jüdischen und nicht-jüdischen Migrant*innen etwa im Sinne der Vision von ‚urban citizenship' zu formulieren, bleibt offen. Dabei wäre darauf zu achten, Divergenzen nicht zu negieren und spezifische Bedarfe jüdischer Migrant*innen aufzunehmen.

j) Feministisch-Jüdisch-Queer: Inklusion, Abwehr – Solidarität?

Plurale (jüdische) Zugehörigkeiten bedeuten im positiven Sinne, Teil heterogener bzw. unterschiedlicher Communities sein zu können, zugleich aber auch, mit verschiedenen Formen von Diskriminierung konfrontiert zu sein. Welche (Aspekte) der eigenen Zugehörigkeiten in diesem Verhältnis zwischen Selbstbestimmung und Fremdbestimmtheit (situativ oder in biografischer Perspektive) als relevant empfunden werden, variiert dabei. So formuliert diese*r Gesprächspartner*in mit Blick auf seine*ihre Gegenwart: „I am much more interested in queer things than in jewish things", u. a., „because it allows to people of different ethnicities to work together and it is not an issue of Jews or Non-Jews, but of the kinds of Queers". Diese Erfahrung von und Hoffnung auf inklusive queere Communities und solidarisches Handeln für Anerkennung und Teilhabe von LGBTIQ* und Frauen* hat mit Blick auf jüdische Berliner*innen eine längere Geschichte. So hat es seit den 1970er Jahren und bis in die Gegenwart Versuche gegeben – bzw. gibt es sie auch gegenwärtig –, jüdische Frauen, Lesben, Schwule, Trans- und Interidente, non-binary-People – hier kurz: Queers – zu empowern, ihre Anliegen und Forderungen zu vertreten und sich damit auch für die Sichtbarkeit und Anerkennung pluraler jüdischer Zugehörigkeiten in der Mehrheitsgesellschaft einzusetzen. Diese

Geschichte von Versuchen, feministisch-jüdisch-queere Brücken zu schlagen, fällt aus der Sicht von Gesprächspartner*innen und Zeitzeug*innen widersprüchlich aus.

Die heutigen Akteur*innen knüpfen mit ihren Initiativen auch an Traditionen an, die mit der Shoa und dem Nationalsozialismus abgerissen wurden. So bezieht sich ein*e Gesprächspartner*in etwa darauf, dass „sehr viele jüdische Frauen [...] sehr stark in der ersten Frauenbewegung [waren]. [...] Sowohl in den verschiedenen Parteien als auch in lesbischen Zirkeln, als auch in Zeitschriften, in Kunst und Kultur, aber auch in der Wissenschaft. [...] Die Mehrheit dieser Aktivist*innen ist aber entweder in der Shoa ermordet worden oder ist ins Exil gegangen und damit gibt es einen großen Bruch." Und ein*e andere*r Gesprächspartner*in weist darauf hin, dass dieses „Verständnis von sexueller und geschlechtlicher Vielfalt", das vor dem Zweiten Weltkrieg insbesondere in Berlin existierte, insgesamt verloren ging: „Es gab sehr viel liberaleres Gedankengut [...] und diese ganzen Bänder die damals ausgelegt wurden, sind alle zerschnitten worden 1933 bis 45 und danach aber auch nie wieder aufgenommen worden." Gesprächspartner*innen, die sich gegenwärtig in Initiativen für die Räume und Rechte von (jüdischen) LGBTIQ* engagieren, wollen diese Fäden wieder aufnehmen.

Als vordergründiges Anliegen formulieren verschiedene Gesprächspartner*innen in ähnlicher Weise, dass es darum ginge, Räume zu schaffen, in denen „queere Jüd*innen zueinander finden können", um „offen auch über ihre Erfahrungen [zu] sprechen". Und mit Blick auf die Geschichte verschiedener Initiativen für die Rechte von Frauen und LGBTIQ* hält er*sie fest, dass es „vielleicht so 'ne Kontinuität [sei], die sich bei all den Brüchen und Widersprüchen doch zeichnen lässt, dass wir eben versuchen Räume aufzubauen, in denen sich die Menschen wohlfühlen können".

Mitgemeint ist dabei ein historischer Vorläufer aus jener Zeit, in der gerade in feministischen Zusammenhängen ‚Intersektionalität' avant la lettre Thema und Anliegen war. So ging es dem lesbisch-feministischen Shabbeskreis[96] als Zusammenschluss jüdischer und nicht-jüdischer Frauen darum, über „Frauen, Lesben und Judentum" (FFBIZ[97]) zu sprechen. Eine der Gründer*innen wollte „Gleichgesinnte [...] finden" und sie[98] habe dort „endlich" einen Ort gefunden, um „beide Elemente" ihrer Persönlichkeit, nämlich „Feminismus und Judentum", verbinden zu können (ebd.).[99] Die damit indirekt angesprochene Erfahrung, in anderen Szenen zwischen den Stühlen zu sitzen und demgegenüber unterschiedliche Aspekte pluraler (jüdischer) Zugehörigkeiten integrieren zu

96 Deborah Antmann (2019) schätzt den Shabbeskreis als „die erste feministische Gruppe im Nachkriegsdeutschland" ein, die „eine jüdische Perspektive in den Mittelpunkt rückte und den Antisemitismus innerhalb der Frauen- und Lesbenbewegung thematisierte".

97 Zitiert wird aus unserer Mitschrift eines biografisch-narrativen Video-Interviews mit Jessica Jacoby, das vom Team des feministischen Dokumentations- und Informationszentrums FFBIZ durchgeführt wurde und dort einsehbar ist.

98 Die Person bezeichnet sich in dem Video-Interview als cis-weiblich.

99 Sie hatte zuvor einen jüdischen Diskussionszusammenhang mitgegründet, der „den Diskurs zu Israel aus jüdischer Perspektive mit dem Slogan ‚Nicht in meinem Namen' kritisch begleiten" wollte. In dieser Gruppe sei sie von der „Homophobie genervt" gewesen (FFBIZ).

wollen, kennzeichnet auch aktuelle Initiativen. So meint ein*e Gesprächspartner*in, man habe Orte schaffen wollen, an denen „man eben nicht sein queeres Dasein, sein jüdisches Dasein an der Garderobe abgeben muss, sondern [...] man einfach man selbst sein kann".

Die Resonanz unter Juden*Jüdinnen und in jüdischen Communities war und ist dabei positiv. So waren zum ersten Treffen des Shabbeskreises 1984 mehr Frauen gekommen als erwartet: Ein*e Gesprächspartner*in bezeichnet das erste Treffen ihrer*seiner Initiative als „SEHR wahnsinnig spektakulär", weil es viel größeren Zulauf bekommen habe als angenommen, und ein*e weitere Gesprächspartner*in berichtet, dass „aus den jüdischen Institutionen heraus ein sehr großes Interesse" bestehe. Queere Jüdinnen*Juden wüssten nun und anders als früher, an wen sie sich mit ihren Anliegen „speziell wenden" können, „mit wem [sie] sprechen können". Insgesamt erleben die Gesprächspartner*innen eine dynamisch-progressive Entwicklung in Bezug auf Themen „sexueller und geschlechtlicher Vielfalt" in den jüdischen Gemeinden und Communities und nehmen erfreut zur Kenntnis, dass es in Berlin bspw. „mittlerweile ordinierte modern-orthodoxe Rabbinerinnen" oder auch „die Jewish Orthodox Feminist Alliance" gebe.[100] Und während jüdische Gemeinden und Communities in Berlin demnach im feministisch-jüdisch-queeren Sinne inklusiver werden, stoßen entsprechende Initiativen in der nicht-jüdischen Mehrheitsgesellschaft auf weniger Resonanz. Dabei zeichnen sich Kontinuitäten zwischen Erfahrungen von Akteur*innen der 1980er und Akteur*innen der Gegenwart ab.

So wurde und wird jüdische Zugehörigkeit im nicht-jüdischen Umfeld etwa als eine bestimmte Form von religiöser Identität missverstanden: Judentum wurde „mit Männern und so mit dem Patriachat identifiziert" und daher „auch der Shabbeskreis als homogen, jüdisch-orthodox missgedeutet" (FFBIZ). Einer*m Gesprächspartner*in zufolge seien die Frauen aufgefordert worden, sich zwischen Judentum und Feminismus zu entscheiden: „[I]hr seid zu aufgeklärt, legt euer Judentum ab und ihr könnt feministisch sein". Hierin komme, so diese*r Gesprächspartner*in, ein „gewisse[s] Verständnis von Universalismus" zum Ausdruck, „das aber ein christlich-partikularistische[s]" ist, in dem „sich auch schon die Ausgrenzung von Minderheiten eben mit versteckt". So wie eine Akteurin des Shabbeskreises betonte, Judentum sei für sie nicht nur ein Glaube, sondern „Wissen, Kultur und Geschichte" (FFBIZ), versteht die Initiative eines*einer Gesprächspartner*in sich „erstmal nicht per se religiös". Erklärt wird auch, dass „die Mehrheit [...] halt überhaupt nicht religiös [ist] oder zumindest nich' in 'nem christlichen Sinne religiös" und dass „im Judentum [...] Religion auch nicht zwangsläufig

100 Eine* zivilgesellschaftliche Expertin* äußert die Einschätzung: „Und ich glaube, dass [es] 'ne ganze Reihe von jüdischen Frauen in dieser Stadt gibt, die wünschten sich- religiös gesehen- mehr Synagogen, die egalitär sind. [...] Gibt noch egalitäre Minjanim, mehrere, die egalitär sind oder von Frauen geleitet. Da gibt es ganz sicher immer noch Bedarf." Entsprechend meint eine* Expertin* des Alltags: „Und hab dann weniger in der Synagoge, weil das immer so 'n bisschen 'ne schwierige Frage ist, wo gehst du hin. [...] Wenn da Männer und Frauen zusammensitzen können, sind dir die Leute sympathisch. [...] Hab' ich ehrlich gesagt in Berlin für mich nie wieder so 'ne Synagoge gefunden, wo ich so dachte: ‚Ah ja, da gehe ich gerne hin!'"

irgendwie Glauben an Gott [heißt]. So. Das unterscheidet dies sehr stark von anderen", insbesondere christlichen Vorstellungen von Religion.[101] Entsprechend meint ein*e Gesprächspartner*in, der*die sich zwar als „durchaus säkularer Mensch" bezeichnet, aber auch als „gläubig" und sich „so mittelmäßig schlampig an die Vorschriften [seiner*ihrer] Religion" haltend, ihm*ihr begegneten innerhalb linker Bewegungen immer wieder Aversionen bei Erwähnung jüdischer Praxis: „[W]eil Menschen, die an Gott glauben, innerhalb der Linken meistens als Spinner gelten, und das eigentlich so ein bisschen wie juckender Hautausschlag empfunden wird. Das möchte man selbst nicht bekommen."

Neben diesem Verständnis von Säkularität und Universalismus, das um seine christliche Prägung nicht weiß, ist der Brückenschlag in die nicht-jüdische Mehrheitsgesellschaft aufgrund des ‚Israel-Blicks' (Kapitel I, d) erfahrungsgemäß seit geraumer Zeit schwierig bis unmöglich. Dabei berichtet ein Mitglied des Shabbeskreises, dass dies in ihrer Erfahrung nicht immer so war: „Mit Israel identifiziert oder darauf reduziert zu werden" (FFBIZ), sei ihr Anfang der 1990er Jahre im Kontext von Diskussionen um den Golfkrieg erstmals und seitdem „recht häufig" begegnet (FFBIZ). Jüngere Gesprächspartner*innen berichten, es sei zwar „'n bisschen absurd" und auch „jedes Mal wieder 'n bisschen erschreckend", aber es sei „nicht so einfach" bzw. sogar „extrem schwierig" und „vielleicht auch angstbesetzt", „als jüdische Organisation in queer-feministische Kreise" zu kommen. Grund dafür sei die „sehr starke Polarisierung zum Thema Israel". So werde von jüdischen Gruppen eine Distanzierung von Israel verlangt, auch wenn deren Anliegen sich auf (jüdische) Frauen und LGBTIQ* in Berlin bzw. der Bundesrepublik Deutschland beziehen. Und teils, so berichtet ein*e andere*r Gesprächspartner*in, gerate man in Bündnissen in die Nähe von Sympathisant*innen offen antisemitischer Gruppen wie „Hamas oder mit der PFLP". Für Gesprächspartner*innen liegt hier eine Grenze: „Also d- sorry das geht einfach nicht, dass man sich mit Antisemiten in der Form solidarisiert, um sich dann irgendwie gegen Rassismus einzusetzen. Also das Bild ist schief". Dass es „in Deutschland gerade dort, wo beispielsweise BDS auftaucht, wiederholt zu diesen Ausschlüssen eben kommt", davon zeugten mittlerweile „ganze Buchbände". Jüdische Initiativen erfahren aber auch Solidarität gegen Antisemitismus aus dem nicht-jüdisch-queeren Umfeld. So reflektiert diese*r Gesprächspartner*in aus nicht-jüdischer Perspektive das Auseinanderbrechen eines queeren Bündnisses und meint, dass mit dem „Label [...] Antirassismus" der „Fokus" auf „Israel als das zu kritisierende Element" verengt wurde (vgl. Kapitel III, m).

Unsere Gesprächspartner*innen machten auch andere Erfahrungen innerhalb der nicht-jüdischen Mehrheitsgesellschaft. So berichtet ein*e Gesprächspartner*in von der Begegnung mit einer Initiative, die „Queerfeminismus und 'ne klare Antisemitismuskritik zusammen" bringt, und schöpft Hoffnung aus der Begegnung: „[D]as war für mich einfach das Gefühl, das sind so die Menschen, wo ich weiß so, da kann man

101 Dies erschwere manchmal auch den ‚interreligiösen Dialog'. Andererseits waren es christlich-feministische Pfarrer*innen, die den Anliegen des Shabbeskreises auf der Berliner Lesbenwoche offen und interessiert begegneten und mit denen es Ansätze der Zusammenarbeit gab (FFBIZ).

Allianzen aufbauen." Andere „diskutieren gerade, welche Allianzen und Bündnisse" es braucht.

k) Ostdeutsch-jüdische Erfahrungswelten: Neue Blicke auf Geschichte und ihre Gegenwart

In der bundesweit einmalig ost-westdeutschen Stadt Berlin sind in den jüdischen Communities auch spezifisch ostdeutsche Geschichtserfahrungen präsent, die von unseren Gesprächspartner*innen in unterschiedlichen Zusammenhängen angesprochen wurden. Neben der retrospektiven Sichtbarmachung von Antisemitismus in der DDR (vgl. Kapitel III, d) und der besonderen Bedeutung des Jüdischen Kulturvereins (JVK) für die Einwanderung von Juden*Jüdinnen aus der ehemaligen UdSSR (vgl. Kapitel III, a) in die DDR und Bundesrepublik Deutschland sprechen die Gesprächspartner*innen auch andere Aspekte dieses deutsch-jüdischen Erbes in Berlin an.

So rekapitulieren sie die unterschiedliche Geschichte der Anwesenheit von Juden*Jüdinnen in Ost- und Westdeutschland nach 1945, sprechen über damit einhergehende Herausforderungen der Nachwendezeit und meinen, dass diese Geschichte auch bedeutsam für die Gegenwart ist: „Antisemitismus gab es zur Genüge in der DDR. Auch und vor allem, weil es im System nicht verarbeitet wurde, nicht besprochen wurde. Aber zu übersehen, dass Jürgen Kuczynski, Anna Seegers, Wolf Biermann, Jurek Becker, Thomas Brasch, Barbara Honigmann, Thomas Nolden und, und, und, und also wirklich von der kleinsten Zelle in Hohenschönhausen bis zum ZK und Politbüro prominent jüdisch besetzt war? Es hat auf jeden Fall eine Bedeutung". Dass „fast 5.000 Juden explizit zurück in die SBZ DDR also zurückgekehrt sind, um ‚den besseren deutschen sozialistischen Staat' aufzubauen", verweise darauf, dass „die DDR auch eine alternative Perspektive auf die deutsch-jüdische Geschichte" zu werfen erlaube. Diese*r Gesprächspartner*in hofft, „dass die Diskussion über die DDR in jüdischem Zusammenhang[102] eine Einladung ist, auch an die nicht-jüdischen Deutschen, die deutsch-jüdische Geschichte oder generell die deutsche Nachkriegsgeschichte noch einmal anzugehen und zu hinterfragen."

Dabei wird von den Gesprächspartner*innen ein für die aktuelle Debatte nicht nur um ‚Allianzen' wichtiger Aspekt thematisiert, nämlich die in anderem Kontext (Kapitel II, j) bereits angesprochene Frage nach dem Verhältnis von Partikularismus und Universalismus. So meint ein*e Gesprächspartner*in zum Umgang der Remigrant*innen mit ihren jüdischen Zugehörigkeiten: „[I]n der DDR war das eine komplett andere Richtung [als in Westdeutschland, Anm. d. Verf.]. Das Judentum wurde abgestreift, ‚wir sind keine Juden, wir sind sozialistische Deutsche', und ‚der Sozialismus ist auch die schöne rote Brücke, über die wir zurück zum deutschen Gemeindewesen finden können' – oder

102 Der*die Gesprächspartner*in verweist dabei auf Charlotte Misselwitz (2020), die ihrer Replik auf Micha Brumlik (2020) den Titel gibt: ‚Als ob wir nichts zu lernen hätten von den linken Juden der DDR …'.

nicht. Die Diskussion kann man auch führen." Vor dem Hintergrund solcher Erfahrungswelten schildert ein*e Gesprächspartner*in seine*ihre Befürchtung, dass gerade in den Handlungsfeldern, in denen das Projekt einer postmigrantischen Gesellschaft und die Suche nach Allianzen verortet sind, eben nur bestimmte, dorthin ‚passende' Formen jüdischer Zugehörigkeit einbezogen werden könnten. Mit Blick auf die bereits angesprochene Bedeutung von Orten, an denen verschiedene und fragmentierte Gruppen zusammenkommen, und wo auch jiddische Kultur gelebt wird, meint er*sie: „Das mit dem Jiddischen ist schön", aber „wenn man dann jiddische Musik hören will und [...] von denen [sind] auch nur die Hälfte Juden [...], wenn's hoch kommt, aber dann gleich mit dem Anspruch darauf, gleich zu beurteilen, dass Universalismus alles und Partikularismus gar nichts is'", sei das (nicht nur) für ihn*sie ein Problem. Insofern wäre dies ein Appell, partikulare und universelle Aspekte jüdischer Zugehörigkeiten und Erfahrungswelten in Berlin aufleben zu lassen.

Zusammenfassung: Plurale (jüdische) Zugehörigkeiten – Diskriminierung, Inklusion, Heterogenität

In diesem Kapitel II ist die Pluralität von (jüdischen) Zugehörigkeiten, die von Berliner*innen gelebt werden, in einer gewissen Bandbreite – nämlich mit Blick auf Migrationsgeschichte, Feminismus/Queerness und ostdeutsche Herkunft – sichtbarer geworden.

Mit den in diesen Hinsichten pluralen Zugehörigkeiten geht das Engagement zivilgesellschaftlicher Akteur*innen für die Inklusion von Heterogenität sowohl in jüdischen als auch in nicht-jüdischen Communities, also für die Gestaltung diverser Alltagskulturen, einher. Zudem ist deutlicher geworden, wie komplexe Formen der Diskriminierung etwa (ehemalige) jüdische Migrant*innen treffen können, wenn strukturelle, institutionelle und interaktive Dimensionen von bundesdeutschen Migrations- und Integrationsregimen sich mit Prekarisierung und (Folgen von) Antisemitismus verknüpfen. Dass und wie Akteur*innen mit ihren Anliegen in der nicht-jüdischen Mehrheitsgesellschaft auf Grenzen stoßen und wie inklusivere Zusammenschlüsse gelingen könnten, ist am Beispiel feministisch-jüdisch-queerer Mobilisierung thematisiert worden. Schließlich konnte auch gezeigt werden, dass die Pluralität jüdischer Zugehörigkeiten und die Verknüpfung von Diskriminierung eine Herausforderung für die Berliner Beratungslandschaft und das bundesdeutsche Antidiskriminierungsrecht darstellen.

Im Einzelnen können die Leitfragen wie folgt beantwortet werden:

*Wie stellt sich aus der Sicht von Akteur*innen das Verhältnis zwischen pluralen (jüdischen) Zugehörigkeiten, verknüpfter Diskriminierung und Intersektionalität dar?*

Intersektionalität ist ein Begriff, der eine der Sache nach ältere Problematik bezeichnet: nämlich die Schwierigkeit und Kunst, Communities und soziale Bewegungen *inklusiv* zu gestalten. Dies war und ist mit Blick auf jüdische Berliner*innen in vielerlei Hinsicht nicht der Fall, so dass sie sich mit ihren Erfahrungen von antisemitischer und verknüpfter Diskriminierung aus solchen Kontexten ausgeschlossen sahen und sehen. Zugleich sind bestimmte Konzepte von Intersektionalität nicht nur nicht dazu geeignet, angemessenere Analysen, Repräsentations- und Handlungsstrategien zu entwickeln, sondern fungieren im Sinne eines Mechanismus, der jüdische Erfahrungswelten ausblendet, und Juden*Jüdinnen ausschließt oder gar antisemitisch markiert. Der Sache nach sind jedenfalls in spezifischen Kontexten Strategien gefordert, die jüdische Berliner*innen mit ihren pluralen Zugehörigkeiten nachhaltig(er) inkludieren und Antisemitismus kritisch(er) begegnen. Ob entsprechende Praktiken, Konzepte und Analysen als ‚intersektional' bezeichnet werden, ist demgegenüber nachrangig, gleichwohl können Intersektionalitätskonzepte antisemitismuskritisch weiterentwickelt werden.

*Welche Blindstellen und Ausschlüsse bestehen aus der Sicht von Akteur*innen in relevanten Handlungsfeldern hinsichtlich von Perspektiven und Anliegen jüdischer Communities?*

In der Berliner Beratungslandschaft ist der Mangel an Anlaufstellen für Menschen, die von Antisemitismus betroffen sind, entdeckt und überwunden worden; eine aktuelle Herausforderung besteht darin, Diskriminierungen von Juden*Jüdinnen, die mit Antisemitismus verknüpft sind oder unabhängig von diesem erfahren werden, kompetent aufzufangen. Im bundesdeutschen Antidiskriminierungsrecht ist es teils schwierig, antisemitische Diskriminierung geltend zu machen, obwohl das AGG den Diskriminierungsschutz des Grundgesetzes hatte ausweiten sollen. Insoweit feministisch-jüdisch-queere Initiativen Netzwerke und Allianzen in der nicht-jüdischen Zivilgesellschaft entwickeln (wollen), begegnen Akteur*innen Forderungen, sich von Israel zu distanzieren oder mit antisemitischen Organisationen zu solidarisieren, so dass hier Ausschlüsse von Juden*Jüdinnen produziert werden. Mit Blick auf Debatten um institutionelle und strukturelle Diskriminierung von Menschen in bundesdeutschen Migrations- und Integrationsregimen ist der Einbezug von Perspektiven und Interessen unterschiedlicher Gruppen und Generationen jüdischer Migrant*innen bislang nicht wahrnehmbar präsent. Schließlich wird auf die Schwierigkeit verwiesen, dass Juden*-Jüdinnen aus einer säkularen Mehrheitsperspektive in einer Weise als religiös gelesen werden, die einer unbewusst-christlichen Tradition entspringt und in einer problematischen Entgegensetzung von Partikularismus und Universalismus mündet. Befürchtet wird, dass eine entsprechende Engführung jüdischer Zugehörigkeiten der Preis für Allianzen und Bündnisse sein könnte.

*Inwieweit lassen sich aus der Sicht von Akteur*innen Perspektiven und Anliegen jüdischer Communities inklusive von Antisemitismuskritik in komplexe Strategien für Teilhabe und Anerkennung einbeziehen?*

In jüdischen Communities stoßen feministisch-jüdisch-queere Initiativen, die plurale Zugehörigkeiten repräsentieren und Anliegen spezifischer Gruppen ansprechen, auf Resonanz. Teilweise ist dies auch in der nicht-jüdischen Mehrheitsgesellschaft der Fall. Das Problem, antisemitische Diskriminierung im Rahmen des AGG teils nicht geltend machen zu können, sowie die Forderung nach einem ‚postkategorialen' Herangehen sind mit dem Berliner LADG überwunden bzw. aufgenommen worden. Feministisch-jüdisch-queere Initiativen finden Anknüpfungspunkte für die Entwicklung inklusiverer Communities in der nicht-jüdischen Zivilgesellschaft insoweit, als dort Antisemitismus wahrgenommen und diesem (selbst-)kritisch begegnet wird. In migrationspolitischen und rassismuskritischen Feldern wird bislang wenig berücksichtigt, dass Jüdinnen*Juden teils von ähnlichen Effekten bundesdeutscher Migrationsregime betroffen sind, Aspekte ihrer Lage dabei aber spezifisch sind. Der Versuch, auf die prekäre Lebenslage ehemaliger Kontingentflüchtlinge in einer inklusiven Art und Weise hinzuweisen und eine politische Antwort auf die Altersarmut der Betroffenen zu erwirken, ist gemacht worden – und harrt bislang einer solidarischen Reaktion aus Politik und Zivilgesellschaft. Und: 30 Jahre nach dem Mauerfall wird die kritische Auseinandersetzung mit Antisemitismus in der DDR einerseits fortgesetzt, andererseits wird auch aus jüdischen Communities heraus dazu aufgefordert, die jüdisch-ostdeutsche Geschichte nicht nur unter diesem Aspekt zu betrachten, sondern deren Spezifika differenzierter auszuloten und in die zunehmend reflexive Auseinandersetzung mit der DDR-Geschichte und dem Erbe der DDR einzubringen. Heute sind Jüdinnen*Juden aus Ost- und Westeuropa, Israel, den USA und anderen Teilen der Welt Teil einer postmigrantischen Konstellation in Berlin und teilen mit anderen das Interesse, die Stadt als Ort des Ankommens, Bleibens und Zusammenkommens (in sozialer, politischer und künstlerischer Hinsicht) mindestens zu erhalten. Diese eher explorativen Betrachtungen zu Möglichkeiten und Herausforderungen zivilgesellschaftlichen Engagements für eine ‚Gesellschaft der Vielen', die jüdische Berliner*innen selbstverständlich einbezieht, wird in kommenden Schwerpunkten der Aktivierenden Befragung im Berlin-Monitor – Prekarisierung, Rassismen, Heteronormativität – vertieft.

III. Gemeinsam gegen Antisemitismus, für Vielfalt und Demokratie?

Einleitung

In Kapitel I (h–k) sind Umgangsweisen mit bzw. Gegenwehr gegen Antisemitismus auf individueller, kollektiv-informeller und kollektiv-professioneller Ebene beschrieben worden. Und in Kapitel II wurde auf Strategien gegen Diskriminierungsformen eingegangen, die in der Lebenswelt von jüdischen Berliner*innen teils mit Antisemitismus verknüpft sind und teils unabhängig von diesem erfahren werden. Beide Stränge der Mobilisierung demokratischer Kräfte in und aus jüdischen Communities heraus stärken die demokratische Zivilgesellschaft Berlins. In Kapitel III wird nun die Frage verfolgt, inwieweit diese Mobilisierung gegen Antisemitismus, für selbstbestimmtes jüdisches Leben in seiner Pluralität sowie gegen verknüpfte Diskriminierung in der nicht-jüdischen Zivilgesellschaft auf Resonanz stößt.

Hintergrund ist, dass durch die Bildung von Netzwerken, Allianzen und Bündnissen im Sinne ‚transversaler Politiken' (Yuval-Davis 1999)[103] kollektive Handlungsfähigkeit in einer Größenordnung entwickelt werden kann, die auch institutionelle und strukturelle Dimensionen von Antisemitismus sowie anderer Formen der Diskriminierung effektiv und nachhaltig dekonstruieren, ein auch für Juden*Jüdinnen inklusiveres Berliner Alltagsleben eröffnen und die Spielräume demokratischer Alltagskultur nicht nur verteidigen, sondern auch ausweiten könnte.

Wenngleich wir uns darüber im Klaren waren, dass solche Fragen sich in den Communities ggf. (noch) nicht oder in einer anderen Weise stellen, konnten wir erst im Nachhinein besser verstehen, welche lange Vorgeschichte es ermöglicht hat, dass Akteur*innen überhaupt beginnen konnten, sich diesen Herausforderungen zu widmen. Zu dieser Vorgeschichte gehören die ReKonstruktion jüdischer Lebenswelten in

103 Nira Yuval-Davis (1999, 95f.) wendet sich mit diesem Konzept einerseits gegen assimilatorisch-universalistische Vorstellungen sowie andererseits gegen essenzialistische, homogenisierende Formen der Identitätspolitik. Sie geht im Sinne epistemologischer Standpunktheorien davon aus, dass die Welt sich von unterschiedlichen Positionen aus betrachtet unterschiedlich darstellt, Wissen aus *einer* Perspektive daher ‚unvollständig' ist und wir uns einer ‚Wahrheit' nur durch Dialog und die Vermittlung unterschiedlicher Perspektiven annähern können. Transversale Politiken müssten Differenzen der sozialen, politischen und ökonomischen Machtverteilung im Blick haben und auf Gleichheit hin orientieren. Wir verstehen ihr Anliegen so, dass sie Kämpfe um Anerkennung und Umverteilung (Fraser & Honneth 2003) als *miteinander verbunden* und *verbindbar* betrachtet, ohne zu unterschätzen, welcher Anstrengungen dies bedarf und dass dies aus vielerlei Gründen scheitern kann.
Wichtig ist auch, dass Yuval-Davis mit diesem Konzept zwischen Subjektpositionen (positionings), Zugehörigkeiten (identities) und Interessen (values) unterscheidet. So wird erkennbar, dass Menschen, die sich einer bestimmten Gruppe zugehörig fühlen und in bzw. mit ihr Politik machen, entlang von Klasse, Geschlecht usw. unterschiedlich positioniert sein können. Umgekehrt können Menschen ähnlicher Subjektpositionen und Zugehörigkeiten unterschiedliche oder gegensätzliche Interessen vertreten.

den 1990er Jahren sowie ein seitdem andauerndes Bemühen, Antisemitismus als eigenständiges und aktuelles Problem ins Bewusstsein der nicht-jüdischen Berliner Zivilgesellschaft zu heben.

Vor diesem Hintergrund werden die im Titel angedeuteten drei Leitfragen dieses Kapitels um eine Frage ergänzt:

- Welche Voraussetzungen wurden seit den 1990er Jahren geschaffen, so dass heute die Frage nach gemeinsamem Handeln gegen Antisemitismus, für Vielfalt und Demokratie aus jüdischen Communities und Perspektiven gestellt werden kann?
- Wie steht es aus der Sicht von Akteur*innen um die (Geschichte der) Resonanz und Solidarisierung im Einsatz gegen Antisemitismus in der nicht-jüdischen Berliner Zivilgesellschaft?
- Inwieweit gelingt es aus der Sicht von Akteur*innen, jüdische Communities und Perspektiven einschließende Allianzen in Berlin zu entwickeln?
- Inwieweit gelingt es, Bündnisse gegen Antisemitismus, für einen inklusiveren Alltag und mehr Teilhabe zu entwickeln, um die demokratische Alltagskultur Berlins insgesamt zu vertiefen?

Die Darstellung orientiert sich im Groben an den vier Leitfragen, arbeitet sie indes nicht strikt nacheinander ab. Sie beginnt mit einer Vorgeschichte, in deren Verlauf demografische, rechtliche und kulturelle Voraussetzungen für die Mobilisierung zivilgesellschaftlichen Engagements in und aus jüdischen Communities heraus geschaffen wurden (a–c). Es folgt ein Blick auf den langen Atem, der nötig war, um Antisemitismus als aktuelles und eigenständiges Phänomen ins Bewusstsein der nicht-jüdischen Berliner Öffentlichkeit zu heben, jüdische Perspektiven darauf sichtbar zu machen, passende Strukturen und Maßnahmen zu initiieren, konzeptionell zu entwickeln und diese professionell-kollektive Gegenwehr gegen Antisemitismus durch Netzwerkentwicklung zu stabilisieren (d–e). Es folgt eine Betrachtung von Allianzen, deren Bildung im kulturell-wissenschaftlichen Bereich in einem gewissen Rahmen zu gelingen scheint, während politische Bündnisse in jüngerer Zeit vorläufig (noch) nicht bzw. erst in Ansätzen gelungen sind. Dabei werden mit Blick auf die Möglichkeit stabiler und nachhaltiger Zusammenschlüsse grundlegende Herausforderungen benannt und es wird eine Kontroverse darüber skizziert, wie sie angegangen werden könnten (f–g). Das Kapitel schließt mit einer Zuammenfassung der Ergebnisse und einem Ausblick auf den weiteren Forschungsverlauf.

Hinweis: Die Zitate ohne Quellennachweis stammen aus den Expert*innen-Interviews.

a) Von 1989 bis zu den 2000er Jahren – Einwanderung und kultureller Wandel (in) der Stadt

Die Etablierung professioneller Strukturen, die Antisemitismus aus jüdischer Perspektive erforschen und jüdische Berliner*innen empowern und mobilisieren, um sich ihm gemeinsam entgegenzustellen (Kapitel I, k), ist Teil und Resultat der ReKonstruktion und ReVitalisierung jüdischer Lebenswelten in Berlin.[104] Letztere haben einen für jüdisches Leben in der Bundesrepublik Deutschland insgesamt entscheidenden Anstoß im Berlin der Umbruchszeit 1989/1990 erfahren, woran auch Gesprächspartner*innen beteiligt waren.

So war es eine ostdeutsche „Gruppe jüdischer Intellektueller, die an der Spitze der Initiative" (Weiss & Gorelik 2012, 383) stand, Juden*Jüdinnen aus der UdSSR eine unbürokratische Einreise in die DDR zu ermöglichen. Diese Initiative wurde vom Jüdischen Kulturverein (JVK) in den Runden Tisch eingebracht (vgl. Jander 2018, 209), in der ersten Jahreshälfte 1990 mit der Allparteienregierung unter Hans Modrow abgestimmt und in erste Maßnahmen umgesetzt sowie Anfang Juni 1990 vom Regierungsrat der aus der ersten freien Wahl hervorgegangenen Regierung Lothar de Maizieres genehmigt (vgl. Weiss & Gorelik 2012, 382).[105] Das Narrativ, demzufolge der ostdeutsche Nachfolgestaat der nationalsozialistischen Diktatur keine Verantwortung für die Shoa trage[106], wurde damit noch nicht grundlegend und nachhaltig infrage gestellt (ebd.). Die Shoa sowie Kontinuität und Wandel von Antisemitismus in der DDR[107] waren in den Strömungen der Oppositionsbewegung jenseits des JKV randständige Themen geblieben (vgl. Jander 2018, 208 ff.). Und wenngleich die Volkskammer im März 1990 in einer Resolution den „Völkermord, insbesondere an den Juden aus allen europäischen Ländern", anerkannte und „Juden in aller Welt" um Verzeihung bat sowie den „Staat Israel [...] um Verzeihung ‚für Heuchelei und Feindseligkeit der offiziellen DDR-Politik' sowie für die Verfolgung und Entwürdigung von Juden auch nach 1945 in

104 Die *Geschichte der Juden in Deutschland seit 1945 bis zur Gegenwart* (Brenner 2012) gibt einen Überblick vorwiegend aus der Perspektive der bzw. mit Blick auf die jüdischen Gemeinden der BRD; die DDR und Ostdeutschland bleiben auch in der Betrachtung der Zeit seit 1989 eher randständig. Ben-Rafael et al. (2010) berücksichtigen in ihrer Studie, die die Zeit ab 1989 in den Blick nimmt, auch Ostdeutschland. Raphael Gross & Dimitrji Belkin (2010) und Karen Körber (2015) versammeln Stimmen zur russisch-jüdischen Einwanderung und Gegenwart in der Bundesrepublik. Im Folgenden wird sowohl ein spezieller Blick auf Berlin und Ostberliner Perspektiven möglich, als auch auf Facetten eines seitdem wirksam werdenden Generationswechsels.

105 Parallel zu den laufenden Verhandlungen über ihre Legalisierung begann die Einreise nach Ost-Berlin. Laut Weiss & Gorelik (2012) kamen zwischen April und Oktober 2.650 Menschen, laut Brenner (2016) seit Februar 1990 bis zum Dezember 1990 etwa 1.600 Menschen.

106 Lepsius (1989, 251) zufolge lag dem zugrunde, dass aus der Binnensicht „[d]urch den vollzogenen Typwechsel zur sozialistischen Gesellschaft [...] die Voraussetzungen für den Nationalsozialismus (ex post) beseitigt" worden waren und dieser „damit nicht mehr zur Eigengeschichte" gehörte. „Der Nationalsozialismus wurden über die Kategorie des Faschismus *universalisiert*".

107 Vgl. zu Antisemitismus in der DDR: Haury (2002, 292 ff.), Benz (2020), Timm (1997).

der DDR" (Jander 2010, 210) bat, geriet die Aktualität von Antisemitismus in der DDR doch auch hier (noch) nicht in den Blick.[108] So erinnert ein*e Gesprächspartner*in daran, dass die Initiator*innen der Zuwanderungsregelung damals weit davon entfernt waren, die Tradierung und Adaption von Antisemitismus in der DDR ansprechen zu können: „[D]amals hab' ich mich noch nicht offensiv getraut, das so schon anzusprechen". Auch wenn dieser*m Gesprächspartner*in bewusst war: „Ja, in der DDR gab's Antisemitismus", gab es dafür keinen Resonanzraum: „ging gar nicht, das war noch gar nicht zu besprechen." Vor diesem Hintergrund bedeutete der Einsatz für angesichts antisemitischer Mobilisierung bedrohten Juden*Jüdinnen in der zerfallenden UdSSR[109] *auch*, Antisemitismus *indirekt* anzusprechen: „[U]nd das Einzige, was wir zu Antisemitismus machen konnten, war zu sagen: ‚Die sind da in der Sowjetunion noch viel schlimmer dran, sollen doch einfach herkommen. Das ist ne historische Verpflichtung [...]'. Also das war das Äußerste, was wir machen konnten."

Im Zuge der Vereinigungsverhandlungen schwanden angesichts der westdeutschen Position und Vormachtstellung die Möglichkeiten zur Einreise für sowjetische Juden*-Jüdinnen. Die BRD schloss ihre Grenzen für diese Gruppe und forderte dasselbe von der DDR (vgl. Weiss & Gorelik 2012, 383). Die ostdeutschen Initiator*innen rangen vergeblich um die Aufnahme der DDR-Regelung in den Einigungsvertrag, eine neue Regelung wurde auf Initiative der ersten Ausländerbeauftragten Ostberlins (vgl. Jander 2010, 209) erst am 6. Januar 1991 in der ersten gesamtdeutschen Ministerkonferenz gefunden (vgl. dazu auch Weiss & Gorelik 2012, 392; Brenner 2016): „Es war eine wahnsinnige Anstrengung, diese Einwanderungsregelung in den Einigungsvertrag über-, also, der Skandal ist, der Einigungsvertrag hat es abgelehnt", erinnert sich ein*e Gesprächspartner*in.[110] Es bedurfte „'ner Länderinitiative über die Bundesländer, die Innenministerkonferenz, dann haben die Ministerpräsidenten beschlossen, es soll eine Kontingentflüchtlingsregelung geben für die Einwanderer". Diese Regelung auf der Basis des humanitären Völkerrechts habe es Weiss und Gorelik (2012, 392) zufolge der BRD erlaubt, am Narrativ, ‚kein Einwanderungsland' zu sein, festzuhalten und

108 Ähnliche Äußerungen der letzten Regierung vor den ersten freien Wahlen standen, so Weiss & Gorelik (2012, 379f.), im Zusammenhang damit, eine Anerkennung der DDR durch Israel zu erwirken. „Am 9. Februar 1990 erkannte Hans Modrow gegenüber der israelischen Regierung und dem Präsidenten des Jüdischen Weltkongresses, Edgar Bronfman, offiziell die Verantwortung der DDR für die Verfolgung der Juden im Nationalsozialismus an."

109 In den späten 1980er Jahren befürchteten Juden*Jüdinnen vor dem Hintergrund ihrer Geschichtserfahrungen (vgl. Kopstein & Wittenberg 2016) angesichts der Bildung antisemitischer Gruppen und Demonstrationen Pogrome (vgl. Weiss & Gorelik 2012, 389; Gabowitsch 2010). Im Aufruf des JVK an den Zentralen Runden Tisch hieß es hierzu: „Seit Wochen hören wir von antijüdischen Pogromdrohungen in verschiedenen sowjetischen Städten [...] Eingedenk der Tatsache, dass bei der Judenverfolgung und -vernichtung durch den deutschen Faschismus die ganze Welt zugesehen hat, rufen wir auf, die deutsche Schmach der Vergangenheit nicht zu wiederholen. [...] Deshalb fordern wir, dass die DDR Voraussetzungen zur sofortigen Aufnahme von sowjetischen Juden, die es wünschen, [...] schafft" (Runge o.J.).

110 Abgelehnt wurde auch die Forderung des Zentralrats der Juden in Deutschland, „die Erinnerung an die singulären Verbrechen der Deutschen und deren Verpflichtung gegenüber den Opfern" (Jander 2018, 207) in den Einigungsvertrag aufzunehmen.

zugleich ‚Großmütigkeit' gegenüber Juden*Jüdinnen zu demonstrieren (vgl. zu Folgen für jüdische Migrant*innen: Kapitel II, d–h).[111]

b) Die 1990er: ReKonstruktion, ReVitalisierung und Pluralisierung jüdischer Lebenswelten

Die Zäsur von 1989/1990 verdichtet sich gerade auch aus jüdischer Perspektive in besonderer Weise in Berlin. Die nach der Katastrophe im Oktober 1945 begründete jüdische Gemeinde Berlins war 1952 infolge von Auswirkungen des Slansky-Prozesses geteilt worden.[112] Nun wurden die Ost- und Westberliner Gemeinden zeitgleich mit dem Inkrafttreten des Einigungsvertrages am 3. Oktober 1990 vereinigt. Die Westberliner Gemeinde zählte 1989 etwa 6400, die Ostberliner Gemeinde etwa 200 Mitglieder, zu denen in den 1990er Jahren (post-)sowjetische Juden*Jüdinnen hinzukamen; 2010 zählte die Jüdische Gemeinde zu Berlin (JGB) rund 10600 Mitglieder (vgl. Brenner 2012, 443).

In den 1990er Jahren trafen in Berlin also in einer bundesweit einmaligen Weise ostdeutsche, osteuropäische und westdeutsche Juden*Jüdinnen mit unterschiedlichen Geschichtserfahrungen und Perspektiven, auch jüdische Zugehörigkeiten betreffend, zusammen: „Und mit 1990 kam das beides [Ost- und Westberliner Juden*Jüdinnen und jüdische Geschichte, Anm. d. Verf.] in dieser Stadt zusammen" und fand „dann auch die Zu[wanderung]" statt, beschreibt es ein*e Gesprächspartner*in. Diese Entwicklung war insbesondere für die JGB eine Herausforderung und sorgte zugleich für einen „Aufbruch" (s. u.) in der Stadt. Ersteres insofern als bundesweit zwischen 1990 und 2005[113] etwa 200.000 Menschen in die DDR bzw. BRD einreisten, und die

111 So wie die unbürokratische Öffnung der Grenzen für jüdische Zuwanderer Weiss & Gorelik (2012, 382) zufolge mit dem Ziel der Regierung de Maziere konform ging, die DDR als eigenständigen Staat zu legitimieren, könnte das westdeutsche Vorgehen Legitimation für die Vereinigung der beiden deutschen Staaten angesichts grundlegender Kritik des Zentralrats der Juden in Deutschland sowie des Israelischen Ministerpräsidenten (vgl. Jander 2010, 207) bedeutet haben.

112 Vgl. zu diesem letzten stalinistischen Schauprozess und dessen antisemitischen Implikationen Gerber (2016) und Brenner (2016): „[I]nfolge des Slansky-Prozesses in der Tschechoslowakei [waren] auch in der DDR jüdische Funktionäre aus der SED ausgeschlossen und jüdische Einrichtungen von der Staatssicherheit durchsucht worden [...]. Rabbiner Nathan Peter Levinson forderte die Juden der DDR zur Flucht auf; Galinski, der um die Einheit der Gemeinde bemüht war, entließ ihn umgehend. Innerhalb weniger Wochen folgten jedoch 500 Juden dem Aufruf Levinsons und flohen in den Westen, darunter auch die Gemeindevorsteher von Leipzig, Halle, Erfurt und Schwerin. Die jüdische Gemeinde in Berlin selbst war danach faktisch geteilt; in Ost-Berlin entstanden neue Strukturen mit einem eigenen Vorstand." Die Jüdische Gemeinde zu Berlin vermerkt 1953 als Jahr der organisatorischen Trennung in eine Ost- und eine Westgemeinde (Jüdische Gemeinde zu Berlin o.J. a).

113 Mit dem ‚Zuwanderungsgesetz' wurde die ‚Kontingentflüchtlingsregelung' beendet. Es folgten sich über Jahre hinziehende Kontroversen und Änderungen (vgl. Zentralrat der Juden in Deutschland 2017). Die Neuregelung stellte u. a. infrage, ob auch Vaterjuden würden einreisen können und welcher Aufenthaltsstatus Familienmitgliedern gewährt werden würde (vgl. Runge 2005). Auch innerhalb der Kontingentflüchtlingsregelung hatte es in Bezug auf die Frage, wer als ‚jüdisch' galt, Änderungen gegeben (vgl. Weiss & Gorelik 2012).

Jüdischen Gemeinden wesentliche Infrastrukturen für die Ankommenden waren. Dabei wurde teils, wie in der damaligen bundesdeutschen Gesellschaft insgesamt, auch in der Berliner Gemeinde den Einwander*innen gegenüber eine eher assimilatorische Haltung eingenommen: „Ja, man hat die Leute nicht abgeholt, wo sie sind, sondern man hat gesagt, du bist hier, du musst zusehen, dass du hier die Regeln übernimmst", erinnert sich ein*e Gesprächspartner*in, der*die damals nicht selbst migriert war. Gleichzeitig wurde ein Prozess der Diversifizierung innerhalb wie außerhalb der Jüdischen Gemeinden angestoßen.[114]

Als „Aufbruch" werden die 1990er Jahre von den Gesprächspartner*innen auch insofern verstanden, als es seitdem „überhaupt die Menge an jüdischen Menschen wieder [gibt], die überhaupt ne bestimmte Heterogenität und Entwicklung eines selbständigen, jüdischen Lebens möglich machen". Das gilt für die ReKonstruktion jüdischer Lebenswelten jenseits der sowie in den Gemeinden. Mit Blick auf letztere meint etwa ein*e Gesprächspartner*in, dass es „sehr viele Gemeinden gibt, die auch versuchen, sich selbst zu erneuern, das heißt auch jüngere Vorstände teilweise bekommen", wobei „da auch sehr viele openminded Leute mit dabei sind, die versuchen inklusiver zu sein in jegliche Richtung".

Und während einerseits osteuropäische Juden*Jüdinnen der sogenannten ‚vierten Welle' (vgl. Weiss & Gorelik 2012, 383 ff.) nach Berlin kamen und Berlin vor Ort pluralisierten, entstanden auch Initiativen, die sich über die Stadt hinaus in West- und Osteuropa vernetzten, wie etwa das 1996 aus der o. g. Aufbruchsstimmung hervorgegangene Netzwerk Bet Deborah.[115] Beide Entwicklungen zusammen haben einen Teil jener transnationalen Lebenswelten geschaffen, die, so ein*e Gesprächspartner*in, aus der „Provinz" Berlin „eine internationale Stadt" werden ließen, die dann auch für andere attraktiv wurde: „Und auch Zuzug und Magnet zu sein für alternatives, jüdisches Leben von Israel, den USA und überall her." Entsprechend und nicht allein

114 Den inneren Diversifizierungsprozess markieren Ereignisse, auf die auch von Gesprächspartner*innen hingewiesen wurde. So etwa, dass das Gemeindeblatt seit 1997 zweisprachig deutsch-russisch erscheint. Verwiesen wurde auch auf die im Rahmen der Jüdischen Kulturtage 2019 eröffnete Ausstellung *?!Angekommen!?* im Centrum Judaicum. In Ben-Rafael et al. (2010, 67 ff.) werden Stationen der und unterschiedliche Perspektiven auf die durch Konflikte hindurch entstandene Diversifizierung benannt. Weiss & Gorelik (2012, 385 ff., 394 ff., 404 ff.) geben Hinweise darauf, dass und warum die in unterschiedlichen geo-politischen Konstellationen entstandenen Formen jüdischer Zugehörigkeit sowie unterschiedliche Erwartungen voneinander im Aufeinandertreffen für Konflikte sorgen konnten und warum sich die Situation aus russisch-jüdischer Perspektive so darstellen konnte, in der UdSSR als Jude*Jüdin gelebt zu haben und diskriminiert worden zu sein, nun aber als nicht-jüdisch zu gelten und abwertend als Russe*Russin wahrgenommen zu werden.

115 Vgl. Peaceman & Berg (2017). „Bet Debora entstand im Zuge eines feministischen Aufbruchs u. a. auch als ein Wiederanknüpfen an die deutschen Traditionen des liberalen und Reformjudentums vor der Shoah. Gleichzeitig wurden die Verbindungen zu den US-amerikanischen Reformbewegungen in Europa insgesamt stärker und damit auch der jüdische Feminismus. Themen wie Gleichberechtigung von Frauen und Männern, Feminismus und die Vision eines demokratischen und pluralistischen Judentums in die Gemeinschaft hineinzutragen und eine neue Offenheit für die Diversität des Judentums zu fordern, waren wichtige Ziele." (A. a. O., 42)

mit Blick auf die Pluralisierung jüdischer Lebenswelten beschreibt etwa eine*r in Israel aufgewachsene Gesprächspartner*in Berlin: „Ja, was ist Berlin für mich? Also, ich sage immer ‚In Berlin ist der Himmel höher, ist der Himmel größer.' Also, weil, gibt es auf jeden Fall mehr- mehr Raum, also zwischenmenschlich, politisch, kulturell. In Berlin ist man ständig umgeben von sehr vielen Versionen, wie man leben kann, wie man sich ausdrücken, gestalten kann".

So trafen im Berlin der 1990er Jahre Juden*Jüdinnen mit unterschiedlichen Geschichtserfahrungen in einer nicht-jüdischen Mehrheitsgesellschaft zusammen, die sich ihrerseits in einem Umbruch befand, dessen Ausgang nicht vorherzusehen war.[116] Mit den Menschen aus der UdSSR und der DDR traf ein ‚doppelter Osten' auf den ‚Westen', und dies leitete eine ReKonstruktion, ReVitalisierung und Pluralisierung jüdischer Lebenswelten in Berlin ein. Berlin wiederum wurde auch durch diese Prozesse, die von neuen und ‚alten' Einwohner*innen und Akteur*innen getragen und gestaltet wurden, weniger provinziell, heterogener und urbaner.

c) Hin zum Selbstverständnis einer ‚Migrationsgesellschaft' – und auf dem Weg ins Postmigrantische

Das in den 1990er Jahren noch offiziell geltende Narrativ, keine Einwanderungsgesellschaft zu sein, basiert(e) auf dem dominanten ethno-nationalen Paradigma, welches im Übergang zum ‚progressiven Neoliberalismus' (vgl. Fraser 2017) rechtlich eingeschränkt (vgl. Wiedemann 2005), durch faktische Heterogenität und Migrationsbewegungen[117] ohnehin stets de facto konterkariert und auch kulturell allmählich überlagert wurde von der Einsicht, (immer) eine Migrationsgesellschaft (gewesen) zu sein (vgl. Butterwegge 2009; Küçük 2017).

Dass die mit dem *ius sanguinis* verbundene Vorstellung, „wonach man", wie es ein*e Gesprächspartner*in ironisch ausdrückt,[118] „Deutscher werden konnte, wenn die Urgroßmutter einen deutschen Schäferhund gehabt hat", mit der Reform des Staatsan-

116 Dies gilt etwa mit Blick auf die Gegenwehr gegen Nationalismus und Hate Crimes, das Ringen um Teilhabe- und Beteiligungsrechte unterschiedlicher Gruppen von Migrant*innen und die Art und Weise, wie der Vereinigungsprozess verlaufen würde.

117 So ist aus rassismuskritischer Perspektive die Vorstellung problematisiert worden, es habe nach 1945 eine Stunde Null bzgl. des Migrationgeschehens gegeben (vgl. Bade 1993), und auch die migrationswissenschaftliche Strömung, die die Perspektive der Autonomie der Migration vertritt (vgl. Perinelli & Tsianos 2018) weist auf die Differenz zwischen dominanten Diskursen und realem Geschehen hin. Insofern haben Migrant*innen sich stets zum Teil der Gesellschaft gemacht, bevor diese dies eingestand und obwohl sie deren Ankunft vielfach zu verhindern sucht(e) (vgl. Karakayali 2008).

118 Die Rede hat einen ernsten Hintergrund: Die nach der Zäsur von 1989 zeitgleich einwandernden ‚Spätaussiedler*innen' wurden nach dem Bundesvertriebenengesetz als ‚Volksdeutsche' klassifiziert, erlangten deshalb direkt nach Einreise die deutsche Staatsbürgerschaft und insofern Wahlrecht und u. a. eine privilegierte Behandlung bei der Berechnung der Renten. Vgl. Kapitel II, e und Belkin (2017).

gehörigkeitsrechts 2000/2001 an Wirkmächtigkeit verloren hat[119], ist aus der Sicht von Gesprächspartner*innen für die zivilgesellschaftliche Gegenwehr gegen Antisemitismus und darüber hinaus wichtig. Zusammen mit der Einführung des Allgemeinen Gleichbehandlungsgesetzes (AGG) im Jahr 2006 habe dies „der ganzen Debatte um Rassismus, um Migration, Integration, Partizipation 'nen ganz starken Schub gegeben".[120]

Diese Transformation ist in den 1990er Jahren von der vielstimmigen zivilgesellschaftlichen Opposition gegen rechtsextreme Gewalt und den damaligen Konservatismus an der Macht sowie durch die Etablierung diverser (Sub-)Kulturen in Berlin vorbereitet worden. Beides hat zur Ausbildung des Selbstverständnisses einer Berliner Republik in einem vereinten Europa beigetragen, das Anlass zur Hoffnung auf eine Entwicklung hin zu einer vertieften Demokratisierung in transnationaler Perspektive gab.[121] Als Lebensweise war und ist diese Vision in Berlin präsent, sie machte und macht ihre Attraktivität auch für jüdische (Neu-)Berliner*innen aus und ist auch in und durch jüdische(n) Lebenswelten hervorgebracht worden. So meint ein*e Gesprächspartner*in: „Und for better or for worse, Berlin ist in Deutschland, der einzige Raum, in dem ich mir vorstellen kann, zu leben." Der Weg hin zum Selbstverständnis einer „Migrationsgesellschaft" (Gesprächspartner*in) bzw. ‚postmigrantischen Gesellschaft' (Foroutan et al. 2018; Foroutan 2019) ist insofern auch Resultat wie Voraussetzung jüdischer Einwanderung und Präsenz in Berlin.

d) Die 1990er und 2000er Jahre: Awareness für aktuellen Antisemitismus – langer Atem und erste Erfolge

Die 2000er Jahre gelten in der Geschichte des (staatlich geförderten) zivilgesellschaftlichen Engagements für eine demokratische Alltagskultur gemeinhin als Zäsur und Beginn einer (relativen) Erfolgsgeschichte.[122] Für die Auseinandersetzung mit und

---

119 Für einen Überblick über Neuerungen und Defizite vgl. die Rede der Staatsministerin Aydan Özoğuz auf der Fachtagung des Jüdischen Museums Berlin (Özoğuz 2014).

120 Damit meint der*die Gesprächspartner*in nicht, dass das Selbstverständnis als Migrationsgesellschaft vollends durchgesetzt wäre, vielmehr weist er*sie darauf hin, dass Antidiskriminierung(srecht) in den 2000er Jahren in Deutschland schneller, als er*sie gedacht hätte, institutionalisiert worden sei und dies dem Thema öffentliche Legitimität, wissenschaftliche Aufmerksamkeit, internationale Vernetzung und finanzielle Förderung eingebracht hätte.

121 Wie die Berliner Republik sich verstehen würde, war offen (vgl. Habermas 1995). Für die sich um die Jahrtausendwende abzeichnende europäische Integrationsdynamik sei, so Dan Diner (2002), jüdische Geschichte in mancherlei Hinsicht paradigmatisch.

122 In Abkehr von den zahlreichen Verkürzungen des von der damaligen Familienministerin Merkel verantworteten ‚Aktionsprogramms gegen Aggression und Gewalt' wurde der sogenannte ‚zivilgesellschaftliche Ansatz' (Roth 2003; Roth & Benack 2003) entwickelt und blieb – wenn er auch immer wieder umkämpft war – im Grundsatz bis heute erhalten (vgl. Reimer 2011, 281 ff. sowie Offener Brief 2019). Nicht nur in den offiziellen Evaluationen (vgl. von Berg & Roth 2003, darin insbesondere Rommelspacher et al. 2003), sondern auch in kritisch(er) intendierten Reflexionen der Programme (vgl. Burschel et al. 2014) wurde Antisemitismusprävention nicht in den Blick genommen.

Gegenwehr gegen Antisemitismus gilt das aus der Sicht von langfristig in diesem Feld aktiven Gesprächspartner*innen nur bedingt, obwohl der vom damaligen Bundeskanzler Schröder ausgerufene ‚Aufstand der Anständigen' auch auf antisemitische Anschläge im Sommer des Jahres 2000 folgte[123] und die anschließend initiierten Bundes- und Landesprogramme gegen Rechtsextremismus und für Demokratie[124] nominell stets auch Maßnahmen gegen Antisemitismus fördern sollten.

Ein*e Gesprächspartner*in rekapituliert: „Es ist ein langer Weg gewesen, von der Wahrnehmung des Problems hin zur öffentlichen Erläuterung und Gegenmaßnahmen." Dabei stellt sich die Jahrtausendwende weniger als Wendemarke, denn als Fortsetzung einer Mischung aus Engführung und Ausblendung von Antisemitismus dar. So habe es „seit der Wende wirklich lange gebraucht, um das Thema Antisemitismus nicht bloß als Anhängsel von Rechtsextremismus und Rassismus" zu verstehen, sondern als eigenständiges und spezifisches Phänomen mit „spezifischer Funktion" und ganz unterschiedlichen Äußerungsformen. Auf aktuellen Antisemitismus etwa in Form von Alltagserfahrungen jenseits besonders gravierender Vorfälle hinzuweisen, sei schwierig gewesen: „Wenn dann Leute wie ich kommen und sagen ‚Das ist […] grundsätzlich ne Einstellung und man hört immer wieder das und jenes', dann macht die Öffentlichkeit ‚Ach…'. Wenn angefangen wird zu prügeln oder zu hauen und Steine zu zerschlagen, gelangt es manchmal in die Öffentlichkeit, nicht immer." Andere Gesprächspartner*innen machen auf die Historisierung von Antisemitismus aufmerksam, die die Praxis der in den 1990er Jahren weiterhin vorwiegend *historisch*-politischen Bildung prägten: „Man hatte so'n Schema F: Antisemitismus, vor allem geschichtsbezogen, und man reagiert auf Antisemitismus immer mit einem Gedenkstättenbesuch oder indem man die Shoa behandelt oder die Zeit des Nationalsozialismus, wenn überhaupt." Dadurch sei aus dem Blick geraten, „dass wir es mit gegenwärtigem Antisemitismus zu tun haben, insbesondere nach dem Millenniumswechsel, und israelbezogener Antisemitismus immer virulenter wird und wir deshalb auch zeitgemäße Ansätze und Antworten brauchen".

---

123 Zum zeitlichen Kontext und Anlass gehören rassistische und antisemitische Angriffe und Morde: „Am 20. April 2000 (‚Führergeburtstag') verübten drei 17- und 18-jährige Neonazis einen Brandanschlag auf die Neue Synagoge in Erfurt, am 14. Juni 2000 (dem so genannten ‚Herrentag') ermordeten Nazis den 40-jährigen einstigen DDR-Vertragsarbeiter Alberto Adriano aus Mosambik im Stadtpark Dessau. Er war das 112. Opfer der deutschen Nachwende-Pogrome. Und am 27. Juli 2000 verübten […] unbekannte Täter einen blutigen Rohrbomben-Anschlag auf Sprachschüler_innen in Düsseldorf, möglicherweise um damit jüdische Kontingent-Flüchtlinge aus der ehemaligen Sowjetunion in der Gruppe zu treffen. Zehn Menschen, sechs von ihnen jüdischen und vier muslimischen Glaubens, erlitten zum Teil schwere Verletzungen, eine schwangere Frau verlor ihr ungeborenes Kind. Diese ungeheuerliche Serie neonazistischer Angriffe bekam in der nachrichtenarmen Zeit jenes unseligen Sommers eine bis dahin unerreichte mediale Öffentlichkeit." (Burschel et al. 2014, 9f.)

124 Vgl. die Bundesprogramme „Jugend für Toleranz und Demokratie – gegen Rechtsextremismus, Fremdenfeindlichkeit und Antisemitismus" (2001–2006), „Vielfalt tut gut. Jugend für Toleranz und Demokratie" sowie „kompetent für Demokratie – Beratungsnetzwerke gegen Rechtsextremismus" (2007–2010), „Toleranz fördern – Kompetenz stärken" (2011–2014), „Demokratie leben!" (2015ff.)

Obgleich die Jahrtausendwende also aus der Sicht dieser Gesprächspartner*in keinen markanten Umschwung in der öffentlichen Anerkennung von aktuellem Antisemitismus als eigenständiges Phänomen darstellte, geschweige denn bereits passende und wirksame Gegenstrategien existierten, leiteten erste geförderte Projekte und Maßnahmen seit Beginn der 2000er Jahre ein Umdenken im Feld ein und begannen wichtige Lernprozesse zu durchlaufen.

So gehörte, wie diese*r Gesprächspartner*in berichtet, zum Gründungskontext der Einrichtung A auch die Geschichte der Schändung des jüdischen Friedhofs in Weißensee und späteren Angriffe auf die sich solidarisierenden Steinmetze. Der entstandene Schaden konnte infolge einer erfolgreichen Spendenaktion mehr als kompensiert werden, so dass Geld für Opfer rechter Gewalt gespendet werden konnte. Auch vor diesem Hintergrund gehört zum Gründungskonsens: „Wir haben auch gesagt, wir werden von Anfang an- wir werden Antisemitismus im Fokus haben, weil das eben die meisten anderen nicht machen." Dabei ging es zunächst darum, „alle die, die [im Bundesprogramm Civitas, vgl. Rommelspacher et al. 2003, Anm. d. Verf.] daran gearbeitet haben, zumindest in greifbarer Nähe waren, zu coachen", damit diese Multiplikator*innen „wissen, was Antisemitismus ist." Problematisiert wird von Gesprächspartner*innen mit Blick auf diese Phase der staatlichen Förderung zivilgesellschaftlichen Engagements auch, dass nicht immer darauf geachtet worden sei, ob im Feld „antisemitische[...] Antirassisten" aktiv waren. Diese Arbeit und Perspektive stieß teils auf Widerstand, war aber letztlich erfolgreich: „Das war nicht ohne Konflikte. Das war ziemlich schwer, aber es hat irgendwie funktioniert." Als Zwischenerfolg dieser Arbeit sieht der*die Gesprächspartner*in, dass die Wahrnehmung von Antisemitismus zugenommen habe: „Das heißt, was ich sagen will, ist, die Genese der Awareness für Antisemitismus hat ne lange Geschichte."

Ähnliches kann für die Initiierung und ersten Schritte der Einrichtung B gesagt werden. Auch sie entstand im Kontext solidarischer Aktionen anlässlich antisemitischer Vorfälle, in diesem Fall „antisemitische Vorkommnisse in [Berliner Bezirk C], Schmierereien, Flugblätter, teilweise auch wirklich in der Nähe der [...] Synagoge", und zeitgleich ein „Anschlag auf die [...] Synagoge in [Stadt in der Türkei]". In der ersten Phase ging es, so rekapitulieren Gesprächspartner*innen, vor allem darum, antisemitische Äußerungen in unterschiedlichen Communities zu benennen, um sich dann aber die Frage zu stellen, wie man „mit den Adressierten und Zielgruppen gemeinsam gegen Antisemitismus" aktiv werden könne. Ausgangspunkt sei dabei, die „Gesamtgesellschaft" als eine „Migrationsgesellschaft" zu verstehen. Dabei hat aus der Sicht von Gesprächspartner*innen der o.g. kulturelle Wandel im Selbstverständnis der Gesellschaft der Berliner Republik wichtige Voraussetzungen für die Arbeit gegen Antisemitismus *mit allen* Bevölkerungsgruppen geschaffen, denn: „man kann wirklich den Leuten sagen: ‚Leute, ihr seid hier, is' auch eure Geschichte, auch wenn eure Vorfahren woanders her sind.'" Diese Erläuterung hebt zunächst auf die deutsche Geschichte und Shoa und weniger auf aktuellen Antisemitismus ab. Sie macht deutlich: Wenn in der entwickelten Erinnerungskultur das historische Geschehen nationalstaatlich und dominanzkulturell beschränkt ist[125] und diese Kultur „als eine abstammungsgeschichtliche Errungenschaft" (Mendel 2020, 39) (miss-)verstanden wird, wird man blind dafür, dass jene, die aus dieser ethno-nationalen Perspektive nicht als Deutsche gelten, eigene Bezüge zu dieser Geschichte haben bzw. entwickeln (können).[126] Ähnliches gilt für die Auseinandersetzung mit aktuellem Antisemitismus (s. u.).

e) Die 2010er Jahre: Perspektivwechsel, neue Institutionen und Akteur*innen und Empowerment

Beide Entwicklungen, die Vitalisierung und Pluralisierung jüdischer Lebenswelten und die langjährige „Detailarbeit und Multiplikationsarbeit" zu Antisemitismus haben Früchte getragen, wie diese*r Gesprächspartner*in formuliert: „Es ist einfach, der jüdische Bevölkerungsanteil ist einfach größer geworden und das ist erfreulich. Das ist erfreulich, dass Antisemitismus thematisiert wird, und dass jetzt ein *Problembewusstsein* da ist." (Herv. d. Verf.)

Diese erhöhte Sensibilität für aktuellen Antisemitismus ging in den 2010er Jahren mit einem *Perspektivwechsel* einher bzw. aus diesem hervor. Die traditionelle Sicht auf Antisemitismus in der Forschungslandschaft und in öffentlichen Debatten wird von einer*m Gesprächspartner*in wie folgt beschrieben: „Jahrelang wurde Antisemitismus ohne Bezug zu den hier und jetzt lebenden Menschen studiert und verstanden. [...] Das gilt es heute radikal zu verändern." Welches Problem die überkommene Ausrichtung des Feldes darstellt, darauf machten die in der Einleitung zu Kapitel I genannten Studien (FRA 2014, 2019; Zick et al. 2017) aufmerksam: Der dort sichtbar werdende Umstand, dass Juden*Jüdinnen in vielfacher Weise von Antisemitismus betroffen sind, diesen aber häufig nicht oder nur im privaten Umfeld thematisieren[127], bestätigte sich auch für Berlin. So berichtet ein*e Expert*in, dass Antisemitismus in „bestehenden zivilgesellschaftlichen Melde- und Unterstützungsangeboten" nicht als eigenständiges, Menschen direkt betreffendes Phänomen, sondern „wenn, dann im Kontext von rechtsextremen Aufklebern oder Schmierereien, Sachbeschädigungen" und ebenfalls nicht

125 Die jüngst auf deutsch und arabisch neu aufgelegte Schrift „Gegenläufige Gedächtnisse" (Diner 2007) macht auf Perspektivendivergenzen auch aufgrund von geopolitischen Verwerfungen aufmerksam und liefert zugleich Grundlagen dafür, über die universelle Bedeutung des Holocaust zu sprechen.

126 Meron Mendel (2020, 39) schildert exemplarisch den Austausch zwischen Jakob Augstein und Naika Foroutan, „die 2017 auf Augsteins Frage wie man ‚als migrantische Autorin mit der deutschen Schuld' umgehe, wie folgt antwortet: ‚Ich finde Ihre Fragen an mich irritierend: weniger, weil Sie so selbstverständlich davon ausgehen, dass ich als Muslimin, oder als Migrantin oder als was auch immer Sie mich anfragen, keine Deutsche und somit auch nicht verwoben mit dieser Geschichte sein kann. Vielmehr, weil Ihre Täter-Opfer-Außenseiter-Kategorisierung so wenig die Komplexität des Holocaust und seiner Geschichte reflektiert.'"

127 Für Europa (FRA 2019, 55f.) und die Bundesrepublik Deutschland (Zick et. al. 2017, 30) gilt übereinstimmend, dass Betroffene in ihrer überwiegenden Mehrheit (79% der Befragten in Europa, 72% der Befragten in der BRD) antisemitische Vorfälle weder der Polizei noch anderen Organisationen (inklusive der jüdischen Gemeinden) melden und nur im privaten, vertrauten Umfeld besprechen.

aus persönlichen Meldungen bzw. Beratungen, sondern „allenfalls vielleicht noch aus Informationen aus Polizeistatistiken bekannt" gewesen sei. Antisemitismus spielte im Alltag der Betroffenen eine große Rolle, aber diese – teils strafrechtlich relevanten, teils unterhalb der Strafbarkeitsschwelle liegenden – Erfahrungen wurden aufgrund von „Informations- und Vertrauenslücken" vielfach weder den Strafverfolgungsbehörden noch zivilgesellschaftlichen Einrichtungen mitgeteilt.

Es setzte sich, zunächst auch unter den Expert*innen selbst, die Erkenntnis durch: „Wir können nicht über Antisemitismus forschen oder dazu arbeiten, als wäre das etwas Abstraktes, ohne Bezug zu Menschen. Antisemitismus ist eine gewaltvolle Praxis und sie trifft Menschen direkt in ihrem Umfeld." Grundlegende Studien zur Betroffenenperspektive auf Antisemitismus ergaben – so sagen Gesprächspartner*innen – „ganz klare Hinweise", dass „nur ein ganz kleiner Teil" von Antisemitismus*erfahrungen* in den etablierten polizeilichen und zivilgesellschaftlichen Statistiken „abgebildet" wurde. In der Konsequenz wurden „zielgruppenspezifische" und „niedrigschwellige" Anlauf-, Beratungs- und Monitoringstellen geschaffen und so das Wissen über und der Umgang mit Alltagsantisemitismus weiterentwickelt. So konnten „die Betroffenenperspektiven in den Blick" kommen und es wurde möglich, „davon ausgehend dann Handlungskonzepte [zu] entwickeln."[128] Die Gesprächspartner*innen beschrieben diese Strategie als für die Communities „auch [...] ein Stück weit aktivierend[...]". In jedem Fall wurde so eine systematische Kommunikation über (das Ausmaß und die Dramatik) von Antisemitismuserfahrungen in die Mehrheitsgesellschaft ermöglicht. Diese Etablierung und Verknüpfung neuer Institutionen wurde auch aus und von einer Generation jüdischer Akteur*innen vorangetrieben. Es sind also auch *neue Akteur*innen*, die den o.g. Perspektivwechsel eingeleitet und *professionelle Institutionen* bzw. Herangehensweisen etabliert und mit den bestehenden Strukturen verknüpft haben.

Dieser Prozess hat die Grenzen der individuellen und kollektiv-informellen Umgangsweisen mit Antisemitismus überschritten und die dilemmatische Dynamik durchbrochen, auf Erfahrungen und Antizipation von Antisemitismus angesichts mangelnder Awareness und nicht hinreichender konkreter Solidarität mit Vorsichtsmaßnahmen und Unsichtbarmachung zu reagieren (vgl. Kapitel I, j–l). Zunehmend rückt an die Stelle dessen eine bestärkende Dynamik der internen kollektiven Verständigung und externen Kommunikation über Antisemitismus. Erfahrungen werden geteilt, als kollektive Erfahrung verstanden und als solche nach innen und außen kommuniziert und problematisiert. Dieser Prozess ist einer des *Empowerments*: „Wir wollten zeigen, dass sie handlungsmächtig sind, Solidaritäten haben und selbst aktiv werden können", so benennt ein*e Gesprächspartner*in Ziel und Resultat des Prozesses. Dies hat auch die Wahrnehmung von Antisemitismus in der Mehrheitsgesellschaft verändert. Statt

---

128 Auf einem Symposium des Kompetenzzentrums für Prävention und Empowerment bezeichnet Marina Chernivsky die „systematische Einbeziehung der Betroffenenperspektive" als „Paradigmenwechsel" (Kompetenzzentrum & Chernivsky 2017, 48). Dabei werde einerseits ein Verständnis für das Wirken von Gewalt entwickelt, was in „täterfixierter" Forschung nicht möglich sei (a.a.O., 46), andererseits gehe es um „Empowerment" und „Deutungshoheit" jenseits „zugeschriebener Identitätsordnungen" (a.a.O., 48).

Antisemitismus (vorwiegend) als Problem der Vergangenheit, als Ideologie oder Einstellungen ohne *konkrete* Adressat*innen zu verstehen, gerät nun seine Gegenwärtigkeit, Alltäglichkeit und lebensweltliche und persönliche Bedeutung aus der Sicht der Betroffenen in den Blick. Ein*e Gesprächspartner*in resümiert: „Das heißt, also, wenn diese Leute auf der Straße angesprochen werden, angespuckt oder irgendwas mit denen passiert, gibt es darüber ein Wissen." Dass eine Awareness für Antisemitismus da ist, dass Menschen diesbezüglich in den Worten eines*r anderen Gesprächspartner*in „hellhöriger" sind, stellt sich insgesamt einerseits als Ergebnis des langen Atems und der Geduld dar, den die Akteur*innen im Praxisfeld trotz aller Widerstände an den Tag gelegt haben; andererseits hat dazu beigetragen, dass diese Akteur*innen Schritt für Schritt Resonanz in den jüdischen Communities und Unterstützung aus einem weiteren solidarischen Umfeld bekamen, also *mehr Stimmen lauter* auf das Problem hinweisen konnten.

f) Lernprozesse, Resonanz und jüngste Erfolge: Strukturen in Politik und Zivilgesellschaft

Das heute breiter verankerte Wissen über *Antisemitismus als kollektive Erfahrung, lebensweltliche Realität und antizipierte Gefahr* beruht auf dem o. g. Perspektivwechsel in der Forschung und öffentlichen Debatte. Unumstritten war und ist diese Entwicklung nicht[129], und für diejenigen, die diese in Berlin initiierten, war sie mit einem Lernprozess verbunden: „Selbst wir haben in unserer Arbeit lange die Betroffenenperspektiven nicht immer fokussiert. Ich glaube, das hatte niemand so ganz im Blick. Es hat sich in den letzten Jahren erheblich geändert." Ein*e andere*r Gesprächspartner*in schildert den etwa 2012 einsetzenden Reflexions- und Forschungsprozess, durch den das Problem erkannt und alternative Ansätze entwickelt werden konnten. Das community-basiert erarbeitete Wissen darüber, dass Antisemitismus in all seinen Ausprägungen ein aktuelles und eigenständiges Problem in Berlin darstellt, findet, so sprechen die Gesprächspartner*innen wertschätzend an, *Gehör* in einem Teil der nicht-jüdischen Zivilgesellschaft und Politik. Mehr noch: Etwa zeitgleich mit der Entstehung community-basierter Strukturen sind vom Berliner Abgeordnetenhaus, im Berliner Senat und in der Verwaltung *Strukturen und strategisch wichtige Grundlagen* für die Entwicklung und Umsetzung effektiver(er) Maßnahmen gegen Antisemitismus geschaffen worden. Ein*e Gesprächspartner*in reflektiert die Entwicklung wie folgt: „Also, das sah noch vor ein paar Jahren ganz, ganz anders aus. 2014 sah es ganz anders aus, '15, wir waren fern von Antisemitismusbeauftragten, -kreisen, -Aktionsplan, von Definitionen, von Bündnissen." Angesprochen werden hier die im Mai 2018 im Abgeordneten-

129 Wolfgang Benz kritisierte die bundesweite RIAS-Meldestelle (vgl. Kaminski 2019) und David Ranan meint: „Wenn man sich deren Liste [RIAS Berlin, Anm. d. Verf.] anschaut, ist ein Teil wirklich Kleinkram" (vgl. Rhode & Ranan 2018). Sinnvoller scheint es demgegenüber zu versuchen, die mit unterschiedlichen Methoden und Herangehensweisen entwickelten Wissensformen uber unterschiedliche Dimensionen des Antisemitismus zueinander ins Verhältnis zu setzen.

haus Berlin verabschiedete Resolution „Gegen jeden Antisemitismus! Jüdisches Leben in Berlin schützen", das im März 2019 veröffentlichte „Landeskonzept zur Weiterentwicklung der Antisemitismus-Prävention" (beides SenJustVA 2019b), die in der o.g. Resolution zur Nutzung in der Verwaltung, Schul- und Erwachsenenbildung sowie Ausbildung von Verwaltungspersonal bestimmte IRHA-Definition von Antisemitismus[130], der im Dezember 2017 zunächst von Staatssekretärin Sawsan Chebli als Arbeitskreis Antisemitismus ins Leben gerufene, heute neu besetzte Expert*innen-Kreis Antisemitismus sowie die im Mai 2019 besetzte Position des*der Ansprechpartners*in des Landes Berlin zu Antisemitismus.

Diese Entwicklung wird, wie von dem*der folgenden Gesprächspartner*in, als Ergebnis und Zwischenerfolg der Kooperation verschiedener Akteur*innen verstanden: „Diesen Weg hat sich nicht eine Person ausgedacht und alle rennen hinterher, sondern da haben immer wieder unterschiedlichste Menschen aus den Communities, aus der Expertise, aus der Wissenschaft, aus der Praxis sich ausgetauscht, sich Gedanken gemacht, vernetzt", wodurch „gemeinsam so ein Weg dann sich ausgedacht" und „versucht" wurde, „diesen Weg zu gehen." Nun dürften sich die zivilgesellschaftlichen Strukturen und Akteur*innen nicht auf diesen erreichten Zwischenzielen ausruhen, denn – so ein*e andere*r Gesprächspartner*in – die „Politik reagiert jetzt, aber das funktioniert nicht von oben nach unten, sondern von unten nach oben." Dies ist ganz im Sinne des in den 2000er Jahren initiierten Ansatzes gesprochen, staatlicherseits zivilgesellschaftliches Engagement zu fördern, das als Impulsgeber und kritisches Korrektiv nicht nur innerhalb der Zivilgesellschaft, sondern auch gegenüber öffentlichen Institutionen fungieren kann. In den Worten dieses*r Gesprächspartner*in: „Da merken die Strukturen, sie müssen etwas tun."

Die jüngsten Erfolge liegen also darin begründet, dass im Zuge eines Lernprozesses der zentralen Akteur*innen selbst ein *Perspektivwechsel* eingeleitet wurde und dann mittels geeigneter Strukturen Antisemitismus als kollektive Erfahrung und lebensweltliches Problem verstanden und beschrieben werden konnte. Auf dieser Grundlage und aufgrund der Resonanz in Teilen der nicht-jüdischen Zivilgesellschaft und Politik entstand ein grundlegendes *Problembewusstsein* jenseits der jüdischen Communities, und zivilgesellschaftliche Strukturen wurden mit neu geschaffenen Strukturen in der Senatsverwaltung verknüpft. Diese Erfolge hinsichtlich der *Sichtbarkeit* des Problems – noch nicht hinsichtlich seiner *effektiven Einhegung* oder gar *Überwindung* – sind eine Entwicklung der letzten zwei bis fünf Jahre.

Aktuelle Herausforderungen betreffen die Verstetigung des Vorhandenen und die kontinuierliche Weiterentwicklung der umfassenden Landeskonzeption „Berlin gegen Antisemitismus! Berliner Landeskonzept zur Weiterentwicklung der Antisemitismus-Prävention" (SenJustVA 2019b). Diese wird von unseren Gesprächspartner*innen entsprechend nicht als abgeschlossenes Strategiepapier, sondern als „Papier in Werdung" verstanden. Der eingeschlagene Weg müsse nun beschritten und im fortlaufenden Pro-

130 In der von der Bundesregierung am 20.09.2017 empfohlenen erweiterten Form vgl. BMI 2019.

zess evaluiert werden – „erfahrungsbasiert ausprobieren", fasst es ein*e Gesprächspartner*in zusammen.

g) Sensibilisierung und Bildung wegen und gegen Antisemitismus: Stand und Perspektiven

Die in den 2000er Jahren initiierte Bildungsarbeit mit *zentralen* Multiplikator*innen der Bundes- und Landesprogramme der Demokratieförderung sowie die damals einsetzende Förderung erster Bildungsmaßnahmen gegen Antisemitismus ist zwischenzeitlich um weitere Ansätze ergänzt worden, so dass in Berlin eine gewisse Bandbreite unterschiedlicher Herangehensweisen existiert.[131] Wie in der bundesweiten Diskussion zu antisemitismuskritischer Bildungsarbeit insgesamt (vgl. Mendel & Messerschmidt 2017; Chernivsky & Wiegemann 2017; Bernstein 2020) wird von Gesprächspartner*innen auch für Berlin eine Reorientierung bezüglich der Inhalte, Methoden und Adressat*innen sowie Ausweitung der Handlungsfelder und -ebenen geschildert.

So bewegen sich Akteur*innen im Feld *inhaltlich* gesehen zwischen einer Abkehr von historisch-politischer Bildung und einer Hinwendung zur Geschichte von Nationalsozialismus und Shoa. Was paradox klingt, ist es insofern nicht, als es einerseits darum geht, die o. g. Historisierung von Antisemitismus zu überwinden, andererseits aber die o. g. dynamische Nachgeschichte der und die heterogenen persönlichen Bezüge zur Shoa aufseiten der Teilnehmer*innen für die Auseinandersetzung mit aktuellem Antisemitismus zu nutzen (vgl. Kapitel I, a–b).[132] Auch von den Gesprächspartner*innen wird einerseits problematisiert, dass Antisemitismus lange Zeit „vor allem geschichtsbezogen" behandelt wurde (und noch immer wird), und andererseits betont, wie wichtig es ist, „[ü]ber Schoa, NS und Antisemitismus anders sprechen zu können", und zwar „[m]it Bezug zu sich selbst, zu der eigenen Biografie". Die o. g., allgemein gesprochene Einschätzung, dass es lange dauern wird, bis „Antisemitismus im Kontext des Eigenen" verstanden wird, wird im Praxisfeld der Bildungsarbeit demnach konzeptionell angegangen und umgesetzt.

Die inhaltliche Neuausrichtung geht auch mit einem veränderten Blick auf die Bedeutung von *Subjektivität* und *Emotionen* in der Bildungsarbeit einher. So wird die implizite Annahme infrage gestellt, dass „Wissensbasierung reicht", um Antisemitismusprävention zu betreiben. Ein*e Gesprächspartner*in mit langjähriger Erfahrung in der

131 Von Gesprächspartner*innen wurde einerseits der Wunsch geäußert, diese Konzepte miteinander offen diskutieren zu können; die Förderlogik lege allerdings eher nahe, bestehende Herausforderungen in den Hintergrund zu rücken und Erfolge zu betonen: „Wir müssen fachlich selbstkritisch werden, aber immer, wenn wir den Eindruck haben, fachliche Selbstkritik führt dazu, dass man uns aus der Landschaft pustet, ist die Bereitschaft, das offen zu machen, nicht besonders groß."

132 Im Kompetenzzentrum für Prävention und Empowerment wurde hierfür der „Dialogische Reflexionsansatz" entwickelt, in dem „eine freiwillig initiierte Reflexion über unbehagliche Inhalte" auch in Auseinandersetzung mit lebensgeschichtlichen Hintergründen angestoßen werden soll (vgl. Chernivsky & Wiegemann 2017, 7).

Bildungsarbeit erinnert sich: „Da war die Annahme noch sehr stark, auch wenn nicht immer ausgesprochen: ‚Ich kann mir Wissen aneignen und das reicht.' Auch deshalb waren so Aufklärungsansätze, Informationsansätze so stark und sie prägen immer noch diese Landschaft." Demgegenüber wird betont, wie wichtig es sei, dass in Bildungsprozessen ein subjektiver Bezug zum Gegenstand – Antisemitismus – hergestellt wird: „Aber ich werde handeln und ich werde mich überprüfen und meinen mentalen Haushalt überprüfen, erst dann, wenn das irgendeine Verbindung zu mir hat, ja, das ist so." Zudem gehe es, so diese*r Gesprächspartner*in weiter, „[b]eim Sprechen lernen [...] darum, die Betroffenheit, Beklemmung, das Unbehagen zu identifizieren und zu berühren." Und diese Befindlichkeiten seien es, die mit der (internalisierten) Repräsentation von Ereignis- und Verdrängungsgeschichte des Zivilisationsbruchs vermittelt sind: „Denn das hat mit langer Geschichte zu tun", und wenn diese nicht bearbeitet werde, „verhindert [das] eine Auseinandersetzung in Heute und Jetzt". Insgesamt wird keiner Entgegensetzung, sondern einer Verbindung der Auseinandersetzung mit aktuellen und historischen Formen von Antisemitismus sowie subjektiven (emotionalen, biografischen) Bezügen dazu das Wort geredet (vgl. Kapitel I, b).

Mit Blick auf die *Adressat*innen* der antisemitismuskritischen Bildung wird eine reflexive Differenzierung und Ausweitung deutlich, die einerseits mit dem oben angesprochenen kulturellen Wandel (nicht nur) der Berliner Stadtgesellschaft einhergeht und andererseits ähnliche Engführungen überwindet, wie sie den Programmen und Maßnahmen für Demokratie und gegen Rechtsextremismus eigen waren (Kapitel III, d). Dabei wird zunächst gerade auch für die anfänglich im Vordergrund stehende Adressat*innen-*Gruppe der Kinder und Jugendlichen* von Gesprächspartner*innen konstatiert, dass insbesondere in der schulischen Bildungsarbeit die Beziehung zu deren persönlichen Lebens-, Erfahrungs- und Gefühlskontexten sowie deren Möglichkeiten, sich mit eigenen Positionen an Debatten zu beteiligen, nicht hinreichend hergestellt werde: „Ich sage nicht, dass es das nicht gibt, es gibt es in Deutschland, aber nicht genug sozusagen. [...] Und nicht genug Platz für so Gefühle oder nicht nur Gefühle, sondern auch Meinungen zum äu- also das gehört schon dazu [...] oder auch wenn sie keinen Platz haben, also wirklich einfach Fragen zu stellen." Des Weiteren wird problematisiert, dass zwar die offensive Ausgrenzung von Migrant*innen, wie sie im fordistischen Migrationsregime vorherrschte[133], durch den o.g. kulturellen Wandel langsam überwunden wird, so dass die Haltung, die ein*e Gesprächspartner*in wie folgt umschreibt: „‚Ihr seid die Kinder von Gastarbeitern und kriegt keinen deutschen Pass und eigentlich solltet ihr schon seit der Rente eurer Vorfahren wieder da sein, wo ihr hergekommen seid'", zurückgedrängt und so die Möglichkeit eröffnet wurde, deutsche Geschichte als eigene zu begreifen. Andererseits erleben die Bildner*innen unter den Gesprächspartner*innen, wie Kindern und Jugendlichen in Bildungseinrichtungen nach wie vor auf andere Art und Weise die Zugehörigkeit zu Berlin und der Bundesrepublik Deutschland abgesprochen werde, was etwa an den stigmatisierenden Bezeichnungen „‚mit Migrationshintergrund'" oder „‚ndH – nicht-deutscher Herkunft'"

133 Vgl. zum fordistischen Migrationsregime und dem Übergang zur Regulation im Neoliberalismus Karakayali (2008).

an Berliner Schulen erkennbar sei.[134] Beides erschwere eine Auseinandersetzung mit Antisemitismus. Und letzteres mache es, so ein*e Gesprächspartner*in, erforderlich, Antisemitismus im Kontext von Rassismus zu thematisieren: „Und wenn man eben in bestimmten Kontexten unterwegs ist und eben auch sieht, wie rassistisch teilweise die Schüler*innen von ihren Lehrkräften behandelt werden, sei es durch Vormarkierungen oder Anderem, dann ist eigentlich ganz klar, wo ich hier in dem Kontext eigentlich ansetzen muss." Damit ist neben dem inhaltlichen Aspekt gemeint, nicht nur Kinder und Jugendliche, sondern auch *Lehrkräfte als Adressat*innen von Bildungsarbeit* wegen und gegen Antisemitismus einbeziehen zu müssen. So sei nach einigen Jahren im Feld erkannt worden, dass teils auch „Fachpädagoginnen kein Wissen" über Antisemitismus, Rassismus bzw. ihre diversen Erscheinungsformen haben und deshalb „gar nicht in der Lage sind, das zu dekonstruieren, zu benennen, sichtbar zu machen und auch pädagogisch damit zu arbeiten." Dem Ziel, Lehrkräfte „da eben auch handlungsfähiger" zu machen, ist man insofern näher gekommen, als die Gesprächspartner*innen von einer größeren Bereitschaft, an Bildungsformaten teilzunehmen bzw. sich auf diese einzulassen, berichten.

Dass sich entsprechende Handlungsfenster eröffnen, wird von ihnen auch auf die o.g. öffentliche Debatte über Antisemitismus(erfahrungen) zurückgeführt: „Ich glaube, die mediale Debatte hat mit all den schwierigen Stellen und Nebenwirkungen, hat schon sehr viel herbeigerufen und hervorgebracht. Eine gesteigerte Bereitschaft, ob intrinsisch oder extrinsisch getragen, egal, ist zu beobachten." Dabei gelänge es, auch wenn die Motivation zur Teilnahme zunächst weniger expansiv als defensiv begründet ist, das o.g. subjektive Interesse am Thema zu wecken: „Die Dynamik im Seminar, erst mal auf Abwehr. Aber eine Stunde später ist das Flipchart voll. Diese Bereitschaft müssen wir halten." Lehrkräfte seien zudem – so ein*e weitere*r Gesprächspartner*in – „sehr viel aufmerksamer als vielleicht noch vor ein paar Jahren in Bezug auf eventuell antisemitische Tendenzen" und würden sich dementsprechend sowohl anlässlich konkreter Vorfälle häufiger Beratung von außen holen als auch vorfallunabhängig die Initiative für Projekttage und Weiterbildungen ergreifen. Auch diese positive Entwicklung gilt es zu bewahren und auszubauen. Dabei stellt es eine aktuelle Herausforderung dar, von der punktuellen bzw. zeitlich begrenzten Bildungsarbeit mit Multiplikator*innen zu *einer kontinuierlichen und nachhaltigen Zusammenarbeit* zwischen Trägern der antisemitismuskritischen Bildungsarbeit und Multiplikator*innen in Regeleinrichtungen zu gelangen. Dazu brauche es mittelfristige Formate, um, so ein*e Gesprächspartner*in, eine „‚Koproduktion' der externen Bildner und der internen pädagogischen Fachkräfte in praktischer Bildungsarbeit mit den Jugendlichen" zu entwickeln; aufgrund von „Zeitbudget und der Personalausstattung der Schulen" sei das aber „einfach wahnsinnig

---

134 Die Bezeichnung „ndH" ist eine statistische Kategorie des Berliner Schulgesetzes und steht für „nichtdeutsche Herkunftssprache". Sie wird Schüler*innen zugewiesen, in deren Elternhaus nicht nur Deutsch gesprochen wird. Die Kategorie sagt nichts über die tatsächlichen Deutschkenntnisse der Schüler*innen aus, soll aber den Bedarf an Sprachförderung ermitteln. Zu ihrer Verwendung im Kontext der Konstruktion ethno-nationaler Zugehörigkeiten und zu segregierenden Effekten vgl. Karakayali & zur Nieden (2014).

schwierig", so dass an dieser Stelle strukturelle Voraussetzungen geschaffen werden müssten.

Zudem machen unsere Gesprächspartner*innen darauf aufmerksam, dass Antisemitismusprävention nicht allein oder vorwiegend in der Jugendbildung und im Handlungsfeld Schule zu verankern ist, vielmehr müsste *„im Prinzip die ganze Gesellschaft"* (Herv. d. Verf.) und müssten insbesondere *weitere (erwachsene) Adressat*innen in öffentlichen Einrichtungen (Polizei, Justiz, Verwaltung)* sensibilisiert werden: „Ja, was wir auch dringend brauchen, ist, glaube ich, Qualifizierung für Vertreter*innen staatlicher Stellen [...], damit die verstehen, was eigentlich antisemitische Ausdrucksformen in der Gegenwart bedeuten. Die fit zu machen, auch das zu erkennen, gegebenenfalls dagegen vorzugehen, zu verstehen, ihnen im Prinzip so ein bisschen stärker die Betroffenenperspektive und wie sie darauf reagieren können [...] nahezubringen." Dabei haben Bildungsprojekte bereits begonnen, mit diesen Zielgruppen zu arbeiten. Und schließlich stelle es eine aktuelle Herausforderung dar, *Organisationsentwicklungsprozesse* anzustoßen. Derzeit erwiesen sich Institutionen und Behörden in den Worten von Gesprächspartner*innen allerdings auch als „starre Systeme" mit „eigenen Logiken [...], die sich gerade auch dem widersetzen, ja in Richtung mehr gesellschaftlicher Gleichheit sich smooth weiterzuentwickeln (lacht)."

h) Jüdische Lebenswelten und postmigrantische Kulturen: Eigenständigkeit, Netzwerke und ‚Allianzen'

Was für die Bundesrepublik Deutschland insgesamt beschrieben worden ist[135], gilt aus Sicht von Gesprächspartner*innen in besonderer Weise für Berlin. Eine*r von ihnen beschreibt etwa die Gegenwart als eine „Zeit, in der jüdische Vielfalt auch in Deutschland wieder am Wachsen [ist], gerade in Berlin erlebt das sehr sehr stark, weil's hier sehr viele Initiativen gibt, weil's hier sehr viele Vereine gibt, weil's hier sehr viele Gemeinden gibt, die auch versuchen, sich selbst zu erneuern". In Berlin ist es möglich, jüdische Kindertageseinrichtungen und Schulen zu besuchen, als Jugendliche*r und Student*in in jüdischen Vereinen organisiert zu sein, und neben der eigenständigen Gemeinde Adass Jisroel sind unter dem Dach der Jüdischen Gemeinde zu Berlin unterschiedliche Denominationen und Strömungen vertreten.[136] Diese (relative) Vielfalt zu entwickeln und zu ermöglichen, ist für Gesprächspartner*innen ein Ziel an sich bzw. wesentliches Ziel ihres Engagements und dient der Etablierung eigenständiger

135 Anlass für die Studie von Ben-Rafael et al. (2010) war eine „überraschende Entwicklung innerhalb der Jüdischen Diaspora", nämlich die „Neuformierung, Konsolidierung und Pluralisierung der jüdischen Gemeinschaft in Deutschland nach 1989" (a. a. O., 3), die auf der Grundlage einer Umfrage an der Basis jüdischer Gemeinden in West- und Ostdeutschland sowie mit Expert*innen vor allem mit Blick auf die Bedeutung für jüdische Bildung beschrieben wird. Vgl. dazu auch Brenner (2012, 419ff.) und Homolka et. al. (2009).

136 Die „Einheitsgemeinde bietet (...) viele verschiedene Riten an wie aschkenasisch-orthodox, sefardisch-orthodox, liberal-egalitär oder konservativ." (Jüdische Gemeinde zu Berlin o.J. b)

und selbstbestimmter jüdischer Lebenswelten. Angesichts der insgesamt kleinen Zahl von Juden*Jüdinnen in Berlin und von deren unterschiedlichen Zugehörigkeiten ist dies eine Herausforderung für die Akteur*innen. Denn Vielfalt heißt auch, verschieden zu sein, wie diese*r Gesprächspartner*in meint: „Und die jüdischen Communities als solche sind auch sehr segregiert, sowohl nach Herkünften, nach Denominationen, nach Alter, nach Migrationsgeschichte oder nich, nach Sprachfamilien – wie auch immer. Ja, in ganz vieler Hinsicht." Ähnliches gilt mit Blick auf die unterschiedlichen Interessen und jeweiligen Kapazitäten, diese einzubringen und zu vertreten: „Wir machen das in unserer Freizeit. Wir sind sehr wenige, logischerweise (lacht), also, wir sind als jüdische Gruppe wenige. Also, die jüdische Gemeinschaft ist klein. Davon die, die sich dann auch noch für [unsere Themen, Anm. d. Verf.] interessieren, is klein", berichtet er*sie. Insofern bedeutet Organisierung und Vernetzung zunächst etwas, das sich auf jüdische Communities selbst bezieht und „erstmal gar nichts mit der Mehrheitsgesellschaft zu tun hat". Es ist also zunächst weder notwendig noch selbstverständlich, dass in jüdischen Communities der Wunsch nach und die Ressourcen für eine Vernetzung mit (Teilen) der nicht-jüdischen Zivilgesellschaft vorhanden sind. Zugleich wird eine solche Vernetzung aus unterschiedlichen Gründen und in verschiedenen Kontexten angestrebt und organisiert, wobei es diesem*r Gesprächspartner*in gerade nicht um eine – gleichwohl notwendige – Gegenwehr gegen Antisemitismus, sondern unterschiedliche Aspekte jüdischer Lebenswelten und Kulturen geht: „[W]ir wollen gestalten und nicht nur abwehren. [...] [W]ir sind die Expert*innen für jüdisches Leben."

Insoweit Vernetzung mit der Mehrheitsgesellschaft bzw. anderen minorisierten Gruppen gewollt ist und hergestellt wird, gilt es, diesen Prozess selbstbestimmt zu entwickeln. Das bedeutet für Gesprächspartner*innen einerseits, gruppen- und themenspezifisch zu klären, mit wem und wozu man kooperieren will: „Und nach außen gehen heißt für uns, wir diskutieren gerade, welche Allianzen und Bündnisse braucht es". Dabei hängt die Möglichkeit der Entwicklung von Kooperation und Vernetzung zwischen jüdischen und nicht-jüdischen Initiativen, Einrichtungen und Institutionen ganz wesentlich davon ab, wie sich das nicht-jüdische gesellschaftliche Umfeld zu solchen versuchsweisen Brückenschlägen verhält. Einige Gesprächspartner*innen haben diesbezüglich schlechte Erfahrungen gemacht, wie folgend verdeutlich wird: „Wir haben nur kein Bock auf Instrumentalisiert-Werden. Und das ist sozusagen ein Problem. [...] Weil du so oft das jüdische Feigenblatt bist und für etwas herhältst, was man überhaupt nicht überschauen kann."

Eine andere Art der Kooperation zwischen Menschen jüdischer und nicht-jüdischer Zugehörigkeiten ist offenbar leichter möglich und insbesondere in Berlin präsent, wo es um *jüdische Kultur als Meeting-Point und Produkt* einer transnationalen Community geht. Das gilt für Künstler*innen, die Berlin in den letzten fünf bis zehn Jahren zu einem Zentrum der Auseinandersetzung mit jiddischer Prosa und Poesie, Liedern, Tanz und Klezmer-Musik gemacht haben, was von Gesprächspartner*innen etwa mit Blick auf letztere auch global als besonderes Phänomen beschrieben wird: „I think that it's one of the most beautiful and- and impressive Klezmer communities in the world today."[137]

Jiddische Kunst und Klezmer-Musik entsprechen dabei nicht nur ästhetischen Vorlieben der Künstler*innen, sondern dienen auch dazu, Fäden jüdischen Lebens und Schaffens wiederaufzunehmen, die durch die Ermordung der Jiddisch-Sprecher*innen, den Nachkriegsantisemitismus und die Unterdrückung bzw. Aufgabe ihrer Kulturen abgerissen waren.[138] Aus einer US-amerikanischen Perspektive deutet ein*e Gesprächspartner*in die Geschichte dieses Verlusts so an: „After World War II there were sort of like three things that happened at the same time, one was the Shoa, one was the creation of the state of Israel and another was the sort of [...] assimilation of American Jews into sort of mainstream American society. So amongst all of those things, the Yiddish language itself was really kind of either suppressed or forgotten or killed. And the communities themselves you know, they were like mostly wiped out in Europe or they were leaving."

Dass Berlin ein globaler Knotenpunkt jiddischer Kultur geworden ist, bedeutet für Gesprächspartner*innen auch „kind of reclaiming the Yiddish cultural past of the city. Because for some period between the wars Berlin hosted a lot of Yiddish writers and artists and so on. And now this heritage starts to be rediscovered". Diese WiederEntdeckung (vgl. dazu auch Estraikh & Krutikov 2010) wird von einer problematischen Klezmer-Aneignung durch nicht-jüdisch-deutsche Bands abgegrenzt, die teils, so ein*e Gesprächspartner*in, „fake, kitschy Klezmer" produzierten, „that is coming from a place of totally zero cultural understanding and is informed by stereotypes and prejudices"; und ein nicht-jüdisches Mitglied der Community meint, man sei nicht interessiert an „this old big amount of connotations with Jewishness".[139] Die künstlerische Praxis will weder nostalgisch noch neo-klassisch sein und setzt sich, so schildern Gesprächspartner*innen, bewusst mit der Tradition auseinander, um sie reflektiert zu revitalisieren.

Dabei werden auch politisch-utopische Gehalte und Ideen aufgegriffen und aktualisiert. So propagieren Gesprächspartner*innen mit einem Teil der Community „Yiddishland" als „a land without a capital, a land without borders" und als ein Land, in dem weder Nationalität, noch Ethnizität, noch Geld oder Status Zugangsvoraussetzungen

137 Die Künstler*innen treffen sich bei selbstorganisierten Festivals und offenen Jam-Sessions und konzipieren und proben in Berlin ihre Darstellungen, mit denen viele dann durch Deutschland, Europa und die Welt touren.

138 Dass die Zahl der Jiddisch-Sprecher*innen sich zwischen 1938 und den 1950er Jahren von 12 auf wenige Millionen verringerte, führt Marion Aptroop (2016) neben der Shoa auf antisemitische Repressionen in der Sowjetunion unter Stalin zurück. Auch die Etablierung des Hebräischen als Nationalsprache Israels spiele eine Rolle.

139 So können problematische Formen der Performanz jiddischer Musik als kulturelle Enteignung und philosemitisch motiviert verstanden werden.

darstellten (s. u.).[140] Der Gedanke der grenzüberschreitenden Zugehörigkeit bietet einen Anknüpfungspunkt für jüdische und nicht-jüdische Berliner*innen, die (un-)freiwillig transnational gelebt haben bzw. leben, wie folgend verdeutlicht wird: „and so there are lot of people who have this experience of migration themselves and who like Yiddish because it kind of resonates with their personal experience and they believe in a world without borders and so on."

Neben US-Amerikaner*innen und Israelis bestehe die Community zu einem nicht unerheblichen Teil aus jüdischen und nicht-jüdischen Künstler*innen aus Ländern der ehemaligen UdSSR: „there are a lot of people who are from the former Soviet Union like it really gave – I would say in the last fifteen to twenty years it really gave like a big energetic push to a lot of what's happening in the Yiddish community worldwide to have like these people who grew up in the Soviet Union, who have also embraced this music". Dabei wird die Praxis der heutigen Community von Gesprächspartner*innen auch vor dem Hintergrund der ReKonstruktion jüdischen Lebens in Osteuropa nach dem Zerfall der Sowjetunion verstanden: „[W]hen the Soviet Union fell apart, there was a big revival of Jewish life in the former Soviet Union and we were living in West-Ukraine at the time, and I think already 1991 the Jewish community was formed." Dazu gehörten „cultural events and they started to organize first concerts and try to celebrate Jewish holidays." Das Rezept für eine Community, die inklusiv ist, ohne blind für Differenzen und innere Machtverhältnisse zu sein, lautet in Yiddishland: „Wissen". Wer Jiddisch singt, müsse sich diesen Gesprächspartner*innen zufolge mit der Geschichte derjenigen auseinandersetzen, die es vor ihm gesungen und gesprochen haben. Eine*r von ihnen begann dafür etwa ein Studium jüdischer Liturgie, weil es das noch „fehlende Puzzlestück" gewesen sei.

Das utopische Potenzial der Yiddishland-Idee knüpft an jüdische Geschichtserfahrungen an (vgl. Fn. 140), ist in seiner gegenwärtigen Form nicht an jüdische Zugehörigkeiten gebunden und lässt die Vorstellung von und Forderung nach „urban citizenship"[141] anklingen: „[Y]our passport into the Yiddishland is not your nationality or ethnicity, nor anything else, nor money, not your status, your key and passport is your knowledge [...] your curiosity or seriousness." Dabei ist den Gesprächspartner*innen die Kontrafaktizität dieser Form von Citizenship und die Fragilität dieser transnationalen Lebensweise und kulturellen Praxis angesichts der Existenz von Nationalstaaten und deren Grenz- und Migrationsregimen bewusst: „[Y]ou are a citizen of this, you know, make believe – not make believe, it's not make believe, it's actually quite real,

140 Jeffrey Shandler (2005) versteht die beschriebenen sub-kulturellen Praktiken als „an alternative model of Jewish at-homeness, one that can exist not only instead of the State of Israel but also alongside and even within it. [...] Yiddishland is in essence a cosmopolitan utopia" (a. a. O., 49). Vgl. zu historischen Vorläufern Marcos Silber (2015) und Gennady Estraikh (2015) sowie Efrad Gal-Eds (2016) Biographie Itzik Mangers. Für eine*n Gesprächspartner*in ist an dieser Geschichte wichtig, dass „it was like not just this, what they used to call ‚Jargon', you know. And along with it came this whole like legitimitization of Eastern European Yiddish speaking culture. Like standing up and like feeling proud about it."

141 Zu städtischer Bürgerschaft und Migration vgl. Lanz 2016, Lebuhn 2013. Zu urbanen Transtopien als Räumen der Entwicklung anderer städtischer Selbstverständlichkeiten vgl. Yildiz 2017.

but it's somewhat theoretical nation (lacht)." Unter der Voraussetzung, in Berlin leben zu können, gelte: „What matters is that you are here, and you are with us and we are working together, right?"

Attraktiv ist für Gesprächspartner*innen auch ein weiterer Kontext, in dem kosmopolitisch gedacht, gelebt und künstlerisch gearbeitet wird. „At GORKI it was interesting, this whole idea about what does exile mean". Dass hier zwei ihr*ihm bekannte Künstler*innen, eine*r aus Syrien und ein*e jüdische*r Klezmer-Künstler*in, Teil des „Exile-Ensembles" seien, bewertet er*sie als „a pretty unique thing" und als „an intersection of different worlds and scenes that I never had before seen a connection between", und dies „really motivated me to wanna come to live in Berlin". Im von Shermin Langhoff am Ballhaus Naunystraße entwickelten und seit einigen Jahren im Stadtzentrum beheimateten postmigrantischen Theater[142] hat eine neue Generation begonnen, sich aus der geschilderten nicht-jüdisch-deutschen Umklammerung – in fremdbestimmter Weise als jüdisch gelesen und unter Bezug auf Shoa und aktuellen Antisemitismus in eine Opferrolle gepresst zu werden (vgl. Kapitel I, a u. b) – zu befreien. Gesucht und gefunden werden Strategien, die die „tradierten Repräsentationen jüdischer Positionen unterlaufen und transformieren". (Neofelis Verlag 2017) Dem in der Debatte um ‚Desintegration' (Jalta No 02/2017; Czollek 2018) eingeschlagenen Weg folgten im Jahr 2019 die ‚Radikalen Jüdischen Kulturtage': „Desintegration ist eine Forderung, die wir stellen. Also wir reden nicht mehr über Shoah, Israel, Antisemitismuserfahrung. Wir machen Kunst. Wir reden über das, was unser Leben heute im 21. Jahrhundert in Deutschland ausmacht, und lassen uns nicht mehr stigmatisieren." (Dippel & Salzmann 2017) Sowohl die Debatte als auch diese Kulturtage sind auch Teil der Suche und Etablierung von ‚Allianzen' (Jalta No 3/2018) in Berlin (s. u.). „Es ist aber eben auch eine Forderung, die tiefer greift und alle möglichen Communitys einlädt, sich zu distanzieren von den Zuschreibungen, die nicht ihre eigenen sind." (Ebd.) Hier findet der bereits geschilderte informell-kollektive Zusammenschluss derjenigen, die sich in der teils ähnlichen, teils unterschiedlichen Erfahrung treffen, in einer vielschichtigen Dominanzkultur marginalisiert und nicht angemessen repräsentiert zu werden (vgl. Kapitel I, k), seine professionell-kollektive Repräsentation – unter Einschluss jüdischer Lebensrealitäten und Perspektiven.

i) Kooperation, Netzwerke und Solidarisierung gegen Antisemitismus: Stand und Perspektiven

Die geschilderte Entwicklung und Etablierung unterschiedlicher professioneller Strukturen, die Antisemitismuserfahrungen sichtbar machen und nach außen kommunizieren (vgl. Kapitel I, l und Kapitel III, d–e), beruht auf Kooperationen und Netzwerken,

142 Vgl. Shermin Langhoff (2011). Die im GORKI-Theater erzählten Geschichten sind genauso wie das darstellende Ensemble Spiegel der postmigrantischen Lebenswirklichkeit Berlins, welche sich auf anderen Bühnen sowie im Theaterpublikum nicht immer repräsentiert findet.

sowohl innerhalb jüdischer Communities als auch mit Einrichtungen in der nicht-jüdischen Zivilgesellschaft. Diese „Unterstützungsnetzwerke" aufzubauen und zu pflegen, ist, so schildern Gesprächspartner*innen, grundlegend gelungen, bleibt jedoch eine zeitintensive Daueraufgabe.

Insgesamt steht, so ein*e Gesprächspartner*in, im Vordergrund, „darauf hinzuweisen, dass [...] sich viele Menschen [...] überlegen, wie wie lange das hier noch gut ist und für ihre Kinder auch", und deshalb „noch stärker darauf hinzuwirken [...], dass [...] dieses Problem noch offener und direkter [...] und auf ner nachhaltigen Ebene angegangen wird." Und während dies teils auch im Rahmen der bestehenden Kooperationen und Netzwerke geschehen kann, braucht es dazu doch auch eine *breitere* Solidarisierung gegen Antisemitismus in der nicht-jüdischen Zivilgesellschaft. Allerdings gelte hier derzeit, so ein*e andere*r Gesprächspartner*in: „Es gibt aber eine ganze Reihe von gesellschaftlichen Gruppen und auch Akteuren, die da viel verschlossener sind und auch restriktiver, und da fehlt noch der Zugang."

Vor diesem Hintergrund wird eine größere Resonanz in und Solidarisierung aus der heterogenen Mehrheitsgesellschaft gewünscht und angemahnt. Übergreifende Netzwerke gegen Antisemitismus seien „ausbaufähig". Man erreiche bislang „in erster Linie Gruppen, die, ich sag jetzt mal, aufgeschlossen sind, die ein Ohr haben oder eine mehr oder weniger ausgeprägte Sensibilität, aber überhaupt eine Sensibilität für das Thema haben." Neben unterstützenden Reaktionen aus einer „vermutlich mit den Betroffenen solidarischen [...], antisemitismuskritischen Community" erfahren Gesprächspartner*innen allerdings auch „schon ne relativ heftige" Gegenreaktion: „Also immer wieder Versuche, das sozusagen runterzuspielen, als Einzelfälle darzustellen". Solche Positionen kämen „aus der Wissenschaft" (vgl. Fn. 129) sowie „aus Communities oder Berufsgruppen", in deren Kontexten Antisemitismus aufgezeigt wird. Auch im politischen Raum wird Antisemitismus teils enggeführt. So sparten die Redner*innen in der Debatte im Deutschen Bundestag anlässlich des Attentats auf die jüdische Gemeinde in Halle sowie Besucher*innen des benachbarten Döner-Imbisses Antisemitismus in den jeweils eigenen Reihen weitgehend aus.[143] Mit Blick auf solche Reaktionen wird von einem*r Gesprächspartner*in „die große Abwehrgemeinschaft" thematisiert: Während Antisemitismus in allen politischen Strömungen und Bevölkerungsgruppen vorhanden sei, werde er in diesen *vor allem* bei den jeweils anderen gesehen bzw. im eigenen Kontext unzureichend angesprochen und angegangen. Demgegenüber müsse „Antisemitismus im Kontext des Eigenen" reflektiert werden.

Dies stellt für Gesprächspartner*innen eine wirkliche Zukunftsaufgabe der Arbeit gegen Antisemitismus in Berlin (und darüber hinaus) dar. Man spreche nun zwar überhaupt über Antisemitismus als aktuelles und eigenständiges Phänomen, und das sei ein Erfolg; nun komme man indes zur „zweiten Stufe", nämlich auch in der brei-

143 Weil die Tat rechtsextrem motiviert und ein Terrorakt war, standen sinnvollerweise notwendige Sicherheitsmaßnahmen und Antisemitismus in der (extremen) Rechten im Zentrum. Allerdings sollte die Debatte am 17.10.2019 auch der „Bekämpfung des Antisemitismus" insgesamt gelten (vgl. Deutscher Bundestag 2019).

teren Öffentlichkeit zu verankern, welche „Kategorien von Antisemitismus" es gibt: „[W]enn wir mal gucken, wie lange der Weg war, wenn wir jetzt mal von den 90er Jahren bis heute gucken, dass Antisemitismus überhaupt thematisch 'nen Wert hat, das hat zwanzig Jahre gedauert [...], ne? So, das [Antisemitismus im Kontext des Eigenen zu reflektieren, Anm. d. Verf.] wird nochmal zwanzig Jahre dauern."

Mit Blick auf die Frage, ob bzw. wie Netzwerke gegen Antisemitismus auch zum Bestandteil von breiteren Allianzen und politischen Bündnissen werden können, bewegen sich Akteur*innen und Einrichtungen, die Antisemitismus aus der Betroffenenperspektive thematisieren, in einem Zwiespalt. So sehen Gesprächspartner*innen ihre Aufgabe einerseits darin, „Dinge ab[zu]bilden, die vielleicht irritieren oder jetzt nicht immer den geeigneten Ausgangspunkt für ne politische Allianz bilden", weil sie zunächst auf ein Problem hinweisen und nicht unmittelbar *common grounds* (s. u.) benennen. Andererseits wird am Beispiel von Antisemitismus in muslimischen Communities von ihnen festgestellt, „dass es irgendwie ne Form von Dialog und Allianz braucht, weil das vermutlich ja anders sozusagen nicht einfangbar ist." Die entscheidende „Frage ist nur halt, mit wem, zu welchen Bedingungen?"

j) Gemeinsam gegen Antisemitismus und/im Rechtsextremismus?[144]

Eine Notwendigkeit und Möglichkeit für Zusammenschlüsse wird mit Blick auf die erstarkende politische Rechte i. w. S. gesehen. So wird die Veränderung der gesellschaftlichen Kräfteverhältnisse[145] von einem*r Gesprächspartner*in als „eine der Hauptherausforderungen der Arbeit" verstanden: Sie*er sieht, dass „[d]ie gesamte Gesellschaft [...] immer weiter derartig nach rechts [rutscht]", indem extrem rechte Positionen salonfähig gemacht und öffentlich ausgesprochen werden. Insgesamt sei es „die sogenannte Mitte", die sich nach rechts bewege und so werde „es immer normaler [...], diskriminierende Haltungen einzunehmen und offen zu äußern, wie das eben vor etlichen Jahren nicht der Fall war. Und dagegen kämpft man permanent an."

---

144 Die umständliche Formulierung will besagen: Antisemitismus findet sich in allen politischen Spektren und Bevölkerungsgruppen. In der historischen und zeitgenössischen extremen Rechten ist er *integraler* Bestandteil, aber eben nicht nur dort verortet (vgl. Salzborn 2019). Insoweit ist die Mobilisierung gegen die extreme Rechte (nur) ein Schauplatz der Gegenwehr gegen Antisemitismus, wenngleich ein wichtiger. So äußerte etwa Joseph Schuster bei einer Sitzung der CDU/CSU-Bundestagsfraktion am 25. November 2019, eine Regierungsbeteiligung der AfD würde auch ihn veranlassen zu sagen, ‚jetzt sei es Zeit zu gehen' (vgl. Decker 2019) und der Zentralrat der Juden in Deutschland unterstützte gemeinsam mit 41 jüdischen Organisationen eine Erklärung gegen die AfD (vgl. Zentralrat der Juden in Deutschland 2018).

145 In den frühen 2000er Jahren war es gelungen, einen gesellschaftlich weitreichenden Konsens unterschiedlicher politischer Kräfte im Rahmen des progressiven Neoliberalismus zu entwickeln, der spätestens im Zuge der Kontroversen um den Umgang mit der globalen Finanz- und Wirtschaftskrise brüchig wurde und dessen eine Fraktion mit dem Auftreten der AfD eine parlamentarische Repräsentation erfuhr. Zu den auf Antonio Gramsci zurückgehenden Konzepten der Hegemonie und ihrer Bedeutung auch für aktuelle soziale Bewegungen und Bündnispolitiken vgl. Hall (1989, 66ff.).

Dabei positionieren sich Gesprächspartner*innen nicht nur gegen offen neonazistische und daher radikal antisemitische Kräfte[146], sondern sprechen auch an, welche antisemitische Verschwörungsideologie hinter Positionen stehen, deren Vertreter*innen sich als anti-antisemitisch geben: „Aber wenn es um den Verschwörungs-Mythos vom ‚großen Austausch' geht, also darum, wer steht denn hinter dem sogenannten ‚großen Austausch' (lacht) – nach drei Klicks im Internet sind's dann doch wieder die Juden." In diesem Zusammenhang wird auch Kritik in jüdische Communities hinein kommuniziert, wie diese*r Gesprächspartner*in berichtet: „Es gibt bestimmte Dinge, wie Juden in der AfD, dagegen haben wir uns positioniert. […] Also es gibt Grenzen dessen, was wir mittragen".[147]

Angesichts dieser Entwicklung, die die Gesprächspartner*innen auch persönlich als bedrohlich ansehen (vgl. Kapitel I, e), hoffen sie auf einen community-übergreifenden bzw. gesamtgesellschaftlichen *Zusammenschluss*, der diesem Trend entgegenwirken könnte: „Ich glaube, dass wir jetzt, also es klingt ganz bizarr, aber durch die politischen Entwicklungen […] werden einige Sachen deutlich und das muss uns zusammenschweißen, irgendwie." Bislang scheint sich dieser Zusammenschluss jedoch nicht (hinreichend) *ergeben* zu haben, wie ein*e andere*r Gesprächspartner*in anmerkt. So erinnert er*sie, schon deutlichere Zeichen wahrgenommen zu haben, „dass man […] Xenophobie, dass man Menschenverachtung nicht hinnehmen wollte." Zu Beginn der 2000er Jahre sei „[d]ie Zivilgesellschaft […] aufgestanden. Man hat diese Lichterketten gemacht […]. Es gab […] deutliche Zeichen, dass man gesagt hat, ‚nicht Leute, nicht mit uns'. […] Und das wurde von einer sehr breiten Mehrheit getragen." Dabei sei auch die spezifisch antisemitische Dimension der Anschläge, auf die reagiert wurde, adressiert worden: „Es standen hier im Jahr 2000, am 9. November, das war auch nach einem versuchten Bombenanschlag [auf eine Düsseldorfer Synagoge, Anm. d. Verf.], standen hier am Brandenburger Tor […] hunderttausend Menschen."[148] Der Vergleich mit der Größe der Demonstration in Berlin am 13. Oktober 2019 in Reaktion auf den terroristischen Anschlag auf die an Yom Kippur versammelten Beter*innen und, nachdem die Tür der Synagoge standgehalten hatte, Besucher*innen eines nahegelegenen Dönerimbisses in Halle (Saale) war zum Zeitpunkt des Gespräches noch nicht möglich. Dass an ihr ‚Tausende' (vgl. Tagesschau 2019) teilnahmen, hätte die Einschätzung jedoch unterstrichen.

Zusammenschlüsse (Netzwerke, Allianzen, Bündnisse) gegen den gesellschaftlichen Sog der extremen Rechten sowie antisemitischen und rassistischen Terror stellen sich in Berlin insoweit noch nicht hinreichend ein. Sie proaktiv zu entwickeln, stellt aus

146 Salzborn (2020) hält etwa fest: „Rechter Antisemitismus ist oft gewaltbereit und die Grundlage für zahlreiche Propagandadelikte, Brand- und Bombenanschläge sowie antisemitische Morde. Der Antisemitismus ist das Zentrum des rechtsextremen Weltbildes." (A. a. O., 22)

147 Vgl. zu dieser Grenze eine von vielen jüdischen Organisationen getragene kritische Stellungnahme zur AfD, Fn. 144.

148 Laut Recherchen des Jüdischen Forums für Demokratie und gegen Antisemitismus (JFDA) nahmen an der Demonstration am 9.11.2000 200.000 Menschen teil. Vgl. JFDA (2014).

der Sicht von Gesprächspartner*innen eine wesentliche, aktuelle Herausforderung des zivilgesellschaftlichen und politischen Engagements in Berlin dar.

Einen Weg zu inklusiverer Gegenwehr gegen den Sog der und die Bedrohung durch die extreme Rechte weisen (selbst-)kritische Auseinandersetzungen in und mit der heterogenen Mehrheitsgesellschaft bezüglich der Frage, ob Juden*Jüdinnen als Akteur*innen einerseits und Antisemitismus als sie und andere betreffende Gefahr andererseits in den Aufbau zivilgesellschaftlicher Initiativen, die Entwicklung politischer Ziele und ihrer öffentlichen Kommunikation einbezogen wurden. Eine solche Auseinandersetzung mit einschlägigen Blindstellen der Debatte um den sogenannten Nationalsozialistischen Untergrund (sog. NSU) wurde bspw. im NSU-Tribunal geführt.

Das „Tribunal NSU-Komplex auflösen" versteht den Komplex des sog. NSU „als ein[en] Kristallisationspunkt strukturellen Rassismus" und das Tribunal selbst als „ein[en] Ort der gesellschaftlichen Anklage von Rassismus." (NSU-Tribunal 2017a) Dabei klingt im „Wir klagen an!" (NSU-Tribunal 2017b) das „J'accuse" Emile Zolas[149] an, und während des Tribunals, das vom 17. bis zum 21. Mai 2017 in Köln stattfand, wurde von Lea Wohl von Haselberg und Hannah Peaceman eine Auseinandersetzung mit dem bislang nicht hinreichend belichteten Antisemitismus des sog. NSU angestoßen.[150] Die beiden wollten zudem „aus jüdischen Perspektiven eine Diskussion über das Ausbleiben von Solidarisierungen zwischen Betroffenen von Antisemitismus und Rassismus" (Peaceman 2018, 49) eröffnen. Vor diesem Hintergrund wurde, wie ein*e Gesprächspartner*in berichtet, im Redebeitrag des „Tribunals NSU-Komplex auflösen" auf der o.g. Berliner Demonstration am 13. Oktober 2019 darauf hingewiesen, dass „der NSU nur deswegen kein jüdisches Leben in Deutschland angegriffen [hat], weil jüdisches Leben in Deutschland hinter Panzerglas stattfindet und beschützt werden muss von der Polizei [...] und das ist natürlich ein Ausdruck von Antisemitismus" (vgl. Kapitel I, f). Zu erkennen, dass der Antisemitismus des NSU nicht in Mordanschläge mündete, aber in dessen Praxis präsent war und in anderer Form ausgedrückt wurde, ist ein Weg, unterschiedlich-geteilte *Betroffenheiten* durch rechtsextreme Kräfte und rechtsextremen Terror sichtbar zu machen. Dahinter steht „die Verschränkung von Antisemitismus und Rassismus [...] ideologisch, wie strukturell" (Peaceman 2018, 51). Ähnliche Überlegungen stellt ein*e Gesprächspartner*in mit Blick auf das gesellschaftliche Erstarken (extrem) rechter Strömungen an, in dem sie*er darauf verweist, dass, „[w]enn eine Gesellschaft sich radikalisiert, extremer wird und nach rechts rückt, dann nimmt nicht eine Dimension, ein Phänomen ab." Vielmehr bilden, so könnte vielleicht im Sinne gegenwärtiger Forschung zu (rechten) politischen Einstellungen ergänzt wer-

149 Vgl. zur „Dreyfus-Affäre" Renée Poznanski (2012).

150 Neben der Namensgebung mit ihrem positiven Bezug auf den historischen Nationalsozialismus wird auf die am 9. November 1995 aufgefundene, mit einem gelben Stern als jüdisch markierte, aufgehängte Puppe, an eine im folgenden Jahr an einer Autobahnbrücke mit einer Sprengstoffattrappe aufgehängte Puppe mit gelbem Stern sowie zahlreiche Adressen jüdischer Einrichtungen auf den ‚Feindlisten' des sog. NSU und das als ‚Pogromly' bezeichnete ‚Spiel' verwiesen (vgl. Peaceman 2018, 50).

den, unterschiedliche Ideologien ein *Syndrom*[151], dem nicht partiell, sondern umfassend und daher gemeinsam begegnet werden muss bzw. müsste. Allerdings stellen sich Allianzen und Bündnisse der Vielen nicht automatisch her.

k) Für eine Gesellschaft der Vielen einschließlich Juden*Jüdinnen in Berlin?

Ein etwas anders gelagerter Ansatz, gemeinsames Handeln zu organisieren, ist mit der Idee von ‚Allianzen' verbunden. Von ‚Allianzen' wird im Diskurs mit Blick auf Zusammenschlüsse marginalisierter Gruppen jenseits (oder: diesseits) der Dominanzgesellschaft gesprochen, deren Ziele einerseits im wechselseitigen Schutz liegen, andererseits über Abwehrkämpfe gegen Zumutungen seitens der extremen Rechten hinausweisen und „in die Offensive" (Czollek et al. 2018, 5) gehen sollen. Akteur*innen aus jüdischen Communities stellen sich „als Verbündete für das Projekt radikaler Diversität/einer Gesellschaft der Vielen zur Verfügung" (Czollek et al. 2018, 6). Dabei erstrecken sich die Vorstellungen von solchen Zusammenschlüssen von im Alltag geübter praktischer Solidarität bis hin zu gesellschaftspolitisch motivierten bzw. ambitionierten Projekten.

So schildert etwa Sasha Marianna Salzmann (2019) mit Blick auf heterogene Zugehörigkeiten: „Für die angegriffene Person kommt das unmittelbare Übel von dem_der Angreifer_in, das nachhaltige jedoch von der Gruppe, die wegschaut. Für sie ist es keine Überraschung, von jemandem attackiert zu werden, der voller Hass auf ihren Lebensstil ist. Dass aber Menschen zuschauen und nicht helfen, vielleicht im Nachhinein das Geschehen sogar leugnen, verursacht die Verletzung, die sie in ihrem Grundvertrauen erschüttert." (Salzmann 2019, 21; vgl. auch Kapitel I, g)[152] Und angesichts der Erfahrung praktischer Solidarität seitens „zwei Passanten, die phänotypisch unter das Raster ‚Moslem' fallen", setzt Salzmann auf das Füreinanderdasein aller *Anderen*: „Wir sind die *anderen*, die wissen, dass *normal* uns nichts zu sagen hat. *Normal* ist keine Autorität für uns. Wir werden füreinander da sein, wenn die Mehrheitsgesellschaft zuschaut und nicht eingreift. Wir müssen uns nicht in allem einig sein, wir müssen uns nicht einmal mögen. Aber wir wissen um die Kraft der Allianzen. Also schaffen wir

---

151 Im Berlin-Monitor wird dies als subjektive Seite einer gesamtgesellschaftlichen autoritären Dynamik verstanden (vgl. Decker 2018, 50). Zick et al. (2012, 65) belegen einen Zusammenhang verschiedener Elemente gruppenbezogener Menschenfeindlichkeit.

152 Im Gespräch mit Günter Gaus schildert Hannah Arendt: „Man denkt heute oft, daß der Schock der deutschen Juden 1933 sich damit erklärt, daß Hitler die Macht ergriff. Nun, was mich und Menschen meiner Generation betrifft, kann ich sagen, daß das ein kurioses Mißverständnis ist. Das war natürlich sehr schlimm. Aber es war politisch. Es war nicht persönlich. Daß die Nazis unsere Feinde sind – mein Gott, wir brauchten doch, bitteschön, nicht Hitlers Machtergreifung, um das zu wissen!" Vielmehr lag das Problem im persönlichen Umfeld: „Das Problem, das persönliche Problem war doch nicht etwa, was unsere Feinde taten, sondern was unsere Freunde taten. Was damals in der Welle von Gleichschaltung, die ja ziemlich freiwillig war, jedenfalls noch nicht unter dem Druck des Terrors, vorging: Das war, als ob sich ein leerer Raum um einen bildete." (Gaus & Arendt 1964)

unsere eigenen Strukturen, und wenn wir in Gefahr sind, werden wir uns aufeinander verlassen können. Wir sind die Alternative für Deutschland." (Salzmann 2019, 26)

Auch Gesprächspartner*innen wünschen sich und hoffen, wie es folgende*r formuliert, auf tragfähige Allianzen „zwischen den Communities", wobei zu beachten sei, dass es beispielsweise „nicht *die* Juden oder *die* Muslime [gibt] [Herv.d.Verf.]", eine Sichtweise, die „diese essenzialistische Debatte" verstärke. Wohl aber gebe es „Menschen mit unterschiedlichen bzw. ähnlichen religiösen, sozialen, kulturellen Perspektiven und Praktiken". Grundlagen und Ansatzpunkte für Zusammenschlüsse liegen demnach, so könnte gemeint sein, nicht in homogenisierten Entitäten und Identitäten, vielmehr könnten im Blick auf gleiche Rechte und strukturelle Benachteiligungen verallgemeinerbare Anliegen und Interessen freigelegt werden. So fordert ein*e Gesprächspartner*in, „gesellschaftspolitische Fragestellungen gemeinsam zu erörtern und danach machbare Wegen zu suchen". Daran ist hervorzuheben, dass gemeinsame *Interessen* nicht zutage liegen, sondern in einem Diskussionsprozess *entwickelt* werden (müssen).

Im Sinne der dazu als notwendig erachteten Überschreitung von Identitätspolitiken heißt es etwa im Editorial von Jalta (Czollek et al. 2018, 6): „Im vorliegenden Heft wollen wir also über Fragen (jüdischer) Identität, von Selbst- und Fremdbildern hinausblicken", was, wie Vincent Bababoutilabo und Hannah Peaceman (2018) in ihrem Gespräch über mögliche Allianzen zwischen jüdischer und Schwarzer Community im selben Heft resümieren, leichter gesagt als getan ist. „Wir haben begonnen zu dekonstruieren, wie Gemeinschaftsgefühl, das sich fast ausschließlich auf Identität stützt, politische Allianzen verhindert. Wir machen auf einen blinden Fleck von politischem Aktivismus aufmerksam, der sich darauf konzentriert, die Fragen der eigenen Identität in das Zentrum der Debatte zu stellen, statt sich damit auseinanderzusetzen, wie Widerstand gegen die derzeitigen politischen Verhältnisse und Solidarität mit den Entrechteten aussehen könnten. Hier muss in unseren Augen die gemeinsame Debatte weitergehen." (A.a.O., 113)

Zu diesem Prozess gehöre es einem*r Gesprächspartner*in zufolge, Differenzen und Konfliktpunkte zu benennen und zu diskutieren: „‚Allianzen' bedeutet vor allem zu lernen, kritische Fragen zu stellen, auch an uns selbst; es bedeutet auch, den Elefanten im Raum anzufassen und gemeinsam zu schauen, wo es Brücken und Streitpunkte gibt." Welche Fragen das u.a. sein können, darauf gibt wiederum Hannah Peaceman (a.a.O., 105) Hinweise: „‚Wir' müssen uns Widersprüchen innerhalb der jüdischen Gemeinschaft stellen, unsere eigenen Positionen gesellschaftlich verorten, Rassismus, Sexismus, Klassismus widersprechen." Dieser Blick auf die innere Heterogenität jüdischer Communities erlaube es dann auch, von Identitäts- zu Interessenpolitik überzugehen, die nur gemeinsam mit anderen entwickelt werden kann: „Und spätestens, wenn wir diesen Anspruch haben, wird klar, dass unsere Frage nicht lauten kann: Wer sind wir?, sondern vielmehr lauten muss: Wer wollen wir sein?, In welcher Welt wollen wir leben?, Wie können wir die gesellschaftlichen Verhältnisse verbessern? Das sind politische Fragen, die weit über eine Identitätssuche hinausgehen. Es sind keine Fragen, die wir uns als Jüd*innen alleine stellen können, sondern solche, auf die wir nur gemeinsam mit Verbündeten Antworten *finden können* und um die wir *gemeinsam* *kämpfen* müssen." (A.a.O., 105) Dabei wird auch angesprochen, dass es um Anerkennung und Teilhabe in kritischer Auseinandersetzung mit gesellschaftlichen Verhältnissen geht: „Soviel Identitätspolitiken und die Bildungsarbeit die Demokratisierung vorangebracht haben, soviel haben sie das auch immer im Einklang mit den gesellschaftlichen Verhältnissen getan. Die zentralen Widersprüche, Fragen der Verteilung, die systematische Verarmung eines Teils der Bevölkerung und damit ihr Ausschluss aus gesellschaftlichen Prozessen wie Demokratisierung und Teilhabe – das sind gerade Themen, die nicht diskutiert werden." (A.a.O., 108)

Mit der skizzierten Debatte schließen jüdische Akteur*innen in Berlin an das Projekt der postmigrantischen Gesellschaft an. Auch dort wird ganz im Sinne der o.g. reklamierten ‚Offensive' betont, dass öffentliche Debatten über „das Erstarken rechtspopulistischer Bewegungen, Einstellungen und die Etablierung rechtspopulistischer Parteien" in den Hintergrund treten lässt, dass es „Gegenbewegungen und aktive Positionierungen in der Zivilgesellschaft für Offenheit, Toleranz und Vielfalt" (Stjepandic & Karakayali 2019, 237) gibt. Postmigrantische Allianzen erkennen „unterschiedliche Positionen, Erfahrungen und Biografien" ihrer heterogenen Basis explizit an, wollen den Fokus aber „stärker in Richtung politischer Haltung und normatives Ziel" (a.a.O., 241) verschieben. Gesucht wird eine „Kollektivität durch haltungsbasierte Solidarität" (a.a.O., 240), um von da aus die „Gestaltung einer gemeinsamen Zukunft" in der Perspektive von „Gerechtigkeit" und mit einem „Gleichheitsanspruch" (a.a.O., 241) angehen zu können. Als Orte, an dem solche Allianzen bereits entstehen und ausgebaut werden, werden von eine*r Gesprächspartner*in „Kunst, Bildung und Wissenschaft" benannt.

l) Gespräche über Gräben und Brücken

Zu diesem Prozess der Entwicklung von Allianzen und ggf. Bündnissen (s.u.) gehört es, wie Akteur*innen sagen, Konflikte anzusprechen. In diesem Sinne thematisieren Gesprächspartner*innen, welche der o.g. „Elefanten" es nicht nur anzusehen, sondern auch „anzufassen" gilt. Dazu gehört die Frage, wie Antisemitismus thematisiert wird bzw. werden kann, insoweit dessen Urheber*innen in marginalisierten Communities ausgemacht werden bzw. von diesen ausgehen. Gemeinsame Grundlage der Gesprächspartner*innen ist dabei das Wissen darüber, dass Antisemitismus als lebensweltliche Erfahrung und konzeptive Ideologie ein vielgestaltiges Phänomen ist und dementsprechend in verschiedenen Qualitäten und aus unterschiedlichen ideologischen und demografisch-politischen Quellen in (fast) allen Lebensbereichen jüdischer Berliner*innen auftritt (vgl. Kapitel I, e). In den Gesprächen wurden die jeweils eigenen Positionen klar vertreten und im gedanklichen (Streit-)Gespräch mit anderen Akteur*innen erläutert.[153] Offen ist, wie und in welcher Weise sie (weiter) ausgetra-

153 Unsere Aufgabe als Zuhörende und Autor*innen ist es generell und insbesondere an dieser Stelle nicht, Position zu beziehen, sondern dieses virtuelle Streitgespräch darzustellen, soweit sich Gesprächspartner*innen dazu geäußert haben. Wir tun das zudem vor dem Hintergrund der Annahme, dass Kontroversen und Konflikte im Zuge der Entwicklung community-übergreifender Handlungsstrategien unvermeidbar und notwendig sind.

gen werden und ob es gelingen kann, die teils disparaten Ziele und Perspektiven in einen produktiven Austausch und ein effektives Zusammenspiel zu bringen. In diesem Sinne sei, so ein*e Gesprächspartner*in, eine zentrale Herausforderung, „wie auf die spezifischen Bedarfe" unterschiedlicher Bevölkerungsgruppen eingegangen werden kann, „ohne gleichzeitig vielleicht auch die möglichen Brücken und Allianzen aus dem Auge zu verlieren."

*Antisemitismus marginalisierter Urheber*innen: Realität, Stigmatisierung, Erfahrung*

Um Antisemitismus im Kontext des jeweils ‚Eigenen' thematisieren zu können, sind die inhaltlich-methodischen Herangehensweisen in der antisemitismuskritischen *Bildungsarbeit* entsprechend weit aufgefächert. Gegenstand einer Diskussion ist dabei, wie in angemessener und sinnvoller Weise mit Geflüchteten, muslimisch-sozialisierten und migrantischen bzw. migrantisierten Jugendlichen (und Erwachsenen) gearbeitet werden kann. Dabei wird u. a. die Frage teils unterschiedlich beantwortet, wie Antisemitismus in diesen Gruppen verstanden, benannt und öffentlich kommuniziert werden kann. Die einen Gesprächspartner*innen sehen einen Unterschied zwischen der konkreten, kritischen Auseinandersetzung mit Antisemitismus in und mit diesen Gruppen einerseits und andererseits der Art und Weise, wie in einem dominanten öffentlichen Diskurs über Antisemitismus in diesen Gruppen gesprochen wird. „Weil einfach so schnell eine Auslagerung hier in der Bundesrepublik stattfindet, dass man den Antisemitismus dann bei Geflüchteten, Migranten, Muslimen verortet und da immer auch, nicht nur, aber vor allem natürlich bei den Jugendlichen." Dieser Diskurs wird von dieser*m Gesprächspartner*in als eine Form der dominanzkulturellen Abwehr von Antisemitismus verstanden, bei der „das Negative im Eigenen so auf irgendwelche Fremden ab[ge]laden" wird: „[D]as war ja sozusagen die sogenannte Flüchtlingskrise, Flüchtlingswelle, wo einfach der mediale Diskurs ganz stark fokussiert auf ‚Oh, jetzt kommen Menschen ins Land', deren Zahl dann auch völlig übertrieben wurde, ‚die alle aus israelfeindlichen Ländern kommen und die bringen dann hier Antisemitismus rein'."

Und während solche Dynamiken teils auch als Aspekt von „Rassismus" verstanden werden, problematisieren andere Gesprächspartner*innen umgekehrt, dass die bzw. ihre Thematisierung von Antisemitismus *auch* in solchen marginalisierten Communities u. a. als islamfeindlich/rassistisch markiert wird. Man dürfe, so meint ein*e Gesprächspartner*in, grundsätzlich keinen Bereich des Antisemitismus aus der Auseinandersetzung ausklammern. Ein*e andere*r Gesprächspartner*in formuliert diesen Gedanken ähnlich: „So, und wenn man diese Form von Antisemitismus sich anguckt, dann hat man den Phänomenbereich und dann ist es völlig egal, ob das 'n Nazi ist, 'n Linker, 'n Rechter, 'n Muslim oder 'n Christ aus Brasilien, wenn er sich entsprechend äußert, ist er ein Antisemit oder hat antisemitische Einstellungen und da stigmatisiert man keine Gruppe, sondern beschreibt 'n Phänomen." Diese Gesprächspartner*innen betonen dabei, dass sie, wenn sie diesen speziellen Phänomenbereich des Antisemitismus thematisieren, keine Verallgemeinerungen vornehmen: „Dann hab ich gesagt, gibt's muslimischen Antisemitismus, muss man's sagen. Und [...] es ist ja keine grundsätzliche Aussage über alle Muslime, so wie es keine grundsätzliche Aussage über alle Deutschen ist, zu sagen, es gibt in Deutschland Rechtsextremismus."

In der Arbeit mit Betroffenen stellt sich die Frage, wie über Antisemitismus*erfahrungen* gesprochen werden kann, deren Urheber*innen in marginalisierten Gruppen ausgemacht werden. Ein*e Gesprächspartner*in schildert, dass „viele, das ist zumindest meine Wahrnehmung, [...] die sich vorher als jüdisch markiert haben [...], den Punkt stark einbringen: Dass aus ihrer Sicht nun mal im Alltag die meisten Erfahrungen von ‚beschimpft werden' oder ‚blöd angeguckt' werden [...] von Menschen kommen, die sie dann [...] als ‚Muslime' oder als ‚Araber' bezeichnen". Der*dem Gesprächspartner*in ist es im Umgang mit solchen Mitteilungen wichtig, sowohl Erfahrungen ernst zu nehmen als auch mögliche Vorurteilsbildungen zu problematisieren: „So, und ich versuche, da immer rauszuhören, wie sagt die Person das? Sagt sie das als eine eigene Erfahrung, die man ihr auch nicht absprechen will und darf. Oder wie formuliert sie das? Hat sie dann schnell diese Verallgemeinerungen drin und spürt man sowas raus wie ‚Ja, und deswegen sind's auch zu viele'?" In diesem Kontext wird von ihm*ihr auch darauf hingewiesen, dass unterschiedliche Erscheinungsformen von Antisemitismus subjektiv als unterschiedlich gravierend erlebt werden können (vgl. Kapitel I, i). Dabei ist es ihm*ihr wichtig, dies mit den Betroffenen bzw. Teilnehmer*innen gemeinsam zu reflektieren: „[D]as ist ja einfach so, dass die einen ihr elaboriertes Gedicht [...] schreiben[154] und die anderen auf der Straße schimpfen[155]. [...] Und dass solche Einschätzungen ‚Was bedroht mich in meiner Integrität im Alltag' etwas anderes ist als eine abstrakte Gefahr durch eine antisemitische Karikatur in einer Qualitätszeitung. Das ist etwas, was man thematisieren muss." Auch in der Dokumentation von und der öffentlichen Kommunikation über Antisemitismus*erfahrungen* achten die Gesprächspartner*innen darauf, „nicht in so 'ne Stigmatisierung reinzurutschen", und treffen entsprechende Vorkehrungen. Beispielsweise werde statt religiöser oder kultureller Zugehörigkeiten, die häufig nur über Fremdzuschreibungen auszumachen wären, geprüft, ob es „'ne klare politisch zuordenbare Äußerung, Selbstbezeichnung, Symbolik" gebe, so dass über politische Motive der Urheber*innen gesprochen werden kann.

In den Bereichen der Beratung, Bildung und Dokumentation wird demnach versucht Wege zu finden, Antisemitismuserfahrungen ernst zu nehmen und anzusprechen, ohne marginalisierte Urheber*innen zu stigmatisieren.

Dialog und Kooperation zwischen jüdischen und muslimischen Communities?

Eine etwas anders gelagerte Herausforderung besteht darin, wie ein institutionalisierter jüdisch-muslimischer Dialog in Berlin (besser) gelingen kann. So schätzt ein*e Gesprächspartner*in ein, dass es zwar einige Versuche der Kooperation jüdischer Institutionen (s. u.) mit muslimischen Vereinen und Verbänden gebe, es aber bislang jenseits „einmalige[r] Aktion[en]" schwierig sei, einen kontinuierlichen Dialog in Gang zu bekommen, während es zugleich „massiven Gesprächsbedarf" gebe. Und ein*e

---

154 Am 4. April 2012 veröffentlichte Günter Grass in *Süddeutsche Zeitung, La Republicca* und *El Pais* das Gedicht *Was gesagt werden muss*. Vgl. zu dessen antisemitischem Gehalt Dondera (2019).

155 Antisemitische Aggressionen haben unterschiedliche Urheber*innen (vgl. Kapitel I, e) und Motive (vgl. RIAS 2020, 11).

andere*r Gesprächspartner*in ergänzt, dass es unterschiedliche Sichtweisen dazu gibt, warum dieser Dialog nicht zufriedenstellend gelingt. So würde von muslimischer Seite gesagt, „dass doch gerade die organisierten Muslime so viel tun würden [...] für 'nen Dialog mit jüdischen Gemeinden und so viele Dialogangebote machen würden, die von den Juden*Jüdinnen nicht angenommen werden." Aus seiner*ihrer Sicht wird dabei „so 'ne Umkehr der Verantwortung vorgenommen." Dabei werden von Gesprächspartner*innen zwei miteinander verbundene Hindernisse eines (besseren) jüdisch-muslimischen Dialogs über und gegen Antisemitismus benannt: zum einen der Umgang seitens muslimischer Verbände mit Antisemitismus, der von muslimischen bzw. muslimisch sozialisierten Urheber*innen ausgeht, sowie zum anderen die grundsätzliche Haltung zum Existenzrecht Israels.

Ein*e Gesprächspartner*in nimmt etwa Abwehrreaktionen seitens muslimischer Repräsentant*innen wahr, wenn Betroffene Antisemitismuserfahrungen ansprechen, als deren Urheber*innen sie muslimische bzw. muslimisch sozialisierte Berliner*innen ausmachen: „Und da nehmen wir dann wiederum, wenn da Klartext geredet wird [...], schon relativ starke Zurückweisung dann auch von Vertreter*innen der muslimischen Community wahr. Dass das sozusagen ja jetzt übertrieben sei". Außerdem, so meint ein*e Gesprächspartner*in, sei es schwer einzuschätzen, wie nachhaltig öffentlich geäußerte Distanzierungen seien, wenn Antisemitismus in den Gemeinden zugleich nicht hinreichend angegangen werde. So habe es „nach diesem Vorfall an der Schule in Friedenau"[156] einen „Brief von verschiedenen muslimischen Institutionen Berlins" gegeben, in dem konstatiert wurde: „‚Vorgehen gegen die jüdische Religion ist unislamisch'." Zugleich sei aber bekannt, dass „diese Organisationen" teils „zumindest die Nähe von [...] antisemitischen Hasspositionen in ihrer Gemeinde tolerieren."

Ein Dilemma mit Blick auf die Entwicklung eines jüdisch-muslimischen Dialogs sieht ein*e Gesprächspartner*in auch angesichts der grundsätzlichen Frage der Haltung zum Existenzrecht Israels: „[E]s gibt eine wirklich rote Linie und zwar eine ganz strenge und das heißt die Anerkennung Israels als jüdischen Staat". Und, so berichtet er*sie weiter, „das ist das, was eben hier also wirklich Kopfzerbrechen bereitet", weil er*-sie diesbezüglich aufseiten muslimischer Verbände „auch widersprüchliche Signale wahr[nimmt]", die jüdische Akteur*innen „hindern" in eine „Kooperation einzutreten".

Im Bereich der Bildungsarbeit kann die Logik der Kooperation auch eine andere sein, wie Gesprächspartner*innen schildern. So sei es in der antisemitismuskritischen Bildungsarbeit das „Ziel [...] und nicht der Ausgangspunkt", antisemitische Vorstellungen wie etwa ein „antisemitische[s] Israelbild zu korrigieren." Und das gelinge „nur mit Wertschätzung und Anerkennung", auch „in Situationen, wo das 'ne gewisse Überwindung kostet." Denn: „Es gibt diese Probleme, also müssen wir diese Arbeit machen.

156 Das monatelange Mobbing eines jüdischen Schülers an einer Berliner Schule gelangte spät an die Öffentlichkeit, wurde dann aber bundesweit besprochen. Vgl. zu diesem Vorfall z. B. die Jüdische Allgemeine (2018).

Und wie schaffen wir das?" Die Antwort dieses*r Gesprächspartner*in lautet: Mit „Widerspruchstoleranz". Dabei wird von Gesprächspartner*innen auch angeregt, dieses pädagogische Prinzip in anderen Zusammenhängen zu beherzigen: „[A]ls Pädagoge*Pädagogin ist es wichtig hier deutlich zu machen, was ist Ausgangspunkt, was ist Ziel. […] [U]nd ich glaube, da verbauen sich […] auch Akteur*innen viele Chancen, weil sie gewisse Sachen als voraussetzend festmachen."[157]

Eine Voraussetzung dafür, so agieren und sprechen zu können, ist, dass die Bildner*innen selbst Rassismus und Antisemitismus gleichermaßen im Blick haben sowie deren Zusammenhänge thematisieren können. In diesem Sinne weist ein*e Gesprächspartner*in mit Blick auf die Qualifizierung des Personals und den Aufbau von Kooperationen darauf hin, dass er*sie bestimmte Standards setzt: „[W]as immer wir tun und mit wem wir auch zusammenarbeiten, wir stellen sofort klar, wir dulden keinen Antisemitismus in der Antirassismusarbeit."

Zugleich ist den Gesprächspartner*innen bekannt, dass es in Berlin einige Projekte gibt, die Brücken zwischen jüdischen und muslimischen Communities bauen, allerdings erreichten diese aus ihrer Sicht bislang nur kleine Kreise: „Und wenn ich jetzt nur von den Communities erst mal ausgehe, es nützt nicht, einen Diskurs zu führen, der nicht gehört wird." Die – gemeinsame – Herausforderung besteht demnach darin, Kooperationen zu entwickeln, durch die eine große Zahl oder gar die Mehrheit jüdischer und muslimischer Communities erreicht werden können (vgl. dazu etwa Königsberg 2019, 187). Themen sind dabei einerseits, in muslimischen Communities für mehr Engagement gegen Antisemitismus (vgl. Hizarci 2018) und in jüdischen Communities für mehr Engagement gegen antimuslimischem Rassismus (vgl. Grinfeld 2018) zu werben, sowie andererseits, gemeinsame Interessen zu definieren und gemeinsam für diese einzutreten (vgl. Königsberg 2019, 188).

m) Gemeinsam für eine offene und solidarische Gesellschaft? Bündnispolitiken in Berlin

Die jüngere Geschichte unterschiedlicher Bündnisse in Berlin ist mit Blick auf die Frage, inwieweit sie jüdische Akteur*innen einbeziehen und Antisemitismus ausschließen oder mindestens nicht unwidersprochen hinnehmen, widersprüchlich.

---

157 In *Jalta* ist die Frage, ob dieses Prinzip auf Kooperationen jenseits von Bildungsarbeit übertragbar ist, aus muslimischer und jüdischer Perspektive diskutiert worden. Während Yasemin Shooman (2018, 42) vorschlug, „den Nahostkonflikt […] zunächst einmal auszuklammern und sich auf die Themen, die uns als Minderheiten in Deutschland betreffen, zu fokussieren", betonte Sigmount Königsberg (2019, 186), dass dieser „sehr schnell thematisiert werden sollte" und es „[es] [z]umindest […] folgenden kleinsten gemeinsame[n] Nenner geben [sollte]: ‚Wir erkennen sowohl das Existenzrecht Israels als jüdischen Staat ebenso an wie das Recht des palästinensischen Volkes auf einen eigenen Staat.'"

So ist auf den Umstand, dass die traditionsreiche Gedenkveranstaltung zum 9. November in Moabit nicht nur von außen mit antisemitischen Parolen ‚bedacht' wurde,[158] sondern israelbezogener Antisemitismus auch von Teilnehmenden der Demonstration gegen eine*n jüdische*n Teilnehmer*in ausging, bereits hingewiesen worden (vgl. Kapitel I, e). Die dort gegen eine konkrete Person gerichtete Täter-Opfer-Umkehr wird von *Latkes*Berlin* auch an einem Redebeitrag auf dem X-CSD im Jahr 2016 herausgearbeitet (vgl. Latkes*Berlin 2018). Dass solche Positionierungen in diesem Kontext kein Einzelfall sind und welche konkrete Bedeutung Reden „mit den üblichen israelfeindlichen Parolen und klaren antisemitischen Konnotationen" für eine anwesende jüdische Person haben, wird wie folgt beschrieben: „Normalerweise versuche ich wegzuhören, mich abzulenken, außer Reichweite der Lautsprecher zu stehen. Eine seit Jahren auf dem Kreuzberger CSD notwendige Praxis, doch dieses Mal funktioniert sie nicht mehr, und ich sitze heulend in einem Hauseingang, weil ich deutlich die Botschaft höre: Als queere Jüdin bin ich hier nicht erwünscht, zumindest nicht, wenn ich mich nicht antizionistisch positioniere." (Latkes*Berlin 2018) Diese Erfahrung korrespondiert mit der Schwierigkeit jüdischer Initiativen, Kooperationen und Netzwerke im nicht-jüdischen Umfeld bilden zu können (vgl. Kapitel I, k). Dass ein Teil der X-CSD-Organisator*innen eine auch auf diesen Vorgang bezogene kritische Stellungnahme veröffentlichte (Rattenbar et al. 2016), wird wertschätzend wahrgenommen. Allerdings sei die Reichweite dieser Positionierung begrenzt geblieben: „Das alles ist gut und könnte optimistisch stimmen – wenn dieses Statement und auch die gescheiterte Nachbereitung des Gesamt-Teams in der Szene-Öffentlichkeit nicht fast unbeachtet und unbesprochen geblieben wäre." (Latkes*Berlin 2018)[159] Auch für den Women's March im Januar 2018 wird über dessen ‚Instrumentalisierung durch Israelgegner*innen' berichtet und im Kontext weiterer Veranstaltungen der queeren Szene Berlins sind antisemitische Aktionen dokumentiert worden.[160]

Schließlich fand am 13. Oktober 2018 die Berliner Unteilbar-Demonstration mit einer Viertelmillion Teilnehmer*innen auch unter Beteiligung jüdischer Akteur*innen statt.

158 Für die Jahre 2017 und 2016 sind folgende Vorfälle während der Gedenkdemonstrationen zum 9. November dokumentiert worden: „Am 9. November 2017, gegen 17:30 Uhr, fand abends in Moabit eine antifaschistische Gedenkdemonstration statt, diese wurde mindestens dreimal gestört. So wurde von Umstehenden oder Anwohner_innen unter anderem ‚Nieder mit Israel', ‚Free Palestine' und ‚Ob Ost – Ob West, nieder mit der Roten Pest' gerufen. Teilnehmende der Demonstration wurden als ‚Faschisten' beschimpft." (RIAS 2017) Und für 2016: „Am 9. November fand abends in Moabit eine antifaschistische Gedenkdemonstration statt, dieser wurde von einem Anwohner ‚dreckige Juden' und ‚Freiheit für Palästina' hinterher gerufen." (RIAS 2016)

159 Für das Jahr 2019 dokumentiert das JFDA: „BDS stört ‚Radical Queer March'", vgl. JFDA (2019).

160 „Rund 130 Israelgegner*innen instrumentalisierten den Women's March am 21. Januar 2018 in Berlin. In einem eigenen Block protestierten u. a. Aktivist*innen der antisemitischen BDS-Kampagne. Zwei Rednerinnen aus diesem Umfeld sprachen zudem auf der Bühne der Auftaktkundgebung am Brandenburger Tor. Während die Antizionist*innen u. a. „From the river to the sea, Palestine will be free" skandierten, protestierten die rund 1300 Teilnehmenden der eigentlichen Demonstration gegen Sexismus und Rassismus. Mehrere Demonstrierende kritisierten auch die Teilnahme des antiisraelischen Blocks." (JFDA 2018) Vgl. zu einer Serie antisemitischer Aktionen im Kontext queerer Veranstaltungen RIAS (2018a).

Die Demonstration spendete zwar Hoffnung, das Signal wirkte auf eine*n Gesprächspartner*in jedoch schon kurze Zeit später wie „verpufft". Zudem kam es im dortigen internationalistischen Block zu antisemitischen Vorfällen,[161] welche von jüdischen Organisationen angesichts der sich am Bündnis beteiligenden Gruppen bereits im Vorhinein befürchtet worden waren und die Überlegungen, sich an den großen Auftakt- und Abschlusskundgebungen zu beteiligen, für diese erschwert hatten.

Das Bündnis tritt für eine offene und solidarische Gesellschaft ein, es wendet sich „gegen jegliche Form von Diskriminierung" (Unteilbar 2018, 15), wobei Antisemitismus dezidiert erwähnt und auch soziale Rechte angesichts der Verarmung vieler Menschen betont werden. Im Redebeitrag des Jüdischen Forums für Demokratie und gegen Antisemitismus (JFDA) wurde eine umfassend-solidarische Perspektive vertreten: „Wir müssen Tacheles reden, wenn unsere freiheitliche Demokratie angegriffen wird. Und sie wird angegriffen. Wenn ein Grundrecht für eine Bevölkerungsgruppe infrage gestellt wird, dann stellt dies das Grundrecht als solches und die Unteilbarkeit der Menschenrechte infrage. Wir müssen uns wehren, wenn Rechtsextreme gegen die Vielfalt in unserem Land hetzen. Wir müssen uns vor Menschen jeder Herkunft stellen, vor Schwule und Lesben, vor Sinti und Roma, vor alle, die Tag für Tag aufgrund von Vorurteilen angegriffen und beleidigt werden." (Süsskind 2018, 38) Zugleich wird ‚Tacheles' auch mit Blick auf israelbezogenen Antisemitismus unter Teilnehmer*innen geredet (a. a. O., 39 f.) und dazu aufgefordert, muslimischen Antisemitismus nicht auszublenden: „Tatsächlich werden Jüdinnen und Juden auch von Menschen beleidigt, bespuckt und angegriffen, die selbst von Rechtsextremen beleidigt, bespuckt und angegriffen werden. Ich rede vom Antisemitismus von Muslimen, die von Hasspredigern und antisemitischen Verschwörungstheorien zum Hass angestachelt werden. Wir wissen, dass die Mehrheit der Muslime mit dieser Gewalt nichts zu tun hat. Gerade deswegen müssen wir Tacheles gegen muslimischen Antisemitismus reden. Denn ich möchte in einer Demokratie leben, in der wir der Vielfalt und der Komplexität von Menschenfeindlichkeit ins Auge sehen. Ich möchte in einer Demokratie leben, in der wir uns auf Augenhöhe begegnen und niemals aufhören, Tacheles zu reden!" (A. a. O., 40)

Die Unteilbar-Demonstration(en) wurde(n) als *Auftakt* für solche Diskussions- und Aushandlungsprozesse verstanden. So wurde am 19. März 2019 mit „Unteilbar Denken – Ein öffentlicher Think Tank", eine Diskussionsreihe zu „Potenzialen [...] und möglichen Allianzen" *begonnen*. Margarita Tsomou eröffnete die Runde entsprechend: Im Oktober 2019 hätten die Menschen auf der Demonstration „etwas mit ihren Körpern Ausdruck gegeben", womit aber „die Frage, was Unteilbar-Politiken sind, noch nicht geklärt" (Tsomou 2019) sei. So könnte für auch für Bündnispolitiken gegen Antisemitismus, für inklusive Vielfalt und Gerechtigkeit gelten, was Vincent Bababoutilabo titelgebend im Gespräch mit Hannah Peaceman formuliert: „Ausgangspunkt ist nicht das Festland, sondern die Reise" (Bababoutilabo & Peaceman 2018, 104).

161 Das JFDA und RIAS dokumentieren u. a., dass mündlich und bildlich zur ‚Befreiung Palästinas' in den Grenzen von 1948 aufgerufen und demnach die Existenz Israels als jüdischer Staat negiert wurde (vgl. RIAS 2018b).

Zusammenfassung und Ausblick

In Kapitel III sind unterschiedliche Handlungsfelder betrachtet worden, in denen eine vielfältige demokratische Alltagskultur in Berlin insbesondere auch aus jüdischen Communities heraus entwickelt wurde bzw. wird. Dazu zählen in historischer und zeitgenössischer Dimension die Etablierung eigenständiger jüdischer Lebenswelten sowie deren Pluralisierung, als Teil der Urbanisierung Berlins. In diesem Zeitraum bildete sich u. a. auch durch diese Prozesse das Selbstverständnis heraus, eine Migrations- bzw. postmigrantische Gesellschaft zu sein. Jüdische Kulturen in Berlin werden auch jenseits der Gemeinden durch eine heterogene, transnationale Community hervorgebracht und es werden Allianzen diesseits der Dominanzgesellschaft unter Einschluss jüdischer Perspektiven und Lebensrealitäten insbesondere im kulturellen Bereich entwickelt. Die Gegenwehr gegen Antisemitismus hat im Vergleich zur zivilgesellschaftlichen Auseinandersetzung mit anderen konzeptiven Ideologien und gewaltvollen Praxen in der Nachwendezeit und nach dem Millenniumswechsel eine nachholende Entwicklung durchlaufen. Antisemitismus wird mittlerweile jedoch auch in relevanten Teilen der nicht-jüdischen Zivilgesellschaft als zeitgenössisches und vielgestaltiges Phänomen verstanden, das Menschen in ihrem Alltag unmittelbar betrifft. Auch umfassendere Bündnispolitiken sind vor diesem Hintergrund (vorläufig) angestoßen worden. Zugleich bestehen in allen Handlungsfeldern – gegen Antisemitismus, für Vielfalt und für Demokratie – teils sehr grundlegende Herausforderungen. Im Einzelnen können die eingangs formulierten vier Leitfragen zusammenfassend wie folgt beantwortet werden:

Welche Voraussetzungen wurden seit den 1990er Jahren geschaffen, so dass heute die Frage nach gemeinsamem Handeln gegen Antisemitismus, für Vielfalt und Demokratie aus jüdischen Communities und Perspektiven gestellt werden kann?

Ostdeutsche jüdische Akteur*innen haben in der Wendezeit dafür gesorgt, dass zunächst in der DDR und dann in der vereinten Bundesrepublik Deutschland Möglichkeiten zur Einwanderung von Juden*Jüdinnen aus der (ehemaligen) UdSSR geschaffen wurden. Im Zusammenspiel mit der Aufbruchsstimmung in den 1990er Jahren ist innerhalb und jenseits der jüdischen Gemeinden – durch Konflikte hindurch – eine Bandbreite und Heterogenität jüdischer Communities in Berlin entstanden. Das in den 1990er Jahren noch dominante ethno-nationale Paradigma, das mit der Kodifizierung des Abstammungsrechts (*ius sanguinis*) und der kontrafaktischen Vorstellung, kein Einwanderungsland zu sein, einherging, wurde um die Jahrtausendwende überlagert von einem realitätsgerechteren Selbstverständnis, eine Migrations- bzw. postmigrantische Gesellschaft der vor Ort lebenden Menschen zu sein (*ius soli* bis hin zu *urban citizenship*). Insbesondere in Berlin wurde die Idee einer Berliner Republik im vereinten Europa in der Perspektive einer weitergehenden Demokratisierung teils Lebensrealität und teils Vision einer heterogenen Stadtgesellschaft. Vor diesem Hintergrund wurde es grundsätzlich möglich, Antisemitismus einerseits aus jüdischen Communities heraus als Juden*Jüdinnen in ihrem Alltag unmittelbar treffendes Phänomen zu thematisieren und andererseits als gemeinsames Problem (in) der heterogenen Stadtgesellschaft zu verstehen und anzugehen. Analoges gilt für die Entwicklung einer jüdische Lebensrealitäten und Perspektiven einschließenden vielfältigen Alltagskultur sowie von Allianzen jenseits der Dominanzgesellschaft und Bündnissen für Demokratie.

*Wie steht es aus der Sicht von Akteur*innen um die (Geschichte der) Resonanz und Solidarisierung im Einsatz gegen Antisemitismus in der nicht-jüdischen Berliner Zivilgesellschaft?*

1989/90 fanden auch die beiden postnationalsozialistischen Hälften Berlins zusammen, wobei Antisemitismus in der DDR und als aktuelles Problem weitgehend ausgeblendet und in den Folgejahren eine in vielerlei Hinsicht unzureichende Antwort auf rechtsextreme Gewalt gegeben wurde. Seit in den 2000er Jahren dann ein Umschwung hin zum sogenannten zivilgesellschaftlichen Ansatz der Demokratieförderung stattfand, wurde auch Gegenwehr gegen Antisemitismus proklamiert, aber jenseits einzelner Projekte lange Zeit nicht hinreichend beachtet und umgesetzt. Es brauchte einen langen Atem engagierter Akteur*innen, bis Antisemitismus schließlich als eigenständiges und aktuelles Phänomen verstanden wurde. In den 2010er Jahren wurde infolge eines Perspektivwechsels Antisemitismus als lebensweltliche Realität und Erfahrung von Betroffenen thematisiert, in die heterogene Stadtgesellschaft kommuniziert und nicht zuletzt hierdurch mehr Aufmerksamkeit generiert. Ausgehend von der Sensibilisierung zentraler Multiplikator*innen in den 2000er Jahren wurde zudem eine gewisse Bandbreite an Bildungsansätzen entwickelt, mit denen Jugendliche und Erwachsene unterschiedlicher Zugehörigkeiten und mittlerweile auch Berufsgruppen jenseits von Schule erreicht werden. Hier bestehen Herausforderungen darin, diesen breiteren Zielgruppenbezug zu stabilisieren und auszuweiten sowie zu einer kontinuierlichen Zusammenarbeit mit Institutionen zu kommen, die es erlauben würde, Organisationsentwicklungsprozesse in Gang zu setzen. Zudem wird ein Austausch über Herausforderungen in der Bildungsarbeit wegen und gegen Antisemitismus gewünscht. Die Resonanz in den Zielgruppen wird als teils verhalten oder abwehrend, aber – auch aufgrund der öffentlichen Thematisierung von Antisemitismus – als zunehmend aufgeschlossen beschrieben. Im Kontext der Beratung zu, Dokumentation von und Kommunikation über Antisemitismus als lebensweltliche Realität wird sowohl von gelungenen Netzwerkentwicklungen berichtet als auch von Abwehrreaktionen. Als spezielle Herausforderungen wird dabei der Umgang mit Antisemitismus benannt, insoweit er von Urheber*innen marginalisierter Berliner*innen ausgeht bzw. diesen zugeschrieben wird. Und während es auch unter den Akteur*innen diesbezüglich unterschiedliche Auffassungen gibt, sind alle bestrebt, diesen Phänomenbereich des Antisemitismus so anzusprechen, dass Stigmatisierungen vermieden werden. In den letzten Jahren hat die zivilgesellschaftliche Arbeit gegen Antisemitismus Resonanz in der Berliner Politik und Verwaltung erfahren. Es wurden Strukturen für Weiterentwicklung von Empowerment, Gegenwehr und Prävention geschaffen, die als Zwischenerfolge und Grundlage weiterer gemeinsamer Lernprozesse anerkannt werden. Übereinstimmend wird die von der extremen Rechten ausgehende Gefahr für Juden*Jüdinnen, andere marginalisierte Gruppen sowie die Demokratie insgesamt gesehen. Allianzen und Bündnisse gegen diese Form der Demokratiegefährdung werden gewünscht, seien in Berlin jedoch noch nicht hinreichend stark und stabil. Einen Weg hin zu einer Juden*Jüdinnen einbeziehenden und Antisemitismus reflektierenden Mobilisierung gegen die extreme Rechte weist die jüngere Geschichte des NSU-Tribunals.

*Inwieweit gelingt es aus der Sicht von Akteur*innen, jüdische Erfahrungen und Perspektiven einschließende Allianzen für Vielfalt in Berlin zu entwickeln?*

Die Vernetzung jüdischer Initiativen und Gruppen in die heterogene nicht-jüdische Stadtgesellschaft gelingt teils, und teils wird sie als schwierig erlebt, weil die Gefahr der Instrumentalisierung als ‚jüdisches Feigenblatt' drohe oder eine Distanzierung von Israel zur Voraussetzung gemacht wird. Im Bereich sowohl jiddischer als auch anderer Bühnenkultur(en), die in Berlin von einer heterogenen, transnationalen Community kreiert werden, leben utopische Ideen von Zugehörigkeit über territoriale und andere Grenzen hinweg auf.

Allianzen haben ihren Ausgangspunkt im Zusammenschluss von Menschen und Gruppen, die sich jeweils auf unterschiedliche Art und Weise marginalisiert sehen. Sie zielen auf wechselseitige konkrete Solidarität im Alltag und die Entwicklung einer Lebensweise jenseits der Dominanzgesellschaft und als Alternative zur Dominanzkultur. Mit Blick auf die Etablierung eines nachhaltigen institutionellen jüdisch-muslimischen Dialogs wird als Minimalkonsens die Anerkennung Israels als jüdischer Staat sowie des Rechts der Palästinenser auf einen eigenen Staat formuliert. Und während dies einerseits als Voraussetzung einer Kooperation verstanden wird, sehen andere dies als Ziel von Gesprächen. Postmigrantische Allianzen haben potenziell geteilte Interessen im Blick und wollen Teilhabe und Anerkennung in allen gesellschaftlichen Lebensbereichen erstreiten. Jüdische Akteur*innen haben sich diesen Projekten einer ‚Gesellschaft der Vielen' bzw. ‚Radical Diversity' eingeschrieben und begonnen, die damit verbundenen (selbst-)kritischen Diskussions- und Aushandlungsprozesse zu führen. Bislang findet dies hauptsächlich in den Bereichen von Wissenschaft, Bildung und Kultur statt.

Inwieweit gelingt es, Bündnisse gegen Antisemitismus, für einen inklusiveren Alltag und mehr Teilhabe zu entwickeln, um die demokratische Alltagskultur Berlins insgesamt zu vertiefen?

Politische Bündnisse, in denen gemeinsame Interessen im Vordergrund stehen und Unterschiede und Differenzen prozessual verhandelt und Kontroversen in einem solchen gemeinsamen Horizont ausgetragen werden können, stehen in Berlin (noch) am Anfang. In den vergangenen Jahren ist es eher zu Ausschlüssen, Konflikten und Brüchen gekommen, weil (insbesondere israelbezogener) Antisemitismus in der nicht-jüdischen Zivilgesellschaft nicht hinreichend wahrgenommen und diesem nicht ausreichend begegnet wird. Das Unteilbar-Bündnis wendet sich dezidiert auch gegen Antisemitismus und tritt für eine offene und solidarische Gesellschaft ein. An der Demonstration beteiligten sich auch Menschen aus jüdischen Communities, wobei auch israelbezogener Antisemitismus und Antisemitismus unter Muslim*innen angesprochen wurden. Die Demonstration wurde als Beginn eines Diskussions- und Aushandlungsprozesses über gemeinsame Interessen und Differenzen verstanden. Solche Foren sind wichtige Bausteine verbindender Politiken, auf deren Grundlage kollektive Handlungsfähigkeit gegen Antisemitismus, für Vielfalt und Demokratie entstehen können.

Aktivierende Befragung: Erläuterung des methodischen Vorgehens als Lese- und Rezeptionshilfe

Der Berlin-Monitor (vgl. Pickel et al. 2019) kombiniert verschiedene Ansätze und Methoden, um deren jeweiligen Stärken für die Beschreibung demokratiegefährdender Phänomene einerseits sowie des zivilgesellschaftlichen Engagements für Anerkennung und Teilhabe in Berlin andererseits nutzen zu können. Konkret kommen repräsentative Erhebungen von Einstellungen und Diskriminierungserfahrungen, Gruppendiskussionen und aktivierende Befragung(en) zum Einsatz. Mittelfristig werden im Rahmen des letzten Ansatzes vier Themenbereiche (Antisemitismus, Rassismen, Heteronormativität und Prekarisierung) untersucht. Im vorliegenden Bericht geht es um den Schwerpunkt „Antisemitismus – Heterogenität – Allianzen".

Der aktivierend-subjektwissenschaftliche Ansatz speist sich aus Traditionen der *Gemeinwesenarbeit* (vgl. Stövesand et al. 2013; Spieckermann 2012) und *Handlungsforschung* (Bradbury-Huan 2015, insbes. 453 ff.), seine Methoden und Techniken (in der Erhebung, Dokumentation und Auswertung von Daten) aus der als qualitativ bezeichneten Strömung in den Sozialwissenschaften (vgl. Mey & Mruck 2010a, 2020). Dabei orientieren wir uns speziell an *subjektwissenschaftlicher Handlungsforschung* (vgl. Markard 2010, 2020) und dem *Symbolischen Interaktionismus* (vgl. Winter 2010).

Im Kern bedeutet dies dem Anspruch nach, nicht über, sondern möglichst in praktischer Absicht mit den befragten Akteur*innen zu forschen. *Gegenstand* sind dabei bestimmte Aspekte der *Lebenswelten und Erfahrungen der Gesprächspartner*innen*, die für die Beschreibung der Schwerpunkte – Antisemitismus, Heterogenität, Allianzen – relevant sind. Dabei handelt es sich zunächst um subjektive Handlungsproblematiken, die den Akteur*innen im Alltag und im zivilgesellschaftlichen Wirken stellen. Allerdings liegt die praktische Absicht darin, nicht nur *Problem*wissen, sondern auch *Veränderungs*wissen, also Wissen über *Gegenwehr* gegen Antisemitismus und (verknüpfte) Diskriminierung sowie über das Engagement für Vielfalt und Demokratie zu eruieren. Dabei gehen wir davon aus, dass die Gesprächspartner*innen ebenso wie wir ein Interesse daran haben, diese Phänomene genauer zu verstehen und im genannten Sinne zu verändern, wobei unsere Rollen verschieden sind und bleiben. Die Gesprächspartner*innen sind die unmittelbaren Akteur*innen. Unsere Aufgabe als Forscher*innen ist es, ihre Erfahrungen und ihr Wissen so zu systematisieren, dass nicht nur Probleme (Antisemitismus, verknüpfte Diskriminierung etc.), sondern auch Stand und aktuelle Herausforderungen ihrer Überwindung bzw. der Gestaltung einer demokratischen Alltagskultur möglichst präzise beschrieben werden können.

*Die Gesprächspartner*innen: Expert*innen der Zivilgesellschaft, Expert*innen des Alltags*

Mit wem haben wir zu diesem Zweck also gesprochen? Erstens mit *Expert*innen der Zivilgesellschaft*, die ehrenamtlich oder/und beruflich in jüdischen Communities oder/und im antisemitismuskritischen Handlungsfeld in Berlin tätig sind. Zweitens mit jüdischen Berliner*innen, die in vielfältiger Weise in die Gestaltung eines Berliner Alltags involviert sind. Sie haben als *Expert*innen des Alltags* ihre Sichtweisen und Erfahrungen in Bezug auf die Schwerpunktthemen (mit-)geteilt.

Zwischen Mai 2019 und Juli 2020 haben wir in *23 Gesprächen mit insgesamt 30 Personen* persönlich gesprochen, ein Interview wurde per Mail geführt. Von den 30 Gesprächspartner*innen handelt es sich bei 7 um Expert*innen des Alltags, bei 23 um Expert*innen der Zivilgesellschaft, die in *unterschiedlichen Handlungsfeldern* in den Bereichen Kunst, Zivilgesellschaft und Politik tätig sind. Sie engagieren sich für die Entwicklung unterschiedlicher Bereiche der jüdischen Communities und jüdischer Kulturen; in der Arbeit gegen Antisemitismus dokumentieren und analysieren sie antisemitische Vorfälle, beraten, unterstützen und empowern Betroffene, bilden junge und erwachsene Menschen, besonders Multiplikator*innen in öffentlichen Behörden und pädagogischen Einrichtungen, und tragen mit Forschung und Öffentlichkeitsarbeit zu Verständnis und Beschreibung antisemitischer Ideologien, Praxen und Strukturen in Berlin bei.

Die Gesprächspartner*innen bringen – als Expert*innen der Zivilgesellschaft oder des Alltags – *unterschiedliche Perspektiven auf die Themenschwerpunkte* ein, die die Vielfalt und Heterogenität der jüdischen Communities in Teilen zur Geltung bringen. So können etwa ost- und westdeutsche, postsowjetische, US-amerikanische und israelische Erfahrungshintergründe sowie unterschiedliche Verständnisse jüdischer Zugehörigkeiten einbezogen werden. Einige Gesprächspartner*innen engagieren sich seit Jahrzehnten in Berlin gegen Antisemitismus und können von Erfahrungen aus der Zeit vor bzw. seit dem Mauerfall aus ost- und westdeutscher Perspektive berichten; andere Gesprächspartner*innen sind jünger oder leben erst seit kurzem in Berlin, eine*r lebte lange Zeit in Berlin und war nicht lange vor dem Gespräch nach Israel gezogen, ein*e andere*r kennt Berlin schon lange und ist auf dem Sprung dorthin. Und so sind auch Erfahrungen und Perspektiven unterschiedlicher Generationen im Sinne ihres Alters bzw. Bezugs auf Berlin präsent.

Die Gespräche: Interviewformen, Dokumentation und Rückkoppelung

Die Gespräche mit den Expert*innen der Zivilgesellschaft (vgl. zur Debatte über und Fundierung von Expert*innen-Interviews: Meuser & Nagel 2009) können als Form *problemzentrierter Interviews* (vgl. Witzel 2000) beschrieben werden und dauerten meist zwischen 60 und 90 Minuten, vereinzelt kürzer, darunter ein themenzentriertes Kurzinterview per Mail. Die Gespräche mit den Expert*innen des Alltags hatten *biografisch-narrativeren Charakter* (vgl. Schütze 1983) und dauerten meist 120 Minuten, teils länger, eins war kürzer. Letztere wurden mit erzählgenerierenden Fragen begleitet, erstere auf der Basis von thematischen Leitfäden geführt, die für jedes Gespräch mit Blick auf den spezifischen Erfahrungs- und Wissenshorizont der Person konkretisiert wurden.

Alle Interviews wurden audiografiert und transkribiert (vgl. Fuß & Karbach 2019). Die Mitteilungen wurden *anonymisiert*, weshalb Namen, spezielle Orte und sonstige konkrete Bezüge auf die Gesprächspartner*innen entfernt wurden. Die Transkripte wurden von den Gesprächspartner*innen validiert und autorisiert.

Die Gespräche wurden meist auf *Deutsch, teilweise auf Englisch* geführt. In der Transkription und Zitation wurden die Sprechweisen möglichst erhalten. Eine zu starke Standardisierung hätte das gesprochene Wort grammatikalisch begradigt, dafür aber den ‚Sound' der Sprecher*innen zum Verschwinden gebracht. Diesen wollten wir beibehalten.

Verstehen: Vom Gespräch über die Auswertung zur Darstellung

In der direkten Kommunikation ‚verstehen' wir einander (meist), so wie wir als zuhörende Forscher*innen mein(t)en verstanden zu haben, was im Gespräch mitgeteilt wurde. Zugleich ist das von den Gesprächspartner*innen Erzählte so dicht und komplex, dass ein *tieferes Verständnis* einer systematischeren Auseinandersetzung bedarf. Diese Auswertung erfolgte in drei Schritten. Zunächst wurde *jedes Interview für sich* betrachtet, um ein möglichst genaues Verständnis des individuell Mitgeteilten vor dem Hintergrund des jeweils relevanten beruflich-persönlichen Settings und sozial-gesellschaftlichen Hintergrunds zu entwickeln. Im zweiten Schritt wurden Techniken des Kodierens/Kategorisierens (vgl. Mey & Mruck 2010a; Mayring 2010) genutzt, um das Material sowohl induktiv mit Blick auf Themensetzungen der Gesprächspartner*innen als auch deduktiv mit Blick auf die jeweiligen Leitfragen der Themenschwerpunkte zu ordnen. Auf diese Weise wurden *interviewübergreifende Dimensionen* herausgearbeitet, zu denen die Gesprächspartner*innen sich – ggf. unterschiedlich – äußern. Diese Dimensionen sind Grundlage der Darstellung und finden sich insbesondere in den Zwischenüberschriften der drei Kapitel wieder. Die auf diesem Wege zusammengestellten unterschiedlichen und ähnlichen Sichtweisen von Gesprächspartner*innen auf dieselben Topoi wurden im dritten Schritt einerseits unter Bezug auf subjektwissenschaftliche Konzepte zur menschlichen Subjektivität (vgl. Markard 2009) analysiert, also als Formen von *subjektiver Erfahrung und (eingeschränkter oder ermöglichter) Handlungsfähigkeit* in und angesichts von bestimmten Konstellationen betrachtet. Diese Konstellationen wiederum werden als Aspekte von Lebenswelten verstanden, in denen Akteur*innen versuchen, möglichst selbstbestimmt zu agieren, dabei jedoch auch auf Widerstände stoßen. Zudem wurden in jedem Kapitel themenspezifische Theorien oder/und Forschungsergebnisse oder/und Debatten herangezogen, um die Äußerungen der Gesprächspartner*innen zu den Topoi zu *kontextualisieren.* Diese Verweise werden in den Fließtext eingebunden, wo es u.E. zum unmittelbaren Verständnis des Gesagten dienlich ist; weitergehende Kontextualisierungen werden in den Fußnoten vorgenommen.

Erfahrungen und Lebenswelt: Verallgemeinerbarkeit, Allgemeinheit und Kollektivität

Die vorliegende Darstellung versucht, eine möglichst ‚dichte Beschreibung' (Geertz 1987) von Aspekten jüdischer Lebenswelten und der Gegenwehr gegen Antisemitismus und Diskriminierung in Berlin auf der Grundlage der von den Gesprächspartner*innen mitgeteilten Erfahrungen bzw. von deren individuellem und verallgemeinertem Problem- und Veränderungswissen etc. zu entwickeln.

Solche *‚qualitativen' Studien* sind im Bereich der wissenschaftlichen Begleitung und Unterstützung der Demokratieförderung ein Novum. Während repräsentative Einstellungserhebungen im Feld mittlerweile bekannt sind und in ihren wesentlichen Grundlagen so rezipiert werden, wie es ihren *Charakteristika* entspricht, kann dasselbe nicht für ‚qualitative' Studien gesagt werden. Um zu vermeiden, Gewohnheiten und Erwartungen, die in der Rezeption quantitativer Studien ausgebildet wurden, auf diese Studie zu übertragen, könnte folgendes zu bedenken hilfreich sein:

1. ‚Quantitative' Forschung denkt von außen nach innen, von der (personalen und sozialen) Umwelt zum Subjekt und fragt danach, wie bestimmte Umweltbedingungen auf die Subjekte wirken; qualitative Forschung denkt von innen nach außen, also *von den Subjekten hin zu den für diese relevanten Aspekten ihrer Lebenswelten*, und fragt danach, wie sich diese Welt für sie darstellt. Demnach wird menschliches Verhalten hier nicht als Effekt äußerer Faktoren verstanden. Es ist nicht kausal bedingt, sondern sinnhaft vermittelt und subjektiv begründet. Menschliches Handeln (Denken, Fühlen etc.) muss sich allerdings in Möglichkeitsräumen vollziehen, die sowohl selbst- als auch fremdbestimmt sind.

2. Beim Lesen von Erfahrungen antisemitischer und verknüpfter Diskriminierung mag sich der Gedanke einstellen *‚Ja, genau, das habe ganz ähnlich auch erlebt'*. Dies sind wichtige Momente der praktischen Verallgemeinerung von Erfahrungen. Wenn sich beim Lesen der Gedanke einstellt *‚Meine Erfahrung ist eine andere'*, stellt das die geschilderte Erfahrung einer anderen Person nicht infrage, weil individuelle Erfahrungsräume per definitionem unterschiedlich sind bzw. sein können.

3. Quantitative Forschung kann aufgrund ihres Designs unmittelbar Aussagen über die Verbreitung bestimmter Phänomene treffen. Qualitativ-subjektwissenschaftliche Forschung lenkt zunächst und zuvorderst den Blick darauf, dass und inwiefern bestimmte Phänomene ein Problem für die Betroffenen und für eine demokratische Kultur darstellen, auch *wenn sie nicht viele Menschen betreffen oder häufig vorkommen*. Die vorliegende Studie ist also einerseits fallorientiert und daran interessiert, (unterschiedliche) subjektive Sichtweisen und Erfahrungen als solche darzustellen. Deshalb wird im Text – mit einer thematischen Ausnahme – nicht davon gesprochen, dass etwa ‚die' Gesprächspartner*innen bzw. ‚viele' oder ‚wenige' eine bestimmte Sichtweise einbringen.

4. Andererseits sind die Ergebnisse dieser Studie nicht allein auf individuelle Erfahrungen einzelner Personen bezogen. Vielmehr *verweisen die mitgeteilten Erfahrungen auf Aspekte von Lebenswelten* als der den Subjekten zugewandten Seite gesellschaftlicher Verhältnisse, *sind insofern also von allgemeinerer Natur*. Das gilt insbesondere für die mittels Kodierung gewonnenen Dimensionen: Die Erfahrung, *besondert* zu werden, ist eine über-individuelle, vielfach geteilte Erfahrung, die im jeweils konkreten Fall je spezifisch ausfallen kann bzw. erlebt wird. Dasselbe gilt bspw. für verknüpfte Diskriminierungserfahrungen im Zuge von Migrationsprozessen in den 1990er und 2000er Jahren, die als kollektive Erfahrung und lebensweltliche Realität verstanden werden können.

5. Befunde über subjektive Handlungsproblematiken (konkrete Erfahrungen der Besonderung, der verknüpften Diskriminierung) und über Formen des Umgangs mit ihnen sind zudem dadurch *verallgemeinerbar*, dass Menschen *sich mit ihren Erfahrungen ins Verhältnis zu den Erfahrungen anderer setzen*. So können andere Betroffene sich ‚als Fall von' dem (allgemeineren) Problem verstehen, besondert oder auf komplexe Weise diskriminiert zu werden, zugleich aber auch ihre individuell spezifischen Erlebnis- und/oder Umgangsweisen zur Geltung bringen.

6. Als Handlungsforschung ist aktivierend-subjektwissenschaftliche Forschung daran interessiert, sowohl Wissen über subjektive Handlungsproblematiken als auch über *individuelle und kollektive Versuche ihrer Veränderung* zu generieren. Die *Verallgemeinerung* solcher Wissensbestände resultiert wiederum nicht aus der Anwendung statistischer Verfahren, sondern prozessual, in *Zyklen* der Verständigung über subjektive und Handlungsproblematiken, der Entwicklung und Umsetzung möglicher Handlungsstrategien zu ihrer Überwindung, des *Dialogs* über dabei gemachte Erfahrungen und die Veränderung/Verbesserung der Strategien.

Ausblick: Vom Verständnis über die Verständigung zur Veränderung?

Die vorliegende Studie möchte einen Beitrag zu einem solchen Dialog leisten. In ihr werden auf der Grundlage der Gespräche mit Expert*innen eine Reihe *spezifischer Handlungsproblematiken des zivilgesellschaftlichen Engagements* in den jeweiligen Themenschwerpunkten – Antisemitismus, Heterogenität, Allianzen – benannt.

Gegenstand der Verständigung kann vor diesem Hintergrund zunächst das (bessere) Verständnis der Phänomene sein. Beispielsweise steht aus unserer Sicht zur Debatte, wie die lebensweltliche Erfahrung von *Antisemitismus* theoretisch präziser begriffen und empirisch detaillierter erforscht werden kann. Es geht also um diesbezügliche Theorie*bildung* und die *Entwicklung* dieses subjektorientierten Forschungsstils in der Antisemitismusforschung. Gegenstand der Verständigung können des Weiteren übergreifende oder spezifische Herausforderungen im Umgang mit *Heterogenität* sein, etwa die Frage nach der (teils fraglichen) Nutzbarkeit und dem (möglichen) Nutzen von Konzepten der Intersektionalität mit Blick auf plurale (jüdische) Zugehörigkeiten und (verknüpfte) Diskriminierung. Schließlich können die in verschiedenen Handlungsfeldern unterschiedlichen Möglichkeiten und Grenzen der Entwicklung von Netzwerken, *Allianzen* und Bündnissen Gegenstand der Verständigung darüber sein, wie sie ausgebaut und weiterentwickelt werden können.

Während zur Verständigung in unserem Verständnis *Kontroversen* notwendig und hilfreich sind, hoffen wir auf eine *Resonanz in der Berliner Zivilgesellschaft*, die die rekonstruierten Problematiken und Herausforderungen an- und ernst nimmt – und vor allem: praktisch angehen will. Demokratische Verhältnisse sind in Berlin nur zu verteidigen, wenn Antisemitismus zunehmend kollektiv mit effektiver Gegenwehr begegnet wird. Und ohne dafür zu sorgen, dass plurale (jüdische) Zugehörigkeiten in Berlin selbstbestimmt gelebt werden können, sind Allianzen und Bündnisse für Teilhabe und Anerkennung auf Dauer nicht tragfähig.

Literaturverzeichnis

Aarons, V., & Berger, A. (2017). *Third-Generation Holocaust Representation: Trauma, History, and Memory*. Evanston, IL: Northwestern University Press.

Akademie des Jüdischen Museums Berlin (2014). *Konzepte von Citizenship und Teilhabe im europäischen Vergleich*. Dokumentation der Fachtagung Berlin, 7.–8. April 2014. https://www.jmberlin.de/sites/default/files/jmb_akademie_dokumentation_citizenship.pdf (Abgerufen am 24. Juli 2020).

Akelius Mieter*innenvernetzung (2020). *Kurzdossier: Akelius in der Saefkow/Bötzow-Siedlung 2018–2020*. https://akelius-vernetzung.de/wp-content/uploads/2020/03/Kurzdossier-Saefkow-B%C3%B6tzow-Siedlung.pdf (Abgerufen am 24. Juli 2020).

Alroey, G. (2011). Alija. In D. Diner (Ed.), *Enzyklopädie jüdischer Geschichte und Kultur*. Stuttgart: J.B. Metzler/Springer-Verlag GmbH Deutschland 2011–2017. http://dx.doi.org/10.1163/2468-2845_ejgk_COM_0014

Améry, J. (1982). *Weiterleben, aber wie? Essays 1968–1978*. Stuttgart: Klett-Cotta.

Amt für Statistik (Ed.) (2019). *Wanderungen im Land Berlin 2019: Statistischer Bericht A III 2–j/19*. https://www.statistik-berlin-brandenburg.de/publikationen/Stat_Berichte/2020/SB_A03-02-00_2019j01_BE.pdf (Abgerufen am 24. Juli 2020).

Anti Defamation League (2020). *International Scapegoating of Israel and Jews for Spreading COVID-19*, 25 March 2020. https://www.adl.org/blog/international-scapegoating-of-israel-and-jews-for-spreading-covid-19 (Abgerufen am 24. Juli 2020).

Antmann, D. (2019). *Lesbisch feministischer Schabbeskreis*. In Digitales Deutsches Frauenarchiv. https://www.digitales-deutsches-frauenarchiv.de/akteurinnen/lesbisch-feministischer-schabbeskreis (Abgerufen am 24. Juli 2020).

Aptroot, M. (2016). Jiddisch. In D. Diner (Ed.), *Enzyklopädie jüdischer Geschichte und Kultur*. Stuttgart: J. B. Metzler Verlag.

Arendt, H. (1950). Social science techniques and the study of concentration camps. *Jewish Social Studies*, 49–64.

Arnold, S. (2019). Der neue Antisemitismus der Anderen? Islam, Migration und Flucht. In D. Rabinovici, N. Sznaider & C. Heilbronn (Eds.), *Neuer Antisemitismus: Fortsetzung einer globalen Debatte* (pp. 128–157). Berlin: Suhrkamp Verlag.

Auer, P. (2009). Competence in performance: Code-switching und andere Formen bilingualen Sprechens. In I. Gogolin & U. Neumann, *Streitfall Zweisprachigkeit: the bilingualism controversy* (pp. 91–110). Wiesbaden: VS Verlag für Sozialwissenschaften.

Aydemir, F., & Yaghoobifarah, H. (2019). *Eure Heimat ist unser Albtraum: Mit Beiträgen von Sasha Marianna Salzmann, Sharon Dodua Otoo, Max Czollek, Mithu Sanyal, Olga Grjasnowa, Margarete Stokowski uvm.* Berlin: Ullstein Verlage.

Bababoutilabo, V., & Peaceman, H. (2018). Ausgangspunkt ist nicht das Festland, sondern die Reise: Mailkorrespondenz zu Identitätspolitiken und Emanzipation. In *Jalta. Positionen zur jüdischen Gegenwart 02. Allianzen*. Berlin: Neofelis Verlag.

Bade, K. J. (1993). Migration in Geschichte und Gegenwart. In C. Koch-Arzberger, K. Böhme, E. Hohmann & K. Schacht (Eds.), *Einwanderungsland Hessen?* (pp. 1–16). Wiesbaden: VS Verlag für Sozialwissenschaften.

Bauriedl, T. (1986). *Die Wiederkehr des Verdrängten: Psychoanalyse, Politik und der Einzelne*. München: Piper.

Becker, R., & Lauterbach, W. (2016). Bildung als Privileg. Ursachen, Mechanismen, Prozesse und Wirkungen. In Dies. (Eds.), *Bildung als Privileg. Erklärungen und Befunde zu den Ursachen der Bildungsungleichheit*. (pp. 3–53). Wiesbaden: VS Verlag für Sozialwissenschaften.

Beigang, S., Fetz, K., Kalkum, D., & Otto, M. (2017). *Diskriminierungserfahrungen in Deutschland: Ergebnisse einer Repräsentativ- und einer Betroffenenbefragung.* Baden-Baden: Antidiskriminierungsstelle des Bundes.

Belkin, D. (2010). Mögliche Heimat. Deutsches Judentum zwei. In D. Belkin & R. Gross (Eds.), *Ausgerechnet Deutschland! Jüdisch-russische Einwanderung in die Bundesrepublik* (pp. 25–29). Jüdisches Museum Frankfurt am Main & Berlin: Nicolai.

Belkin, D. (2015). Wir können Avantgarde sein: Die Zukunft des Patchwork-Judentums. In K. Körber (Ed.), *Russisch-jüdische Gegenwart in Deutschland: Interdisziplinäre Perspektiven auf eine Diaspora im Wandel* (Schriften des Jüdischen Museums Berlin, Band 3) (pp. 153–161). Göttingen: Vandenhoeck & Ruprecht.

Belkin, D. (2017). *Jüdische Kontingentflüchtlinge und Russlanddeutsche.* [Kurzdossier]. Bundeszentrale für politische Bildung. https://www.bpb.de/gesellschaft/migration/kurzdossiers/252561/juedische-kontingent fluechtlinge-und-russlanddeutsche (Abgerufen am 24. Juli 2020).

Belkin, D., & Schäuble, W. (2010). Interview. In D. Belkin & R. Gross (Eds.), *Ausgerechnet Deutschland! Jüdisch-russische Einwanderung in die Bundesrepublik* (pp. 53–54). Jüdisches Museum Frankfurt am Main & Berlin: Nicolai.

Ben-Rafael, E., Sternberg, Y., & Glöckner, O. (2010). *Juden und jüdische Bildung im heutigen Deutschland. Eine empirische Studie im Auftrag des L. A. Pincus Fund for Jewish Education in the Diaspora.* Deutschland. https://archive.jpr.org.uk/download?id=2652 (Abgerufen am 24. Juli 2020).

Benz, W. (Ed.) (2020). *Antisemitismus in der DDR. Manifestationen und Folgen des Feindbildes Israel.* 2., überarbeitete Auflage. Berlin: Metropol.

Bergmann, W. (2002). *Geschichte des Antisemitismus.* München: C.H. Beck.

Bergmann, W., & Erb, R. (1991). *Antisemitismus in der Bundesrepublik Deutschland: Ergebnisse der empirischen Forschung von 1946–1989.* Wiesbaden: VS Verlag für Sozialwissenschaften. https://doi.org/10.1007/978-3-322-91415-6 (Abgerufen am 23. Juli 2020).

Berliner Register (2020). *Auswertung 2019 der Berliner Register zur Erfassung extrem rechter, rassistischer, antisemitischer, LGBTIQ*-feindlicher und anderer diskriminierender Vorfälle.* https://www.berlinerregister.de/sites/default/files/Berlin_2020_Register.pdf (Abgerufen am 23. Juli 2020).

Bernstein, J. (2017). Qualitative Studie. In A. Zick, A. Hövermann, S. Jensen & J. Bernstein (Eds.), *Jüdische Perspektiven auf Antisemitismus in Deutschland* (pp. 41–81). Universität Bielefeld: Institut für Interdisziplinäre Konflikt- und Gewaltforschung.

Bernstein, J. (2020). *Antisemitismus an Schulen in Deutschland: Befunde – Analysen – Handlungsoptionen.* Weinheim: Beltz Juventa.

Bitiş, S., & Borst, N. (2013). *Un_mögliche Bildung. Kritische Stimmen und verschränkte Perspektiven auf Bildungsun_gleichheiten.* Münster: Unrast.

Börner, M., Jungfer, A., & Stürmann, J. (Eds.) (2018). *Judentum und Arbeiterbewegung: das Ringen um Emanzipation in der ersten Hälfte des 20. Jahrhunderts* (Vol. 30). Berlin: De Gruyter Oldenbourg.

Bourdieu, P., Passeron, J. C., & Hartig, I. (1971). *Die Illusion der Chancengleichheit: Untersuchungen zur Soziologie des Bildungswesens am Beispiel Frankreichs.* Stuttgart: Klett.

Bradbury-Huan, H. (2015). *The Sage Handbook of Action Research.* (3rd Edition). Los Angeles, London, Washington DC, New Dheli, Singapore, Boston: Sage.

Brenner, M. (2001). Philosemitismus. In *Religion in Geschichte und Gegenwart.* 4. Auflage. https://doi.org/10.1163/2405-8262_rgg4_sim_124377 (Abgerufen am 23. Juli 2020).

Brenner, M. (2012). *Geschichte der Juden in Deutschland von 1945 bis zur Gegenwart: Politik, Kultur und Gesellschaft.* München: Beck.

Brenner, M. (2016). Zentralrat der Juden in Deutschland. In D. Diner (Ed.), *Enzyklopädie jüdischer Geschichte und Kultur.* Stuttgart: J.B. Metzler/Springer-Verlag GmbH Deutschland 2011–2017. http://dx-1doi-1org-100004eh10238.erf.sbb.spk-berlin.de/10.1163/2468-2845_ejgk_COM_01138 (Abgerufen am 24. Juli 2020).

Brinkmann, U., Dörre, K., & Röbenack, S. (2006). *Prekäre Arbeit. Ursachen, Ausmaß, soziale Folgen und subjektive Verarbeitungsformen unsicherer Beschäftigungsverhältnisse*. Bonn: Friedrich-Ebert-Stiftung.

Brumlik, M. (2020). Ostdeutscher Antisemitismus: Wie braun war die DDR? https://www.bpb.de/geschichte/zeitgeschichte/deutschlandarchiv/308504/ist-antisemitismus-vor-allem-ein-problem-in-ostdeutschland (Abgerufen am 24. Juli 2020).

Bundesministerium des Innern, für Bau und Heimat (BMI) (2019). *„Kampf gegen Antisemitismus gehört zu unserer Staatsräson"*. https://www.bmi.bund.de/SharedDocs/kurzmeldungen/DE/2017/09/definition-antisemitismus.html (Abgerufen am 23. Juli 2020).

Bündnis-Unteilbar (Ed.) (2018). *#Unteilbar: Für eine offene und solidarische Gesellschaft*. Berlin: Ullstein Streitschrift.

Burschel, F., Schubert, U., & Wiegel, G. (2014). *Der Sommer ist vorbei … Vom „Aufstand der Anständigen" zur „Extremismus-Klausel": Beiträge zu 13 Jahren „Bundesprogramme gegen Rechts"*. Münster: edition assemblage.

Butterwegge, C. (2009). Fit für die Globalisierung? Deutschland auf dem Weg zur Modernisierung seiner Migrations- und Integrationspolitik. In G. Hentges (Ed.), *Zuwanderung im Zeichen der Globalisierung* (pp. 137–170). Wiesbaden: VS Verlag für Sozialwissenschaften. https://doi.org/10.1007/978-3-531-91513-5 (Abgerufen am 24. Juli 2020).

Butterwegge, C. (2015). Der Streit um den Armutsbegriff: Polemiken, Probleme und Perspektiven. *Soziale Sicherheit*, 11/2015, 405–409. bund-verlag.de/zeitschriften/soziale-sicherheit/archiv (Abgerufen am 24. Juli 2020).

Castel, R. (2008). *Die Metamorphosen der sozialen Frage. Eine Chronik der Lohnarbeit*. Konstanz: UVK-Verlag-Gesellschaft.

Cheema, S. N. (2018). Gleichzeitigkeiten: Antimuslimischer Rassismus und islamisierter Antisemitismus. Anforderungen an die Bildungsarbeit. In M. Mendel & A. Messerschmidt (Eds.), *Fragiler Konsens: Antisemitismuskritische Bildung in der Migrationsgesellschaft* (pp. 61–76). Bonn: Bundeszentrale für politische Bildung.

Chernivsky, M., & F. Lorenz (2020). *Antisemitismus im Kontext Schule. Deutungen und Umgangsweisen von Lehrer*innen an Berliner Schulen*. Forschungsbericht zur Studie „Umgang mit Antisemitismus im Kontext Schule" unter wissenschaftlicher Mitarbeit von Johanna Schweitzer. Berlin.

Chernivsky, M., & R. Wiegemann (2017). Antisemitismus als individuelle Erfahrung und soziales Phänomen. Zwischen Bildung, Beratung und Empowerment. *Medanon. Magazin für jüdisches Leben in Forschung und Bildung*, 11/21, 1–7.

Claussen, D. (1987). *Grenzen der Aufklärung: Zur gesellschaftlichen Geschichte des modernen Antisemitismus*. Frankfurt/Main: Fischer Taschenbuch.

Courtman, N. (2020). Besser spät als nie: Die Mühlen der staatsangehörigkeitsrechtlichen Wiedergutmachung seit 1949. In M. Brumlik, M. Chernivsky, M. Czollek, H. Peaceman, A. Schapiro & L. Wohl von Haselberg (Eds.), *Jalta 07 – Positionen zur jüdischen Gegenwart: Übersetzbarkeit* (pp. 73–79). Berlin: Neofelis Verlag.

Cremer, H., & Deutsches Institut für Menschenrechte (2012). *Die UN-Kinderrechtskonvention: Geltung und Anwendbarkeit in Deutschland nach der Rücknahme der Vorbehalte*. Berlin.

Crenshaw, K. W. (1991). Mapping the Margins. Intersectionality, Identity Politics, and Violence Against Women of Color. *Stanford Law Review* 43:6, 1241–1299.

Czollek, M. (2018). *Desintegriert euch!* (4. Auflage). München: Carl Hanser Verlag.

Czollek, M. (2019). Anschlag in Halle: Der Sturm, vor dem wir euch gewarnt haben. *DER SPIEGEL*. https://www.spiegel.de/kultur/gesellschaft/antisemitischer-anschlag-in-halle-gastbeitrag-von-max-czollek-a-1290955.html (Abgerufen am 23. Juli 2020).

Czollek, M., Peaceman, H., & Wohl von Haselberg, L. (2018). Allianzen: In die Offensive! In *Jalta Positionen zur jüdischen Gegenwart*. No 03, Allianzen (1/2018 – 2/5778), 5–7.

Decker, M. (2019). *Zentralrat der Juden: Bei AfD-Regierung Zeit zu gehen*. RND. https://www.rnd.de/politik/prasident-des-zentralrats-der-juden-bei-afd-regierung-zeit-zugehen-2JHUEK42UJCZ3EFWK6LEBW3ZSU.html (Abgerufen am 23. Juli 2020).

Decker, O., & Brähler, E. (Eds.) (2018). *Flucht ins Autoritäre: Rechtsextreme Dynamiken in der Mitte der Gesellschaft: die Leipziger Autoritarismus Studie 2018*. Gießen: Psychosozial-Verlag.

Deutscher Bundestag (2019). *Deutscher Bundestag – Stenografischer Bericht – 118. Sitzung.* https://dipbt.bundestag.de/dip21/btp/19/19118.pdf#P.14404 (Abgerufen am 24. Juli 2020).

Diner, D. (2000). *Beyond the conceivable. Studies on Germany, Nazism, and the Holocaust.* (Vol. 20). University of California Press.

Diner, D. (2002). Geschichte der Juden: Paradigma einer europäischen Historie. In G. Stourtzh (Ed.), *Annäherungen an eine europäische Geschichtsschreibung*. Wien: Verlag der Österreichischen Akademie der Wissenschaften.

Diner, D. (2007). *Gegenläufige Gedächtnisse: Über Geltung und Wirkung des Holocaust.* Göttingen: Vandenhoeck & Ruprecht.

Diner, D. (2015). Verschwörung. In D. Diner (Ed.), *Enzyklopädie jüdischer Geschichte und Kultur*. Stuttgart: J.B. Metzler/Springer-Verlag GmbH Deutschland 2011–2017. http://dx.doi.org/10.1163/2468-2845_ejgk_COM_0972 (Abgerufen am 23. Juli 2020).

Diner, D. (Ed.) (2011–2017). *Enzyklopädie jüdischer Geschichte und Kultur*. Stuttgart: J. B. Metzler/Springer-Verlag GmbH Deutschland & Online: Brill.

Diner, D. (2020). Konflikte begreifen. Israel in Palästina – Falsche Kriege – Siebte Tage – Politisch-theologische Momente. In R. Hirte & F. von Klinggräff (Eds.), *Israel, Fragen nach/Europa. Gespräche über einen fernen, nahen Kontinent* (pp. 628–642). Weimar: Weimarer Verlagesgesllschaft.

Dippel, C., & Salzmann, S. (2017). *„Radikale Jüdische Kulturtage" am Maxim Gorki Theater. Ein Festival der Provokation und Selbstbefragung* [Interview mit Sasha Marianna Salzmann, Tobias Herzberg, Max Czollek, Sapir Heller, Daniel Kahn & Micha Brumlik]. Deutschlandfunk Kultur am 17.11.2017. https://www.deutschlandfunkkultur.de/radikale-juedische-kulturtage-am-maxim-gorki-theater-ein.1079.de.html?dram:article_id=400893 (Abgerufen am 24. Juli 2020).

Dondera, C. (2019). Was gesagt werden muss: Günter Grass und der inszenierte Tabubruch. In S. Salzborn, *Antisemitismus seit 9/11* (pp. 65–88). Baden-Baden: Nomos.

Estraikh, G. (2015). The Kultur-Lige in Warsaw: A Stopover in the Yiddishists' Journey between Kiev and Paris. In *Warsaw. The Jewish Metropolis* (pp. 323–346). Brill.

Estraikh, G., & Krutikov, M. (Eds.) (2010). *Yiddish in Weimar Berlin. At the crossroads of diaspora politics and culture*. London: Legenda.

Eurostat (2017). *Statistiken zur Einkommensarmut.* https://ec.europa.eu/eurostat/statistics-explained/index.php?title=Income_poverty_statistics/de (Abgerufen am 24. Juli 2020).

Feministisches Dokumentations- und Informationszentrum (FFBIZ) (o.J.). *Mitschrift der Forscher*innen aus der Ansicht eines biographisch-narrativen Video-Interviews mit Jessica Jacoby, durchgeführt vom Team des feministisches Dokumentations- und Informationszentrums FFBIZ und dort vor Ort einsehbar.* Signatur: M Rep. Berlin 20. In: Feministisches Dokumentations- und Informationszentrum (FFBIZ), Zeitzeuginnen-Reihe – 1.

Foroutan, N. (2019). *Die postmigrantische Gesellschaft: Ein Versprechen der pluralen Demokratie (X-Texte zu Kultur und Gesellschaft)*. Bielefeld: transcript Verlag.

Foroutan, N., Karakayalı, J., & Spielhaus, R. (Eds.) (2018). *Postmigrantische Perspektiven: Ordnungssysteme, Repräsentationen, Kritik*. Frankfurt/Main, New York: Campus Verlag.

FRA (European Union Agency for Fundamental Right) (2014). *Discrimination and hate crime against Jews in EU Member States: Experiences and perceptions of antisemitism*. Luxemburg: Amt für Veröffentlichungen der Europäischen Union.

FRA (European Union Agency for Fundamental Right) (2019). *Experiences and perceptions of antisemitism: Second survey on discrimination and hate crime against Jews in the EU*. Luxemburg: Amt für Veröffentlichungen der Europäischen Union.

Frankenberg, R. (1993). *White women, race matters: The social construction of whiteness.* University of Minnesota Press.

Fraser, N. (2017). Für eine neue Linke oder: Das Ende des progressiven Neoliberalismus. *Blätter für deutsche und internationale Politik.* (2), 71–76.

Fraser, N., & Honneth, A. (2003). *Umverteilung oder Anerkennung. Eine politisch-philosophische Kontroverse.* Frankfurt/Main: Suhrkamp.

Friedgut, T. H. (2010). Warum sie gingen: Gründe für die jüdische Emigration aus der Sowjetunion, 1973–2000. In D. Belkin & R. Gross (Eds.), *Ausgerechnet Deutschland! Jüdisch-russische Einwanderung in die Bundesrepublik* (pp. 38–41). Jüdisches Museum Frankfurt/Main & Berlin: Nicolai.

Frühneuhochdeutsches Wörterbuch (2017). *FWB-online.* Akademie der Wissenschaften zu Göttingen. https://fwb-online.de (Abgerufen am 23. Juli 2020).

Fuß, S., & Karbach, U. (2014). *Grundlagen der Transkription: Eine praktische Einführung.* Opladen, Toronto: Budrich; UTB.

Gabowitsch, M. (2010). Pogromgerüchte in der UdSSR der Perestroika-Zeit. In D. Belkin & R. Gross (Eds.), *Ausgerechnet Deutschland! Jüdisch-russische Einwanderung in die Bundesrepublik* (pp. 42–45). Jüdisches Museum Frankfurt/Main & Berlin: Nicolai.

Gak, M. (2019). *Kommentar: Antisemitismus im Aufwind.* Deutsche Welle. https://www.dw.com/de/kommentar-antisemitismus-im-aufwind/a-47615854 (Abgerufen am 23. Juli 2020).

Gal-Eds, E. (2016). *Niemandssprache – Itzik Manger – ein europäischer Dichter.* Berlin: Suhrkamp.

Gaus, G., & Arendt, H. (1964). *Zur Person – Günter Gaus im Gespräch – Arendt, Hannah.* RBB Interview Archiv. https://www.rbb-online.de/zurperson/interview_archiv/arendt_hannah.html (Abgerufen am 23. Juli 2020).

Geertz, C. (1987). Dichte Beschreibung. *Beiträge zum Verstehen kultureller Systeme.* Frankfurt/Main: Suhrkamp.

Gehaltsatlas (2019). *Die Kluft in Deutschland wird kleiner.* https://www.gehalt.de/news/gehaltsatlas-2019 (Abgerufen am 24. Juli 2020).

Gerber, J. (2016). Slánský-Prozess. In D. Diner (Ed.), *Enzyklopädie jüdischer Geschichte und Kultur.* Stuttgart: J.B. Metzler/Springer-Verlag GmbH Deutschland 2011–2017. http://dx-1doi-1org-100004eh1019a.erf.sbb.spk-berlin.de/10.1163/2468-2845_ejgk_COM_0815 (Abgerufen am 24. Juli 2020).

Gerber, J. (2018). „Rote Assimilation". Judentum und Kommunismus im mittleren und östlichen Europa (1917–1968). In M. Börner, A. Jungfer & J. Stürmann (Eds.), *Judentum und Arbeiterbewegung: Das Ringen um Emanzipation in der ersten Hälfte des 20. Jahrhunderts* (Vol. 30, pp. 183–202). Berlin: De Gruyter. https://doi.org/10.1515/9783110523935-013 (Abgerufen am 23. Juli 2020).

Gogolin, I. (2008 [1994]). *Der monolinguale Habitus der multilingualen Schule* (2. Aufl.). Münster: Waxmann.

Gogolin, I., & Neumann, U. (2009). *Streitfall Zweisprachigkeit: the bilingualism controversy.* Wiesbaden: VS Verlag für Sozialwissenschaften.

Gomolla, M., & Radtke, F. O. (2009 [2003]). Institutionelle Diskriminierung. In M. Gomolla, & F. O. Radtke, *Institutionelle Diskriminierung. Die Herstellung ethnischer Differenz in der Schule* (pp. 35–58). Wiesbaden: VS Verlag für Sozialwissenschaften.

Gorelik, L. (2007). *Juden – Russen – Deutsche: Der Wahrnehmungswandel der russischen Juden in den deutschen Medien 1989–2006 vor dem Hintergrund der deutsch-jüdischen Beziehungen.* Digital Library Eastern Europe: History, Vol. 16. https://doi.org/10.5282/ubm/epub.2076 (Abgerufen am 24. Juli 2020).

Grinfeld, D. (2018). Weil wir Juden sind. Warum die jüdische Gemeinschaft bei Hetze gegen Muslime aufstehen muss. *Jüdische Allgemeine am 28.11.2018.* https://www.juedische-allgemeine.de/politik/weil-wir-juden-sind/ (Abgerufen am 24. Juli 2020).

Grjasnova, O. (2019). Privilegien. In D. Aydemir & H. Yaghoobifarah (Eds.), *Eure Heimat ist unser Albtraum.* Berlin: Ullstein.

Habermas, J. (1995). Die Normalität einer Berliner Republik. In J. Habermas, *Kleine politische Schriften VIII.* Frankfurt/Main: Edition Suhrkamp.

Hall, S. (1989). Gramscis Erneuerung des Marxismus und ihre Bedeutung für die Erforschung von „Rasse" und Ethnizität. In S. Hall, *Ideologie, Kultur und Rassismus. Ausgewählte Schriften 1* (pp. 56–91). Hamburg: Argument Verlag.

Hall, S. (1997). The Spectacle of The „Other". In S. Hall (Ed.), *Representation: Cultural Representations and Signifying Practices* (pp. 223–285). London: Sage.

Hammerstein, K. (2017). *Gemeinsame Vergangenheit – getrennte Erinnerung? Der Nationalsozialismus in Gedächtnisdiskursen und Identitätskonstruktionen von Bundesrepublik Deutschland, DDR und Österreich.* Göttingen: Wallstein Verlag.

Hansen, N. (2009). Die Verarbeitung von Diskriminierung. In A. Beelmann & K. J. Jonas (Eds.), *Diskriminierung und Toleranz* (pp. 155–170). Wiesbaden: VS Verlag für Sozialwissenschaften. https://doi.org/10.1007/978-3-531-91621-7_8

Haug, S., & Schimany, P. (2005). *Jüdische Zuwanderer in Deutschland: ein Überblick über den Stand der Forschung.* [Working paper/Bundesamt für Migration und Flüchtlinge (BAMF) Forschungszentrum Migration, Integration und Asyl (FZ)]. Nürnberg. https://www.ssoar.info/ssoar/handle/document/35243 (Abgerufen am 24. Juli 2020).

Haury, T. (2002). *Antisemitismus von links: kommunistische Ideologie, Nationalismus und Antizionismus in der frühen DDR.* Hamburg: Hamburger Edition.

Heil, J. (2012). Ecclesia et Synagoga. In D. Diner (Ed.), *Enzyklopädie jüdischer Geschichte und Kultur.* Stuttgart: J.B. Metzler/Springer-Verlag GmbH Deutschland 2011–2017. http://dx.doi.org/10.1163/2468-2845_ejgk_COM_0190 (Abgerufen am 23. Juli 2020).

Heitzer, E., Jander, M., Poutrus, P. G., & Kahane, A. (Eds.) (2018). *Nach Auschwitz: Schwieriges Erbe der DDR: Plädoyer für einen Paradigmenwechsel in der DDR-Zeitgeschichtsforschung.* Frankfurt/Main: Wochenschau Verlag.

Hilberg, R. ([1961] 2003). *The destruction of the European Jews* (3rd ed.). New Haven: Yale University Press.

Hirte, R., & von Klinggräff, F. (2020). *Israel, Fragen nach/Europa. Gespräche über einen fernen, nahen Kontinent.* Weimar: Weimarer Verlagsgesellschaft.

Hizarci, D. (2018). Aufstehen gegen den Hass. Warum die muslimische Gemeinschaft sich gegen Judenhass engagieren sollte. *Jüdische Allgemeine am 22.11.2018.* https://www.juedische-allgemeine.de/meinung/aufstehen-gegen-den-hass/ (Abgerufen am 24. Juli 2020).

Holzkamp, K., & Haug, F. ([1976] 2006). *Schriften IV: Sinnliche Erkenntnis: Historischer Ursprung und gesellschaftliche Funktion der Wahrnehmung.* Hamburg: Argument-Verlag.

Homolka, W., Fegert, J., & Frank, J. (Eds.) (2009). *„Weil ich hier leben will …" Jüdische Stimmen zur Zukunft Deutschlands und Europas.* Freiburg: Herder.

hooks, B. (1981). *Ain't I a woman: Black women and feminism* (Vol. 3). Boston: South End Press.

Horkheimer, M., & Adorno, T. W. ([1944] 2009). *Dialektik der Aufklärung: Philosophische Fragmente* (23th ed.). Frankfurt/Main: Fischer Taschenbuch Verlag.

Hübscher, M. (2020). Likes for Antisemitism: The Alternative für Deutschland and its Posts on Facebook. *Journal of Contemporary Antisemitism,* 3(1), 11–34. https://doi.org/10.26613/jca/3.1.41 (Abgerufen am 24. Juli 2020).

Jalta (1/2017). Jalta. Positionen zur jüdischen Gegenwart 01. *Selbstermächtigung.* M. Brumlik, M. Chernivsky, M. Czollek, H. Peaceman, A. Schapiro & L. Wohl von Haselberg (Eds.). Berlin: Noefelis Verlag.

Jalta (2/2017). Jalta. Positionen zur jüdischen Gegenwart 02. *Desintegration.* M. Brumlik, M. Chernivsky, M. Czollek, H. Peaceman, A. Schapiro & L. Wohl von Haselberg (Eds.). Berlin: Noefelis Verlag.

Jalta (1/2018). Jalta. Positionen zur jüdischen Gegenwart 03. *Allianzen.* M. Brumlik, M. Chernivsky, M. Czollek, H. Peaceman, A. Schapiro & L. Wohl von Haselberg (Eds.). Berlin: Noefelis Verlag.

Jalta (2/2018). Jalta. Positionen zur jüdischen Gegenwart 04. *Gegenwartsbewältigung.* M. Brumlik, M. Chernivsky, M. Czollek,

H. Peaceman, A. Schapiro & L. Wohl von Haselberg (Eds.). Berlin: Noefelis Verlag.

Jalta (1/2019). Jalta. Positionen zur jüdischen Gegenwart 05. Exile. *Ein Kunstheft.* M. Brumlik, M. Chernivsky, M. Czollek, H. Peaceman, A. Schapiro & L. Wohl von Haselberg (Eds.). Berlin: Noefelis Verlag.

Jalta (1/2020). Jalta. Positionen zur jüdischen Gegenwart 07. *Übersetzbarkeit.* M. Brumlik, M. Chernivsky, M. Czollek, H. Peaceman, A. Schapiro & L. Wohl von Haselberg (Eds.). Berlin: Noefelis Verlag.

Jander, M. (2018). Antifaschismus ohne Juden: Der Kollaps der DDR und die linke DDR-Opposition. In E. Heitzer, M. Jander, A. Kahane, & P. G. Poutrus (Eds.), *Nach Auschwitz: Schwieriges Erbe DDR. Plädoyer für einen Paradigmenwechsel in der DDR-Zeitgeschichtsforschung.* Frankfurt/Main: Wochenschau Verlag.

Jüdische Allgemeine (2018). Mobbing gegen jüdischen Schüler. *Jüdische Allgemeine.* https://www.juedische-allgemeine.de/politik/mobbing-gegen-juedischen-schueler/ (Abgerufen am 23. Juli 2020).

Jüdische Allgemeine (2019). Erneute Antisemitismus-Vorwürfe gegen „Spiegel". *Jüdische Allgemeine.* https://www.juedische-allgemeine.de/kultur/erneute-antisemitismus-vorwuerfe-gegen-spiegel/ (Abgerufen am 23. Juli 2020).

Jüdische Gemeinde zu Berlin (o.J. a). *Geschichte – Chronik der Jüdischen Gemeinde zu Berlin.* http://www.jg-berlin.org/ueber-uns/geschichte.html (Abgerufen am 23. Juli 2020).

Jüdische Gemeinde zu Berlin (o.J. b). *Judentum – Synagogen in Berlin.* JG – Berlin. http://www.jg-berlin.org/judentum/synagogen.html (Abgerufen am 23. Juli 2020).

Jüdisches Forum für Demokratie und gegen Antisemitismus e.V. (JFDA) (2008). *Aktuelles Archiv.* JFDA. https://jfda.de/blog/category/aktuelles/ (Abgerufen am 23. Juli 2020).

Jüdisches Forum für Demokratie und gegen Antisemitismus e.V. (JFDA) (2014). *Was stehen bleibt – Kundgebung gegen Antisemitismus und Störungen.* https://jfda.de/blog/2014/09/19/was-stehen-bleibt-kundgebung-gegen-antisemitismus-und-storungen/ (Abgerufen am 23. Juli 2020).

Jüdisches Forum für Demokratie und gegen Antisemitismus e.V. (JFDA) (2018). *Israelgegner*innen instrumentalisieren „Women's March 2018" in Berlin.* JFDA. https://jfda.de/blog/2018/01/22/israelgegnerinnen-instrumentalisieren-womens-march-2018-in-berlin/ (Abgerufen am 23. Juli 2020).

Jüdisches Forum für Demokratie und gegen Antisemitismus e.V. (JFDA) (2019). *BDS stört „Radical Queer March".* JFDA. https://jfda.de/blog/2019/08/02/bds-stoert-radical-queer-march/ (Abgerufen am 23. Juli 2020).

Kalmar, I. (2020). Islamophobia and anti-antisemitism: the case of Hungary and the ‚Soros plot'. *Patterns of Prejudice,* 54(1–2), 182–198. https://doi.org/10.1080/0031322x.2019.1705014 (Abgerufen am 23. Juli 2020).

Kaminer, W. (2010). Neue Heimat. In D. Belkin & R. Gross (Eds.), *Ausgerechnet Deutschland! Jüdisch-russische Einwanderung in die Bundesrepublik* (pp. 142–143). Jüdisches Museum Frankfurt am Main & Berlin: Nicolai.

Kaminski, L. (2019). Wenn aus Tätern Opfer werden: Wolfgang Benz kritisiert die neue Meldestelle gegen Antisemitismus – zu Unrecht und aus sehr zweifelhaften Gründen. *Jüdische Allgemeine.* https://www.juedische-allgemeine.de/politik/wenn-aus-taetern-opfer-werden/ (Abgerufen am 24. Juli 2020).

Kampling, R. (2011). Adversus-Judaeos-Traktate. In D. Diner (Ed.), *Enzyklopädie Jüdischer Geschichte und Kultur.* Stuttgart: J.B. Metzler/Springer-Verlag GmbH Deutschland 2011–2017. http://dx.doi.org/10.1163/2468-2845_ejgk_COM_0003 (Abgerufen am 23. Juli 2020).

Karakayali, J., & zur Nieden, B. (2014). Klasseneinteilungen: Zur Geschichte und Gegenwart von Segregation an Berliner Grundschulen. In Labor Migration (Ed.), *Vom Rand ins Zentrum: Perspektiven einer kritischen Migrationsforschung.* Berliner Blätter 65. Berlin: Panama Verlag.

Karakayali, J., & zur Nieden, B. (2019). Segregation als Diskriminierungserfahrung. *Zeitschrift für Pädagogik, 65/6*, 888–903.

Karakayali, S. (2008). *Gespenster der Migration: Zur Genealogie illegaler Einwanderung in der Bundesrepublik Deutschland.* Bielefeld: transcript Verlag.

Kessler, J. (2003). *Jüdische Migration aus der ehemaligen Sowjetunion seit 1990.* http://www.berlin-judentum.de/gemeinde/migration.htm (Abgerufen am 24. Juli 2020).

KIgA e.V., Demirel, A., & Hizarci, D. (Eds.) (2018). Confronting Antisemitism and Intolerance: The Second Conference. Kreuzberger Initiative gegen Antisemitismus (KIgA e.V.). https://www.kiga-berlin.org/uploads/KIgA_CAI-2_Webversion.pdf (Abgerufen am 23. Juli 2020).

Klingenberg, D. (2015a). Komische Leute: Selbstverständnisse und Erfahrungen von Rassismus und Antisemitismus russisch-jüdischer Migrant_innen im scherzhaften Gespräch. In K. Körber (Ed.), *Russisch-jüdische Gegenwart in Deutschland: Interdisziplinäre Perspektiven auf eine Diaspora im Wandel* (Schriften des Jüdischen Museums Berlin, Band 3) (pp. 107–131). Göttingen: Vandenhoeck & Ruprecht.

Klingenberg, D. (2015b). Suche nach dem besseren Leben: Vor 25 Jahren begann die Zuwanderung russischsprachiger Juden nach Deutschland. *Jüdische Allgemeine.* 07.10.2015. https://www.juedische-allgemeine.de/kultur/suche-nach-dem-besseren-leben/ (Abgerufen am 24. Juli 2020).

Klug, B. (2003). The collective Jew: Israel and the new antisemitism. *Patterns of Prejudice*, 37(2), 117–138.

Kluge, C. (2019). Langzeitstudie zum Berliner Mietenmarkt: Mieten in Neukölln in zehn Jahren um 146 Prozent gestiegen. *Tagesspiegel.* https://www.tagesspiegel.de/berlin/langzeitstudie-zum-berliner-mietenmarkt-mieten-in-neukoelln-in-zehn-jahren-um-146-prozent-gestiegen/24312280.html (Abgerufen am 23. Juli 2020).

Kompetenzzentrum für Prävention und Empowerment & Chernivsky, M. (Eds.) (2017). *Vom Sprechen und Schweigen über Antisemitismus.* https://zwst-kompetenzzentrum.de/wp-content/uploads/2019/03/Vom-Sprechen-und-Schweigen-u%CC%88ber-Antisemitismus.pdf (Abgerufen am 23. Juli 2020).

Königsberg, S. (2019). Wer wird von wem gehört? Eine jüdische Perspektive auf Themen des jüdisch-muslimischen Dialogs. *Jalta Positionen zur jüdischen Gegenwart 05. Exile*, 182–187.

Kopstein, J., & Wittenberg, J. (2016). Pogrom. In D. Diner (Ed.), *Enzyklopädie jüdischer Geschichte und Kultur.* Stuttgart: J. B. Metzler/Springer-Verlag GmbH Deutschland 2011–2017. http://dx-1doi-1org-100004eh10238.erf.sbb.spk-berlin.de/10.1163/2468-2845_ejgk_COM_0639 (Abgerufen am 24. Juli 2020).

Körber, K. (Ed.) (2015). *Russisch-jüdische Gegenwart in Deutschland: Interdisziplinäre Perspektiven auf eine Diaspora im Wandel* (Schriften des Jüdischen Museums Berlin, Band 3). Göttingen: Vandenhoeck & Ruprecht.

Körber, K., & Becker, F. (2001). „Juden, Russen, Flüchtlinge": Die jüdisch-russische Einwanderung nach Deutschland und ihre Repräsentation in den Medien. In F. Raphaël (Ed.), *„… das Flüstern eines leisen Wehens …". Beiträge zu Kultur und Lebenswelt europäischer Juden. Festschrift für Utz Jeggle* (pp. 425–450). Konstanz: UVK.

Kranz, D. (2015). *Israelis in Berlin: Wie viele sind es und was zieht sie nach Berlin?* Gütersloh: Bertelsmann Stiftung.

Krüger-Potratz, M. (1994). „Dem Volk eine andere Muttersprache geben". Zur Diskussion über Zweisprachigkeit und Erziehung in der Geschichte der Volksschule. *Zeitschrift für Pädagogik*, 40, 81–96.

Küçük, E. (2017). Vom Paradigmenwechsel – Ein langes Ringen um einen unvermeidlichen Wandel: Oder, warum wir uns so schwer tun gesellschaftliche Veränderungen zu akzeptieren? In M. Brumlik, M. Chernivsky, M. Czollek, H. Peaceman, A. Schapiro & L. Wohl von Haselberg (Eds.), *Jalta – Positionen zur jüdischen Gegenwart: Desintegration, 02.* Berlin: Neofelis Verlag.

Langhoff, S. (2011). *Die Herkunft spielt keine Rolle. Postmigrantisches Theater im Ballhaus Naunystraße: Interview mit Shermin Langhoff.* Bundeszentrale für politische

Bildung. [Online-Dossier Kulturelle Bildung]. https://www.bpb.de/gesellschaft/bildung/kulturelle-bildung/60135/interview-mit-shermin-langhoff?p=all (Abgerufen am 24. Juli 2020).

Lanz, S. (2016). Berlin oder Das umkämpfte Terrain der Einwanderungsstadt. *Das Argument*, 58(4), 534–547.

Lassley, J. (2015). A defective covenant: Abandonment of faith among Jewish survivors of the Holocaust. *International Social Science Review*, 90(2), 1–17.

Latkes*Berlin (2018). *Analyse der Rede des Radical queer Wagenplatz Kanal auf dem X*CSD Berlin 2016*. https://latkesberlin.files.wordpress.com/2018/06/analyse-der-rede-des-wagenplatz-kanal.pdf (Abgerufen am 24. Juli 2020).

Lebuhn, H. (2013). Urban Citizenship, Border Practices and Immigrants' Rights in Europe: Ambivalences of a Cosmopolitan Project. *Open Citizenship*, 4(2), 12–21.

Legal Tribune Online (2018). *Airline darf Israeli Beförderung über Kuwait verweigern: Skandalös, antisemitisch, unvermeidbar?*; https://www.lto.de/recht/nachrichten/n/olg-frankfurt-16u209-17-airline-israeli-kuwait-befoerderung-verweigert/ (Abgerufen am 24. Juli 2020).

Lepsius, M. R. (1993). Das Erbe des Nationalsozialismus und die politische Kultur der Nachfolgestaaten des „Großdeutschen Reiches". In M. R. Lepsius, *Demokratie in Deutschland: Soziologisch-historische Konstellationsanalysen* (pp. 229–245). Göttingen: Vandenhoeck & Ruprecht.

Levy, D., & Sznaider, N. (2001). *Erinnerung im globalen Zeitalter: Der Holocaust*. Frankfurt/Main: Suhrkamp.

Liebscher, D. (2018). Sind Juden weiß? Wie Antidiskriminierungsrecht am Antisemitismus scheitert [Blogsymposium]. *Critical Race Perspectives on International Law*, 2/2018. https://voelkerrechtsblog.org/sind-juden-weis/ (Abgerufen am 24. Juli 2020).

Ljubic, N. (Ed.) (2012). *Schluss mit der Deutschenfeindlichkeit! Geschichten aus der Heimat*. Hamburg: Hoffmann und Campe.

Lorenz, G., & Gentrup, S. (2017). Lehrererwartungen und der Bildungserfolg von Schülerinnen und Schülern mit Migrationshintergrund. In Berliner Institut für empirische Integrations- und Migrationsforschung (BIM) & Forschungsbereich beim Sachverständigenrat deutscher Stiftungen für Integration und Migration (SVR-Forschungsbereich), *Vielfalt im Klassenzimmer: Wie Lehrkräfte gute Leistung fördern können*. Berlin. https://www.stiftung-mercator.de/media/downloads/3_Publikationen/2017/Juli/Vielfalt_im_Klassenzimmer_final.pdf (Abgerufen am 24. Juli 2020).

Markard, M. (2009). *Einführung in die kritische Psychologie*. Hamburg: Argument-Verlag.

Markard, M. (2010). Kritische Psychologie: Forschung vom Standpunkt des Subjekts. In *Handbuch Qualitative Forschung in der Psychologie* (pp. 166–181). Wiesbaden: VS Verlag für Sozialwissenschaften.

Markard M. (2020) Kritische Psychologie. In *Handbuch Qualitative Forschung in der Psychologie*. 2. Auflage. Band 1: Ansätze und Anwendungsfelder (pp 163–183). Wiesbaden: VS Verlag für Sozialwissenschaften.

Mayring, P. (2010). Qualitative Inhaltsanalyse. In G. Mey & K. Mruck (Eds.), *Handbuch Qualitative Forschung in der Psychologie* (pp. 601–613). Wiesbaden: VS Verlag für Sozialwissenschaften. https://doi.org/10.1007/978-3-531-92052-8_42 (Abgerufen am 23. Juli 2020).

Mecheril, P. (2004). *Einführung in die Migrationspädagogik*. Weinheim: Beltz.

Mendel, M. (2020). *Weil nicht sein kann, was nicht sein darf: Herausforderungen antisemitismuskritischer Bildungsarbeit*. Bundeszentrale für politische Bildung. https://www.bpb.de/apuz/311627/herausforderungen-antisemitismuskritischer-bildungsarbeit (Abgerufen am 24. Juli 2020).

Mendel, M., & Messerschmidt, A. (Eds.) (2017). *Fragiler Konsens: Antisemitismuskritische Bildung in der Migrationsgesellschaft*. Frankfurt/Main, New York: Campus Verlag.

Messerschmidt, A. (2018). Selbstbilder in der postnationalsozialistischen Gesellschaft. *Jalta Positionen zur jüdischen Gegenwart 04. Gegenwartsbewältigung*. 38–46.

Messing, J. (1999). *Allgemeine Theorie des menschlichen Bewusstseins*. Berlin: Weidler.

Messing, J. (2014). Perception. In T. Teo (Ed.), *Encyclopedia of Critical Psychology* (pp. 1346–1351). Springer; Credo Reference. https://doi.org/10.1007/978-1-4614-5583-7_214 (Abgerufen am 23. Juli 2020).

Meuser, M., & Nagel, U. (2009). Experteninterview und der Wandel der Wissensproduktion. *Experteninterviews. Theorien, Methoden, Anwendungsfelder*, 3, 35–60.

Mey, G., & Mruck, K. (2010b). Grounded-Theory-Methodologie. In *Handbuch Qualitative Forschung in der Psychologie* (pp. 614–626). Wiesbaden: VS Verlag für Sozialwissenschaften.

Mey, G., & Mruck, K. (Eds.) (2010a). *Handbuch Qualitative Forschung in der Psychologie*. Wiesbaden: VS Verlag für Sozialwissenschaften.

Mey, G., & Mruck, K. (Eds.) (2020). *Handbuch qualitative Forschung in der Psychologie*. 2. Auflage in zwei Bänden. Wiesbaden: VS Verlag für Sozialwissenschaften.

Migrationsrat Berlin e.V. (2019). *Offener Brief zivilgesellschaftlicher Akteure zur Ausschreibung der Werkstatt der Kulturen*. Migrationsrat.de. http://www.migrationsrat.de/offener-brief-zivilgesellschaftlicher-akteure-zur-ausschreibung-der-werkstatt-der-kulturen/ (Abgerufen am 23. Juli 2020).

Misselwitz, C. (2020). ‚Als ob wir nichts zu lernen hätten von den linken Juden der DDR ...' https://www.bpb.de/geschichte/zeitgeschichte/deutschlandarchiv/308502/als-ob-wir-nichts-zu-lernen-haetten-von-den-linken-juden-der-ddr- (Abgerufen am 24. Juli 2020).

Neckel, S. (1991). *Status und Scham. Zur symbolischen Reproduktion sozialer Ungleichheit*. Frankfurt/Main, New York: Campus.

Neofelis Verlag (2017). *Desintegration (Jalta. Positionen zur jüdischen Gegenwart 02)*. https://neofelis-verlag.de/verlagsprogramm/wissenschaft/juedische-studien-israelstudien/822/desintegration (Abgerufen am 23. Juli 2020).

Offener Brief (2019). Offener Brief an Dr. Franziska Giffey vom 18. Oktober 2019. https://ibis-ev.de/2019/10/18/offener-brief-an-dr-franziska-giffey/ (Abgerufen am 24. Juli 2020).

Özoğuz, A. (2014). Staatsbürgerschaft und Teilhabe in Deutschland. In Akademie des Jüdischen Museums Berlin, *Konzepte von Citizenship und Teilhabe im europäischen Vergleich: Dokumentation der Fachtagung Berlin, 7.–8. April 2014*. https://www.jmberlin.de/sites/default/files/jmb_akademie_dokumentation_citizenship.pdf (Abgerufen am 24. Juli 2020).

Panagiotidis, J. (2017). Postsowjetische Migranten in Deutschland. Perspektiven auf eine heterogene „Diaspora". *Aus Politik und Zeitgeschichte*, 67(11–12), 23–30.

Peaceman, H. (2017). Von Aufbrüchen und Veränderungen: Interview mit Tanja Berg von Bet Debora – einem europäischen Netzwerk feministischer Jüdinnen. In M. Brumlik, M. Chernivsky, M. Czollek, H. Peaceman, A. Schapiro & L. Wohl von Haselberg (Eds.), *Jalta – Positionen zur jüdischen Gegenwart 01: Selbstermächtigung*, 42–50. Berlin: Neofelis Verlag.

Peaceman, H. (2018). Der Antisemitismus des NSU – Sichtbarmachung und Verortung im Kontext rassismus- und antisemitismuskritischer Bildungsarbeit. In Amadeu Antonio Stiftung (Ed.), *Le_rstellen im NSU-Komplex: Geschlecht, Rassismus, Antisemitismus*. Berlin: Amadeu Antonio Stiftung. https://www.amadeu-antonio-stiftung.de/wp-content/uploads/2018/08/nsu_leerstellen_internet-1.pdf (Abgerufen am 24. Juli 2020).

Perinelli, M. (2018). *Die Macht der Migration: Zehn Gespräche zu Mobilität und Kapitalismus*. Münster: Unrast Verlag. https://www.rosalux.de/fileadmin/rls_uploads/pdfs/sonst_publikationen/piening_macht_der_migration.pdf (Abgerufen am 24. Juli 2020).

Pickel, G., Reimer-Gordinskaya, K., & Decker, O. (Eds.) (2019). *Der Berlin-Monitor 2019: Vernetzte Solidarität-Fragmentierte Demokratie*. Springe: zu Klampen! Verlag.

Pickhan, G. (2011). Bund. In D. Diner (Ed.), *Enzyklopädie jüdischer Geschichte und Kultur*. Stuttgart: J.B. Metzler/Springer-Verlag GmbH Deutschland 2011–2017. http://dx.doi.org/10.1163/2468-2845_ejgk_COM_0130 (Abgerufen am 23. Juli 2020).

Pieper, T. (2013). *Zur Mikrophysik in der deutschen Flüchtlingspolitik* (2. Aufl.). Münster: Verlag Westfälisches Dampfboot. https://www.dampfboot-verlag.de/shop/artikel/

die-gegenwart-der-lager (Abgerufen am 24. Juli 2020).

Polizei Berlin (2019). *Ausgewählte Fallzahlen der Politisch motivierten Kriminalität in Berlin: 1. Halbjahr 2019*. https://www.berlin.de/polizei/_assets/verschiedenes/halbjahres bericht_pmk_2019.pdf (Abgerufen am 23. Juli 2020).

Poutrus, P. G. (2019). *Umkämpftes Asyl. Vom Nachkriegsdeutschland bis in die Gegenwart*. Berlin: Ch. Links Verlag.

Poznanski, R. (2012). Dreyfus-Affäre. In D. Diner (Ed.), *Enzyklopädie jüdischer Geschichte und Kultur*. Stuttgart: Springer Verlag GmbH Deutschland 2011-2017.

Putnam, R. D. (2000). *Bowling Alone: The Collapse and Revival of American Community*. New York: Simon and Schuster.

Rabinovici, D., Sznaider, N. & Heilbronn, C. (2019). *Neuer Antisemitismus? Fortsetzung einer globalen Debatte*. Berlin: Suhrkamp Verlag.

Ranan, D. (2018). *„Man kann nicht nur eine Art von Hass auf ein Podest stellen": David Ranan im Gespräch mit Stefanie Rohde* [Interview]. Deutschlandfunk. https://www.deutschlandfunk.de/diskussion-um-antisemitismus-man-kann-nicht-nur-eine-art.694.de.html?dram:article_id=416203 (Abgerufen am 24. Juli 2020).

Rattenbar et al. (2016). *Statement zum x*csd 2016 von Teilen des Orga-Teams*. https://xcsd.files.wordpress.com/2016/10/xcsd 2016_statement_teilderorga_deutsch_160930.pdf (Abgerufen am 24. Juli 2020).

ReachOut (2005). *Chronik 2005–2020*. Berlin. https://www.reachoutberlin.de/de/chronik (Abgerufen am 23. Juli 2020).

Recherche- und Informationsstelle Antisemitismus Berlin (RIAS) (2017). *RIAS-Sammlung bekannt gewordener antisemitischer Vorfälle in Berlin und im Bundesgebiet rund um den 9. November 2017*. https://report-antisemitism.de/documents/2017-11-14_rias-be_Monitoring_9-Nov-2017.pdf (Abgerufen am 24. Juli 2020).

Recherche und Informationsstelle Antisemitismus Berlin (RIAS) (2018a). *Israelfeindschaft und Antisemitismus zur Prideweek in Berlin*. https://report-antisemitism.de/documents/2018-08-02_rias-be_Monitoring_Prideweek-2018.pdf (Abgerufen am 23. Juli 2020).

Recherche und Informationsstelle Antisemitismus Berlin (RIAS) (2018b). *Monitoring: Antisemitismus und Terrorverherrlichung im Block des „Internationalistischen Bündnisses" auf der #Unteilbar-Demonstration am 13.10. in Berlin*. https://report-antisemitism.de/documents/2018-10-17-rias-be_Monitoring_Unteilbar-Demo.pdf (Abgerufen am 23. Juli 2020).

Recherche und Informationsstelle Antisemitismus Berlin (RIAS) (2019). *Antisemitische Vorfälle 2018: Ein Bericht der Recherche- und Informationsstelle Antisemitismus Berlin (RIAS)*. https://report-antisemitism.de/documents/2019-04-17_rias-be_Annual_Antisemitische-Vorfaelle-2018.pdf (Abgerufen am 23. Juli 2020).

Recherche und Informationsstelle Antisemitismus Berlin (RIAS) (2020). *Antisemitische Vorfälle in Berlin 2019: Ein Bericht der Recherche- und Informationsstelle Antisemitismus Berlin (RIAS)*. https://report-antisemitism.de/documents/2020-04-29_rias-be_Annual_Antisemitische-Vorfaelle-2019.pdf (Abgerufen am 23. Juli 2020).

Reimer, K. (2011). *Kritische politische Bildung gegen Rechtsextremismus und die Bedeutung unterschiedlicher Konzepte zu Rassismus und Diversity. Ein subjektwissenschaftlicher Orientierungsversuch in Theorie- und Praxiswidersprüchen*. [Dissertation, Freie Universität Berlin]. https://d-nb.info/102635840X/34 (Abgerufen am 24. Juli 2020).

Reimer-Gordinskaya, K. (2019). Stendal-Stadtsee: Lackmustest der Demokratie in einer heterogenen Gesellschaft. In P. Pasternack (Ed.), *Das andere Bauhaus-Erbe: Leben in den Plattenbausiedlungen heute* (pp. 139–152). Magdeburg: BMV-Verlag.

Reimer-Gordinskaya, K., & Schulze, R. (2017). *Das Recht auf Bildung für geflüchtete Kinder und Jugendliche in Sachsen-Anhalt umsetzen: Gangbare Wege, Sackgassen und Baustellen. Eine Handreichung für Politik, Verwaltung und Bildungseinrichtungen*. Stendal: Kinder Stärken e.V. – Institut an der Hochschule Magdeburg-Stendal.

Rensmann, L. (2004). *Demokratie und Judenbild. Antisemitismus in der politischen Kultur der Bundesrepublik.* Wiesbaden: VS Verlag für Sozialwissenschaften.

Rokahr, S. (2019). Verblümter Antisemitismus. Israelkritik als Ticketmentalität. In S. Salzborn (Ed.), *Antisemitismus seit 9/11* (pp. 89–108). Baden-Baden: Nomos.

Rommelspacher, B. (1995). *Dominanzkultur: Texte zu Fremdheit und Macht.* Berlin: Orlanda-Frauenverlag.

Rommelspacher, B., Polat, Ü., & Wilpert, C. (2003). Die Evaluation des CIVITAS-Programms. In H. L. von Berg & R. Roth, *Maßnahmen und Programme gegen Rechtsextremismus wissenschaftlich begleitet* (pp. 51–75). Wiesbaden: VS Verlag für Sozialwissenschaften.

Rosenthal, G. (Ed.) (1997). *Der Holocaust im Leben von drei Generationen. Familien von Überlebenden der Shoah und von Nazi-Tätern.* Gießen: Psychosozial-Verlag.

Roth, R. (2003). Die dunklen Seiten der Zivilgesellschaft. *Forschungsjournal Soziale Bewegungen*, 16(2), 59–73.

Roth, R., & Benack, A. (2003). *Bürgernetzwerke gegen Rechts. Evaluierung von Aktionsprogrammen und Maßnahmen gegen Rechtsextremismus und Fremdenfeindlichkeit.* Berlin: Friedrich-Ebert-Stiftung. https://library.fes.de/pdf-files/stabsabteilung/01472.pdf (Abgerufen am 23. Juli 2020).

Runge, I. (2005). Jüdische Einwanderung: bedingt erwünscht. *Blätter für deutsche und internationale Politik (8).* https://www.blaetter.de/ausgabe/2005/august/juedische-einwanderung-bedingt-erwuenscht (Abgerufen am 24. Juli 2020).

Runge, I. (o.J.). *Ein kleiner Verein, der Februar 1990 und die Einwanderung sowjetischer Juden.* https://www.auslaender-in-der-ddr.com/home/j%C3%BCdische-fl%C3%BCcht linge/ (Abgerufen am 24. Juli 2020).

Salloum, R. (2014). Hype um israelischen Facebook-Post – Auf ins Pudding-Paradies! *DER SPIEGEL.* https://www.spiegel.de/politik/ausland/israel-und-berlin-auf-face book-starten-pudding-proteste-a-996337.html (Abgerufen am 23. Juli 2020).

Salzborn, S. (2019a). Antisemitismus in der „Alternative für Deutschland". In Ders. (Ed.), *Antisemitismus seit 9/11. Ereignisse, Debatten, Kontroversen* (pp. 197–216). Baden-Baden: Nomos.

Salzborn, S. (Ed.) (2019b). *Antisemitismus seit 9/11. Ereignisse, Debatten, Kontroversen.* Baden-Baden: Nomos.

Salzborn (2020). Was ist moderner Antisemitismus? In Bundeszentrale für politische Bildung (Ed.), *Dossier Antisemitismus.* https://www.bpb.de/politik/extremismus/antisemitismus/307644/was-ist-moderner-antisemitismus (Abgerufen am 24. Juli 2020).

Salzmann, S. M. (2019). Sichtbar. In F. Aydemir & H. Yaghoobifarah, *Eure Heimat ist unser Alptraum.* Berlin: Ullstein, 13–26.

Sartre, J. ([1944] 1994). *Überlegungen zur Judenfrage.* (Neuübersetzung). Reinbeck: Rowohlt.

Schäuble, B. (2017). Antisemitische Diskriminierung. In A. Scherr, A. El-Mafaalani, & E. G. Yüksel (Eds.), *Handbuch Diskriminierung* (pp. 545–564). Wiesbaden: VS Verlag für Sozialwissenschaften.

Schultz, H. J. (Ed.) (1986). *Mein Judentum.* Stuttgart: Kreuz-Verlag.

Schütze, F. (1983). Biographieforschung und narratives Interview. *Neue Praxis*, 13(3), 283–293.

Seils, E. (2013). *Armut im Alter – aktuelle Daten und Entwicklungen.* WSI Mitteilungen 5/2013. https://www.wsi.de/data/wsimit_2013_05_seils.pdf (Abgerufen am 24. Juli 2020).

Senatsverwaltung für Integration, Arbeit und Soziales Berlin & Joboption Berlin (SenIAS) (2019). *Selbstständig: solo und prekär? Solo-Selbstständigkeit in Berlin.* https://www.arbeitgestaltengmbh.de/assets/Uploads/2019-SoloselbststaendigkeitBerlin.pdf (Abgerufen am 24. Juli 2020).

Senatsverwaltung für Justiz, Verbraucherschutz und Antidiskriminierung (SenJustVA) & Landesstelle für Gleichbehandlung – gegen Diskriminierung (LADS) (2019a). *Beratung und Unterstützung bei Diskriminierung – Berlin. berliner-beratungswegweiser_2019.* https://www.berlin.de/lb/ads/studien/index.html (Abgerufen am 23. Juli 2020).

Senatsverwaltung für Justiz, Verbraucherschutz und Antidiskriminierung Berlin (SenJustVA) & Landesstelle für Gleichbehandlung – gegen Diskriminierung (LADS) (2019b). *Berlin gegen Antisemitismus! Berliner Landeskonzept zur Weiterentwicklung der Antisemitismus-Prävention*. https://www.berlin.de/sen/justva/presse/pressemitteilungen/2019/konzept-zur-weiterentwicklung-der-antisemitismuspraevention.pdf (Abgerufen am 24. Juli 2020).

Senatsverwaltung für Justiz, Verbraucherschutz und Antidiskriminierung (SenJustVA) & Landesstelle für Gleichbehandlung- gegen Diskriminierung (LADS) (2020). *Materialien rund um das LADG*. https://www.berlin.de/sen/lads/recht/ladg/materialien/ (Abgerufen am 24. Juli 2020).

Sezgin, H., & Akyün, H. (2011). *Manifest der Vielen: Deutschland erfindet sich neu*. Berlin: Blumenbar-Verlag.

Shandler, J. (2005). *Adventures in Yiddishland: Postvernacular language and culture*. University of California Press.

Shoomann, Y. (2018). Wer redet für wen und mit wem? Oder: Herausforderungen des jüdisch-muslimischen Dialogs in Deutschland – eine muslimische Perspektive. In *Jalta. Positionen zur jüdischen Gegenwart 03. Allianzen*. 42–49.

Silber, M. (2015). Yidishland. In D. Diner (Ed.), *Enzyklopädie jüdischer Geschichte und Kultur*. Stuttgart: J.B. Metzler/Springer-Verlag GmbH Deutschland 2011–2017. http://dx.doi.org/10.1163/2468-2845_ejgk_COM_01124 (Abgerufen am 23. Juli 2020).

Söhn, J. (2008). Bildungsunterschiede zwischen Migrantengruppen in Deutschland: Schulabschlüsse von Aussiedlern und anderen Migranten der ersten Generation im Vergleich. *Berliner Journal für Soziologie*. 18, 401–431. https://doi.org/10.1007/s11609-008-0028-1 (Abgerufen am 24. Juli 2020)

Spieckermann, H. (2012). Aktivierende Befragung als Methode der Gemeinwesenarbeit. In R. Blandow, J. Knabe & M. Ottersbach (Eds.), *Die Zukunft der Gemeinwesenarbeit. Von der Revolte zur Steuerung und zurück?* (pp. 156–170). Wiesbaden: VS Verlag für Sozialwissenschaften.

Spivak, G. C. (1985). The Rani of Sirmur: An essay in reading the archives. *History and theory*, 24(3), 247–272.

Spivak, G. C. (1993). *Outside in the teaching machine*. New York: Routledge.

Stehr, J. (2013). Normalität und Abweichung. In A. Scherr (Ed.), *Soziologische Basics*. Wiesbaden: VS Verlag für Sozialwissenschaften.

Steinitz, B. (2015). Wahrnehmungen und Erfahrungen Berliner Jüdinnen und Juden. In *„Wir stehen alleine da.": #EveryDayAntisemitism sichtbar machen und Solidarität stärken. Neue Wege der Erfassung antisemitischer Vorfälle – Unterstützungsangebote für die Betroffenen* (pp. 16–29). Verein für Demokratische Kultur in Berlin e.V. (VDK); Recherche und Informationsstelle Antisemitismus Berlin (RIAS).

Steinitz, B., & Poensgen, D. (2017). Die AfD im Spannungsfeld zwischen Relativierung und Instrumentalisierung des Antisemitismus. In apabiz (Ed.), *Berliner Zustände 2018*. https://rechtsaussen.berlin/2017/11/die-afd-im-spannungsfeld-zwischen-relativierung-und-instrumentalisierung-des-antisemitismus/ (Abgerufen am 23. Juli 2020).

Stjepandic, K., & Karakayali, S. (2018). *„Ich empöre mich also sind wir!": Solidarität in postmigrantischen Allianzen*. Migrationspolitisches Portal Heimatkunde. Heinrich-Böll-Stiftung. https://heimatkunde.boell.de/2018/10/12/ich-empoere-mich-also-sind-wir-solidaritaet-postmigrantischen-allianzen (Abgerufen am 24. Juli 2020).

Stögner, K. (2017). „Intersektionalität von Ideologien" – Antisemitismus, Sexismus und das Verhältnis von Gesellschaft und Natur. *Psychologie und Gesellschaftskritik* 41(2), 25–45.

Stögner, K. (2019). Wie inklusiv ist Intersektionalität? Neue soziale Bewegungen, Identitätspolitik und Antisemitismus. In S. Salzborn (Ed.), *Antisemitismus seit 9/11: Ereignisse, Debatten, Kontroversen* (Vol. 11). Baden-Baden: Nomos.

Stövesand, S., Stoik, C., & Troxler, U. (Eds.) (2013). *Handbuch Gemeinwesenarbeit. Traditionen und Positionen, Konzepte und Methoden. Deutschland – Schweiz – Österreich*. Theorie, Forschung und Praxis der

Sozialen Arbeit, Band 4. Opladen, Berlin, Toronto: Barbara Budrich.

Supyan, E. (2014). *„Brautschau" auf Russisch-Jüdisch-Deutsch. Ein- und Ausgrenzungsprozesse des Netzwerks russisch(sprachig)er Juden in Deutschland.* Berliner Arbeiten zur Erziehungs- und Kulturwissenschaft, Bd. 66. https://www.logos-verlag.de/cgi-bin/engbuchmid?isbn=3685&lng=eng&id= (Abgerufen am 24. Juli 2020).

Süsskind, L. (2018). *Rede von Lala Süsskind auf der #unteilbar-Demonstration am 13.10.2018.* In Bündnis #unteilbar (Ed.). #Unteilbar: Für eine offene und solidarische Gesellschaft. Berlin: Ullstein Streitschrift.

Tagesschau (2019). Tausende setzen in Berlin ein Zeichen gegen rechts. *tagesschau.de.* https://www.tagesschau.de/inland/unteilbar-demonstration-berlin-halle-101.html (Abgerufen am 23. Juli 2020).

Thies, J. (2017). *Evian 1938: als die Welt die Juden verriet.* Klartext.

Timm, A. (1997). *Hammer, Zirkel, Davidstern: das gestörte Verhältnis der DDR zu Zionismus und Staat Israel.* Bonn: Bouvier Verlag.

Tribunal NSU-Komplex auflösen (2017a). *Tribunal NSU-Komplex auflösen.* https://www.nsu-tribunal.de (Abgerufen am 23. Juli 2020).

Tribunal NSU-Komplex auflösen (2017b). *Wir klagen an! Anklage des Tribunals ‚NSU-Komplex auflösen'. 7.–21.* Mai. Köln-Mülheim. http://www.nsu-tribunal.de/wp-content/uploads/2017/10/NSU-Tribunal_Anklageschrift_DE_V3.pdf (Abgerufen am 24. Juli 2020).

Unabhängiger Expertenkreis Antisemitismus (UEA) (2017). *Antisemitismus in Deutschland – aktuelle Entwicklungen.* Berlin: Bundesministerium des Inneren, für Bau und Heimat.

Verein für Demokratische Kultur in Berlin e.V. (VDK) & Recherche und Informationsstelle Antisemitismus Berlin (RIAS) (2015). *„Wir stehen alleine da.": #EveryDayAntisemitism sichtbar machen und Solidarität stärken. Neue Wege der Erfassung antisemitischer Vorfälle – Unterstützungsangebote für die Betroffenen.* https://www.report-antisemitism.de/en/documents/2016-07-18_rias-be_Broschuere_Wir-stehen-alleine-da.pdf (Abgerufen am 23. Juli 2020).

Verenkotte, C. (2018). Antisemitismus in Ungarn. Zwiespältiges Verhalten der Regierung in Budapest. *Deutschlandfunk.* https://www.deutschlandfunk.de/antisemitismus-in-ungarn-zwiespaeltiges-verhalten-der.1773.de.html?dram:article_id=436970 (Abgerufen am 23. Juli 2020).

Von Berg, H.L., & Roth, R. (Eds.) (2003). *Maßnahmen und Programme gegen Rechtsextremismus wissenschaftlich begleitet: Aufgaben, Konzepte und Erfahrungen.* Opladen: Leske + Budrich.

Weiss, Y., & Gorelik. L. (2012). Die russisch-jüdische Zuwanderung. In M. Brenner (Ed.), *Geschichte der Juden in Deutschland von 1945 bis zur Gegenwart* (pp. 379–418). München: C.H.Beck.

Wellgraf, S. (2012). *Hauptschüler. Zur gesellschaftlichen Produktion von Verachtung.* Bielefeld: transcript.

Welzer, H., Moller, S., & Tschuggnall, K. ([2002] 2012). *„Opa war kein Nazi": Nationalsozialismus und Holocaust im Familiengedächtnis* (8. Auflage). Die Zeit des Nationalsozialismus: Vol. 15515. Frankfurt/Main: Fischer-Taschenbuch Verlag.

Wiedemann, M. (2005). *Die Neuregelung des deutschen Staatsangehörigkeitsrechts unter besonderer Berücksichtigung von Rechtsfragen mehrfacher Staatsangehörigkeit.* [Dissertation, Universität Koblenz]. Deutsche Nationalbibliothek. https://d-nb.info/976904535/34 (Abgerufen am 24. Juli 2020).

Winter, R. (2010). Symbolischer Interaktionismus. In G. Mey & K. Mruck (Eds.), *Handbuch Qualitative Forschung in der Psychologie* (pp. 79–93). Wiesbaden: VS Verlag für Sozialwissenschaften.

Wissenschaftliche Dienste des Deutschen Bundestages (2018). *Fragen zur Ausweitung des Fremdrentengesetzes auf jüdische Zuwanderer aus der früheren Sowjetunion: Sachstand WD 6-3000-055/18.* bundestag.de/resource/blob/566264/bcd8e58b6b9de116c725b26eb4b60b09/WD-6-055-18-pdf-data.pdf (Abgerufen am 24. Juli 2020).

Witzel, A. (2000). The Problem-Centered Interview. In *Forum Qualitative Sozialforschung*, Vol. 1, No. 1, Art. 22. www.qualitative-research.net/index.php/fqs/

article/view/1132/2522 (Abgerufen am 24. Juli 2020).

Wohl von Haselberg, L. (2020). Jüdische Sichtbarkeit und Diversität. *Aus Politik und Zeitgeschichte*, (26-27/2020, 8–13.

Yildiz, E. (2017). Postmigrantische Perspektiven auf Migration, Stadt und Urbanität. In T. Geisen, C. Riegel, E. Yildiz (Eds.), *Migration, Stadt und Urbanität* (pp. 19–33). Wiesbaden: VS Verlag für Sozialwissenschaften.

Young, J. E. (2009). Regarding the pain of women: Question of gender and the arts of Holocaust Memory. *PMLA*, Volume 124, Number 5, 1778–1786.

Yuval-Davis, N. (1999). What is ‚transversal politics'? *Soundings issue 12 summer 1999*, 94–98.

Yuval-Davis, N. (2006). Intersectionality and Feminist Politics. *European Journal of Women's Studies*. UK/US: SAGE Publications, 13 (3), 193–209.

Yuval-Davis, N. (2009). Politik der Zugehörigkeit. *Das Argument 282. Zeitschrift für Philosophie und Sozialwissenschaften*, 51(4), 595–605.

Zedek Gerechtigkeit (2019). *Gerechtigkeit für jüdische Zuwanderer im Rentenrecht!* http://zedek-gerechtigkeit.de (Abgerufen am 23. Juli 2020).

Zentralrat der Juden in Deutschland (2017). *Infos zur Zuwanderung*. Zentralrat der Juden. https://www.zentralratderjuden.de/angebote/integration/infos-zur-zuwanderung/ (Abgerufen am 23. Juli 2020).

Zentralrat der Juden in Deutschland (2018). *Keine Alternative für Juden – Gemeinsame Erklärung gegen die AfD*. https://www.zentralratderjuden.de/fileadmin/user_upload/pdfs/Gemeinsame_Erklaerung_gegen_die_AfD_.pdf (Abgerufen am 23. Juli 2020).

Zick, A., Hövermann, A., & Krause, D. (2012). Die Abwertung von Ungleichwertigen. Erklärungen und Prüfung eines erweiterten Syndroms der Gruppenbezogenen Menschenfeindlichkeit. In W. Heitmeyer (Ed.), *Deutsche Zustände: Folge 1*, pp. 64–86. Frankfurt/Main: Suhrkamp Verlag.

Zick, A., Hövermann, A., Jensen, S., & Bernstein, J. (2017). *Jüdische Perspektiven auf Antisemitismus in Deutschland: Ein Studienbericht für den Expertenrat Antisemitismus*. Universität Bielefeld: Institut für interdisziplinäre Konflikt- und Gewaltforschung. https://uni-bielefeld.de/ikg/daten/JuPe_Bericht_April2017.pdf (Abgerufen am 23. Juli 2020).

Zick, A., Küpper, B., & Berghan, W. (Eds.) (2019). *Verlorene Mitte – Feindselige Zustände: Rechtsextreme Einstellungen in Deutschland 2018/19*. Bonn: Dietz.

Zick, A., Rees, J., Papendick, M., & Wäschle, F., Stiftung „Erinnerung, Verantwortung und Zukunft" (EVZ) (2020). MEMO Multidimensionaler Erinnerungsmonitor STUDIE III / 2020. Institut für interdisziplinäre Konflikt- und Gewaltforschung (IKG). https://www.stiftung-evz.de/fileadmin/user_upload/EVZ_Uploads/Publikationen/Studien/EVZ_Studie_MEMO_2020_dt_Endfassung.pdf (Abgerufen am 23. Juli 2020).

Zimmermann, M., & Berg, N. (2011). Berliner Antisemitismusstreit. In D. Diner (Ed.), *Enzyklopädie jüdischer Geschichte und Kultur.* Stuttgart: J.B. Metzler, Springer-Verlag GmbH Deutschland 2011–2017. http://dx.doi.org/10.1163/2468-2845_ejgk_COM_0082 (Abgerufen am 23. Juli 2020).

zu Klampen Verlag GbR
Röse 21
31832 Springe

Bei Fragen zur EU-Sicherheitsverordnung GPSR wenden Sie sich bitte an info@zuklampen.de.